如何层层建立经营目标体系

HOW TO ESTABLISH THE BUSINESS OBJECTIVE SYSTEM

熊超群 ◎ 著

图书在版编目（CIP）数据

如何层层建立经营目标体系 / 熊超群著. —北京：北京大学出版社，2013.9

ISBN 978-7-301-22796-1

Ⅰ.①如… Ⅱ.①熊… Ⅲ.①企业经营管理 Ⅳ.①F270

中国版本图书馆CIP数据核字（2013）第153298号

书　　　名：	如何层层建立经营目标体系
著作责任者：	熊超群　著
责 任 编 辑：	樊晓哲　代　卉
标 准 书 号：	ISBN 978-7-301-22796-1/F·3667
出 版 发 行：	北京大学出版社
地　　　址：	北京市海淀区成府路205号　100871
网　　　址：	http://www.pup.cn　新浪官方微博：@北京大学出版社
电 子 信 箱：	rz82632355@163.com
电　　　话：	邮购部62752015　发行部62750672　编辑部82632355　出版部62754962
印 　刷 　者：	北京京都六环印刷厂
经 　销 　者：	新华书店
	787毫米×1092毫米　16开本　18印张　249千字
	2013年9月第1版　2013年9月第1次印刷
定　　　价：	68.00元

未经许可，不得以任何方式复制或抄袭本书之部分或全部内容。

版权所有，侵权必究

举报电话：010-62752024　　电子信箱：fd@pup.pku.edu.cn

客户见证

耿三亭
深圳聚和源科技有限公司总经理

我们公司一直在学习和探索各种科学的管理方法，尤其是在绩效管理方面，我们一直在寻找一个比较好的模式。三个阶段的课程对我们来说，整个团队都有收获。以前我们都认为绩效管理就是简单的发奖金与扣工资，学完以后我们才知道，原来绩效管理是一门学问。总之，在熊老师的课堂上，我们对绩效管理和企业管理都有了一个全新的认识！

张利
厦门见福连锁管理有限公司董事长

我们企业发展到第7个年头，目前遇到了一个瓶颈：如何做绩效考核与管理，如何带动整个企业的发展？参加完"绩效100工程"培训，我的困惑全都解开了！我听过很多绩效管理的课程，有的越讲越糊涂，有的学完了不能落地，而熊老师的课程，不管是他讲的原理，还是可操作的工具和方法，我们都可以立即应用在管理实践中。所以，我觉得熊老师这堂课是最实用的，是最物超所值的，是投资回报率最高的！

郭光辉
广州博今生物科技有限公司董事长

跟熊超群老师学习了"绩效100工程"课程后，我们团队对企业经营管理有了"拨开乌云见青天"的感觉。熊老师教给我们的不仅仅是一堂课的知识，更多的是教我们如何将"绩效100工程"运用到企业中，变成企业绩效管理的有效工具。关于如何解决我们企业发展中的问题，我找到了方向！

林兆力
泉州奇诺电子有限公司董事长

企业走到一定阶段都会遇到一个瓶颈，就是很多工作不能量化和考核，而熊老师的方法刚好可以帮助我们解决量化的事情。学习"绩效100工程"的课程后，我受益匪浅：第一，我最大的收获，是重新了解了绩效的内涵。第二，熊老师给到我们一些非常实用的工具，这些工具都可以很好地运用到企业日常的工作中。第三，熊老师是一位非常实战的老师，他教给我们的东西确确实实是最好的、最实用的！

缪存旭
厦门兴海湾建立咨询有限公司董事长

通过"绩效100工程"三个阶段的学习，我们首先认识到，企业的经营目标应该是整体性的，而不单单是经济目标或者财务目标。其次，在我们工作中有很多无法量化考核的事情，在课堂上我们学到一系列实用的工具，帮助我们解决了难题。最后，通过此次学习，我们的团队学会自己制定部门的考核指标，并且能够量化分解，他们有了巨大的成长与进步！我觉得熊超群老师这个课程比一些管理学理论课或者MBA课程更加实用！

唐榕
广元市钏珌生物科技有限公司人事经理

通过"绩效100工程"的课程，我们企业设立了下一年度的目标体系，并从经营目标体系的四个维度进行了说明，非常完整。这对于我们达成下一年度的经营目标起到了桥梁的作用。

王国军
深圳市亿思达科技有限公司总经理

通过熊老师三阶段的课程，我觉得团队最大的一个收获是，改变了我们以往在绩效考核、绩效管理方面的思维模式。我们有了更系统的思维，在此基础上再结合课程中的理论和工具，可以对全公司的绩效系统进行一个全面的梳理。

孙旭东
无锡哥伦布商业经营管理有限公司董事长

我是带公司整个团队来听这个课程的。这次课程给我第一感觉就是，帮助我们企业统一了思想、鼓舞了士气。原来我下达目标的时候，很多人觉得目标太高。但上完这次课以后，我觉得，不用我去讲了，大家已经都在做了。

于虎
安徽南澳地毯有限公司总经理

熊老师的这个"绩效100工程"课程，给我的感受是：第一，系统。这是一套完整的理论体系，其中既有原理，又有方法和工具，具有很强的逻辑性。第二，实用。它针对企业运营中常见问题，能够马上应用并转化为生产力，最大化地提升企业的赢利能力和管理水平。

杨柳
深圳市柳鑫实业有限公司董事长

不管在课堂上还是私底下，熊老师跟我们表达过他的一个理想，就是用他的理论知识和实践经验帮助本土企业成长。通过三阶段课程的学习和接触，我发现熊老师是真正地身体力行，毫无保留地分享自己的知识与经验。

总序

中国管理培训行业走过了近20年的历程,为本土企业的规范化和持续化发展做出了不可磨灭的贡献!但是,不少培训课程只停留在理念的层面,真正能够落地的还不多。培训已经让企业变成肥硕的青蛙,双目圆睁,胸腹鼓鼓,看样子精气神十足。可是,当目标出现时,这只青蛙却双腿弹跳无力,眼睁睁看着到嘴边的猎物逃走。为什么会出现饱受培训滋养的企业理念在天上飞,行为却在地上爬的局面呢?个中有多种原因,比如说讲师缺乏企业从业经验,不能针对企业问题提出解决方案,大部分企业也不知道究竟什么课程能解决自己什么问题。总之,中国管理培训业最大的问题是不能正视企业问题存在,反而绕过问题提供一些企业所谓的"营养品",起不了作用,但也吃不死人。

大部分企业从创办到发展不过二三十年的时间,由于先天不足,管理体系的完善和管理者的能力提升均有很大的空间。当下,企业正面临人力资源短缺和行业洗牌的双重挑战,赢利模式和管理模式都面临转型升级。企业之间的竞争从团队与团队的竞争过渡到知识系统与知识系统的竞争。企业经营者的心态正从"分取价值"

的角色转变为"留存价值",即为打造持续竞争力夯实管理的基础,打造生产"人"的管理体系。作为管理咨询和管理培训行业中的一员,近5年来我频频扮演"销售自己"的角色,举办各类营销活动向企业家推荐自己的培训课程和咨询产品。刚开始的时候,我很不习惯这种叫卖方式,总以为我是一名"知识工作者",理应受到市场尊重。现在我非常乐意在企业家面前"销售"自己,是因为这么多年面对面地与企业家对话的经历,使我能够了解中国企业特别是中小企业的生态环境。我真正地了解它们问题的症结所在,也真正能够把握住为它们提供培训和咨询服务的着眼点。于是,我几乎推翻了过去"我能提供给你的"研发模式,转变为"你最需要解决的"研发模式。这几年来,我向市场推出的都是解决方案的课程,把培训和咨询两种模式结合起来为中国企业"解决现实问题,产生长效价值"。

几年前,我曾经想退出培训业,重新回到实体经济里做一名职业经理人。我很想谋一份世界500强CEO的职位,让职业生涯添上浓墨重彩的一笔。命运似乎也很眷顾我,我拿到了一家企业中国区CEO的Offer(录用通知)。正当我准备赴任时,恩师潘千里教授的一番话给了我当头棒喝。当我告诉他我只在新的岗位上干3年就会重新回到管理咨询和培训行业时,老师问了我一个问题:你是想拥有这个CEO的名头,还是想获得CEO的成就?我告诉他我想要的是后者。恩师说,你已经在管理咨询和培训业5年了,还有很多中小企业需要你这种具有企业实务经验的人士为他们排忧解难。他说,假如通过你和团队的努力,所服务的企业每年营业收入累计起来超过世界500强的时候,你不也就做出世界500强的贡献了吗?!

恩师的谆谆教导不仅坚定了我为中国本土企业继续提供咨询和培训服务的意志,还点燃了我的思考。我树立了一个崭新的目标,在5年中为100家中小型企业建立"以绩效为驱动的经营目标管理模式",通过经营管理体系的完善和经营管理能力的提升练好内功,为企业发展和腾飞插上矫健有力的翅膀。

"绩效100工程"丛书是我实现这一目标的工作之一。

曾经有一位企业家问过我,有什么办法能让公司里十几万员工知道他们每天都在做最有意义的事情?我的回答是:企业里所有的事情都是一件事,那就是达成经营目标!如果这句话深入员工内心,每个岗位的员工才能对工作产生一致的认同。

"企业绩效要求每项工作必须达到企业整体目标,每一位管理者都必须把工作重心放在追求企业整体的成功上。"德鲁克在《管理的实践》中强调了企业经营目标的整体性。企业家的使命是带领全体员工围绕战略展开年度经营计划,用100%的行动做出100%的结果。经营企业的本质是建立"以绩效为驱动的经营管理模式",经营班子要把三项工程作为企业经营战略来抓。

● 第一项工程 ●
建立"经营目标体系",并层层分解经营指标。

30年前,美国哈佛商学院罗伯·卡普兰与大卫·诺顿创建了著名的战略执行工具——平衡计分卡。之所以叫"平衡计分卡",主要是这种方法通过财务与非财务考核手段的相互补充，不仅使绩效考核的地位上升到组织的战略层面，使之成为组织战略的实施工具，同时也是在定量评价和定性评价之间、客观评价和主观评价之间、组织的短期增长与长期增长之间、组织的各个利益相关者之间寻求"平衡"的基础上完成的绩效管理与战略实施过程。

平衡计分卡将战略置于中心地位，使经营者看到了企业绩效的广度（财务层面）、深度（客户层面）、高度（学习和成长层面）和速度（内部运营层面）。

如果你还不能完全理解以上对"平衡计分卡"的描述，那么我们换一种说法，用中国两个成语就可以形象生动地描绘它，称之为"顶天立地""左右逢源"。完成财务指标是企业的"天"职，员工成长是企业立"地"之本。因为所有的事情都是人干出来的。这就是"顶天立地"之意。

什么叫"左右逢源"呢？员工的成长带来客户的满意，增加客户的回头购买率和每一笔交易的金额，通过转介绍增加新客户的数量，从增加销售收入方面影响财务指标的达成。员工的成长带来作业周期的缩短、管理效率的提高，从降低成本和提高资产周转率方面影响财务指标的达成。一方面，内部运营效率的提高本身会带来客户的满意；另一方面，客户不满意也可以敦促企业通过倒逼机制改善流程，提升效率。

为了能够把"平衡计分卡"用于员工达成目标的实施工具，我们把它"竖"起来，变成了所有企业员工都可以使用的"绩效路径图"。我们知道，衡量企业经营水平的指标是提高资产收益率，资产收益率的目标达成是由资产周转率和利润率相乘得来的，利润是通过提高销售收入和降低成本实现的。接下来，我们把完成财务层面的5个指标透过客户层面、内部运营层面和员工学习成长层面的钩稽关系建立起来，就能够立体化呈现出员工完成绩效的路径。

一方面，增加销售收入就意味着提高市场占有率，这些都要以提高客户满意度为前提。只有客户满意，才能带来回头率、转介绍率和客单价增加率，这3

个方面是提高市场占有率的全面途径。

另外一方面，提高资产周转率包含提高固定资产使用效率、增加库存周转率和应收账款的周转率，这3个方面都得依靠企业各岗位员工缩短作业周期。作业周期的缩短和客户满意度的提高来源于内部运营效率的4个方面的提高，分别是提高个人作业效率、提高团队协作效率、提高为客户服务的水平、提高产品（包括无形产品）的质量。

财务、客户和内部运营效率这三个层面的绩效指标都是针对完成任务的"人"设立的。不能用过去的方法来推测今天的"目标"，新的目标需要有不同的方法来完成。因此，"学习与成长"永远是企业持续经营的基石。组织行为学告诉我们，企业组织需要关注的一方面是群体和个体的矛盾统一，另一方面是组织的活力。德鲁克说，企业有两种功能：创新和营销。因此，企业的成长实际上是来源于员工的3个方面：协同能力、胜任能力和创新能力，这就是"绩效路径图"，你可以从中找到完成任务的策略，又可以逐层分解任务指标。

企业家有一个头痛的问题是，每一个年度制订经营目标值的时候往往缺乏让执行者信服的依据，因此大部分执行者往往觉得老板制订的目标都是天文数字，完成它是一件遥不可及的事情。如何寻找双方都可以接受的目标值制订的依据？我在长期经营企业实践中总结了以下5种方法。

目标值确定方法一：倍速增长法

当企业做到一定规模的时候，有些老板认为发展速度可以放慢一些，但转念一想：如果对手发展比自己快了，那岂不是抢走了自己的市场份额。老板们继续想，企业发展速度慢了，发生改变的可能性也减少了，员工发展的空间也被限制了。所以，他们很快明白一件事情，决定企业成长速度的动力来源是对手和员工，根本不是老板自己。有些企业家常常对下属说，自己多年的资本积累足够好几代人过日子了，企业要发展不就是为了员工们有更好的未来吗？

话这么说虽然有道理，但一旦目标定大了些，员工也不会买账。有什么方法能让员工接受企业增长速度目标呢？

一项研究数据表明，许多行业中的标杆企业的发展速度与行业平均增长速度相比较，有一个惊人的相似：它们保持行业平均增长速度的3倍。

目标值确定方法二：战略目标倒推法

企业经营目标除了财务指标外还有市场份额、运营效率和员工成长等目标。有些目标的量值可以通过战略目标倒推来确定。一般规范性企业都会制定中短期战略，站在未来看今天的经营活动的出发点是战略规划的目的。有一个奇怪的现象是，员工宁愿相信10年后自己的企业可以成长为世界500强，却不愿意接受明年自己的企业在行业市场份额排名前进3位。因此，很有必要把企业战略规划中未来5年的目标逐年倒推，制定出眼下年度的经营目标。

目标值确定方法三：投入回报法

企业在哪里追加投入了人、财和物等资源，就应该相应追加产出目标。所以，企业经营目标该定多少，可以参照对比以往多投入了什么样的资源。

目标值确定方法四：行业标杆法

每一家企业不管是否承认，都有一个学习或者追赶的标杆。经营目标体系中客户、内部运营、学习和成长这些层面中有些目标值可以参照标杆企业做到的结果作为依据。

目标值确定方法五：对等法则

执行任务时存在这样的道理：上司扫除下属执行

的障碍,下属完成上司交代的任务。如果上述目标值确定的四种方法不适合,那就可以由上司提出期望值。但前提是,下属完成的障碍必须由上司扫除。这就是"对等法则"!

本书就是"绩效100工程"第一项工程在企业实施的指导工具。

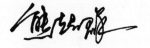

目录

00 引子 / 001

01 企业经营与绩效管理 / 005
企业利益群体的不同追求 / 006
企业发展靠什么 / 008
管理寓言：朗朗队和嗡嗡队的绩效故事 / 010

02 经营目标体系的建立 / 015
共识法则 / 016
从财务角度看企业整体绩效 / 016
绩效管理工具：BSC平衡计分卡 / 017
解读平衡计分卡：顶天立地，左右逢源 / 020
方法论：经营目标体系模型 / 022
方法论：目标值设定的5种方法 / 042

03 关键绩效指标库建立 / 059

KPI关键绩效指标库的要素构成 / 060
如何设计KPI关键绩效指标库 / 061
方法论：KPI关键绩效指标库设计模型 / 061

04 关键绩效指标库案例 / 081

某集团公司关键绩效指标库 / 082
某房地产公司关键绩效指标库 / 164
某品牌连锁企业关键绩效指标库 / 218

00
引子

近年来，我常常在全国各地举办"绩效100工程"总裁沙龙，组织企业家围绕"你的企业达成年度经营目标有哪些障碍？"这一话题展开讨论，下面是沙龙中企业家们提出的比较具有代表性的问题。读者诸君，如果你对下列问题有认同，请在问题前面□里画钩。

□1.对于企业每年的增长速度，我们不知道到底要制定什么样的目标，怎么办？

□2.我们在制定经营目标的时候，很想让员工们一起参与，可是大部分人认为这件事情跟他们无关，怎么办？

□3.我们不知道如何让管理者"责、权、利"统一，怎么办？

□4.我们不知道哪些工作是要考核的，哪些工作是不用考核的，怎么办？

□5.我们高层制定的经营目标执行者却认为太高，完不成，怎么办？

□6.我们让各部门制定任务指标，往往他们定的比较低，甚至低于已经完成了的，怎么办？

□7.下属常常会以"计划赶不上变化"为由，对于已经确立的目标任务要求减免，怎么办？

□8.有些基层员工在接受考核时，上司就未完成的考核指标扣了分数，员工们认为上司看他不顺眼，闹情绪甚至消极怠工，怎么办？

□9.有时候企业经营目标明明并没有完成，可是员工的考核分数却都很高很高，怎么办？

□10.我们公司考核指标定性的太多，缺乏量化的标准，考核分数多一分无碍，少一分也行，怎么办？

□11.我们公司考核是由下属先自评，上司再根据他的表现打分。往往自评分很高，有些工作实际上表现不佳，上司如果扣了分，又觉得会影响下属的积极性。考核成了上司给下属送人情分的工具，怎么办？

□12.我们觉得考核结果一定要跟员工的收入挂钩，但挂钩多了，员工会被扣好多钱；挂钩少了，又不痛不痒，员工就会轻视绩效考核，怎么办？

□13.像生产、销售与采购这些岗位，比较容易量化他们的任务，而行政、财务和研发等工作就难量化，怎么办？

□14.我们公司的销售人员是拿提成的，生产人员是计件的，我们不知道对这两种人要不要考核以及如何考核，怎么办？

□15.我们公司的管理者不懂得如何进行绩效面谈，怎么办？

□16.下属没干好，上司也不知道如何帮他，怎么办？

□17.大部分管理者总觉得绩效考核太繁琐，影响他们的正常工作，怎么办？

□18.作为经营者我深知目标管理和绩效考核很重要，但大部分管理者都认为我们推行这项工作的条件还不成熟，怎么办？

□19.由于人员流动，新接手的人员对这一岗位的考核指标不认同，怎么办？

□20.目标明确了，责任也落实了，可是员工不知道用什么策略完成，怎么办？

说明：如果上述情形中有6条以上在你们企业中也存在，那就说明企业经营管理还存在很大的成长空间，建议你们每月组织读书会，让大家通过对"绩效100工程"丛书的学习，将书中的原理、方法和工具应用到自己的工作实际中，分享他们学以致用的心得体会。

01

企业经营与绩效管理

企业利益群体的不同追求

格鲁夫
英特尔公司前董事长

华人对财富几乎有一种与生俱来的创造力，但对组织的运作似乎缺乏足够的热情和关注。

转变的关键

组织运作的要求是要淡化企业家的个人色彩，强化职业化管理。把人格魅力、个人的推动力变成一种氛围，形成一个"场"，以推动和引导企业的正确发展。

现代企业治理结构中董事长只有两项职责：第一，选择CEO；第二，制定CEO绩效与薪酬机制。因此，董事长是"绩效100工程"最大的推手。

企业是什么

要了解绩效管理在企业经营的地位与作用，首先要认清企业的本质。

企业是由股东、债权人、员工、政府等利益集团为了各自的自身利益而结合在一起，形成的一个经济组织；企业是根据一定的条件和程序登记设立，具有一定的内部管理制度、自己的财产和独立的经济利益，从事生产经营活动的市场经济主体。

留存价值是"经营者"的追求

经营者的立场和利益是企业本位的。无论是消费者、劳动者，还是投资者，其行为都是以"分取价值"为主的，而经营者则不然，经营者的行为是以"留存价值"为主的。这不是由于经营者多高尚，多么为企业发展着想，而是因为他们的利益确实比其他利益群体更多地来自企业本身的成长，他们的利益主要存在于企业的持续成长之中，失去了企业，就失去了他们的一切，这是制度性的"安排"。

企业发展靠什么

为什么费了功夫培养的"人",却还是离开了?

西安易车汇是从事二手车交易的连锁经营企业,企业快速扩张,销售队伍不断壮大。为了给销售队伍补充新鲜血液,2010年招聘45名大学本科毕业生,进行了为期3个月的军事训练和销售技巧训练。训练期间每月薪酬为1200元,考试合格后转正工资为1800元,另加销售提成。有28人通过试用期考查,被安排为"销售助理"。人力资源部门把他们分配到6个销售小组,由每组销售经理以"传帮带"方式培养,每个销售经理带四五人不等。

销售经理本身有销售任务在身,工资收入是低底薪加高提成。一般销售经理让助理们做一些车身清洁、登记档案等琐碎的事情。有客户来看车的时候,销售经理会让助理们来观摩谈判和成交的环节。一旦成交,业绩自然归销售经理。几个月下来,很少有销售助理独立卖出车辆。销售助理们由于收入没有很大变化,离职的人越来越多,三个月后只剩下两个人。公司领导心里纳闷:问题出在什么地方呢?

大学生刚步入社会固然缺乏工作经验,需要企业投入人力、物力、财力对其进行培训。但同时,他们也有自己的梦想,物质和精神方面都有追求。他们需要挣钱买生日礼物给异性朋友,春节回家的时候能给长辈买礼物。如果因为是学徒的身份而剥夺了他们获得基本收入的机会,按照马斯洛的需求层次理论来判断,他们第一层次的物质需求都没有得到更好的满足。这是他们为什么离职的主要因素。

其次,是销售经理的绩效评估指标设计不科学,应该不单纯以销售提成作为他们对于公司的贡献,而是要把培养合格销售人员的效率和数量作为绩效指标。如果把销售经理定位成企业"经营者"的角色,那么，他们就应该把"留存价值"当成为公司做出贡献的标尺。

这个问题解决的思路应该是把销售提成的收益权留给徒弟，根据徒弟在配合师傅的工作和销售各环节中的成长设定绩效考核指标，综合考核的结果不同，对应提成分配比例的。

另一方面，销售经理的收入机会不以提成作为主要方面，而是以岗位价值确定薪酬水平。同时，对销售经理岗位实施目标管理，除了销售任务的完成、客户满意度等作为考核指标外，合格人才的培养也要纳入指标体系。这样，销售人员和销售经理就不会产生利益冲突，他们又有共同的目标。

从上述易车汇的案例中，我们得到一个启发：新员工留下来主要是企业提供给他们的是什么样的"机会"。正可谓机会牵引人才，人才牵引技术，技术牵引产品，产品牵引更多更大的机会。

从某种角度来看人力资源的本质就是，员工来到企业是自私的，管理者的责任是为员工搭建舞台，建立机制，让员工满足自私行为的同时，为企业创造剩余价值。

当知识资本的增值大于财务资本的增值时，才能保证企业有持续成长的可能性。

> 一个企业要从必然王国走向自由王国,就必须摆脱对人才的依赖、对技术的依赖、对资金的依赖。华为认为企业的发展依靠的是一种能不断激励和活用员工的知识,并使员工做出可持续贡献的机制。

企业的发展依靠的是一种能不断激励和活用员工的知识,并使员工做出可持续贡献的机制。这个机制就是"绩效管理"。绩效管理在知识和资本之间架起了一座桥梁,以资本为载体,将知识转化为资本,通过资本的不断增值,使知识的价值也不断增值,使财务资本的增值建立在知识资本之上。通过构建知识资本平台,形成不断增值和吸引人才、资金和技术的支撑点,就可能实现使知识资本的增值大于财务资本的增值的目的。

管理寓言:
朗朗队和嗡嗡队的绩效故事

背景

蜜蜂的食物是花粉和花蜜。蜂房里有两个生产蜂蜜的团队,他们分别是朗朗队和嗡嗡队。这两个团队为了竞赛谁能生产质量好、产量多的蜂蜜,各自采取了不同的管理方法。

绩效方案

朗朗队

目标设定:队长要求每只小蜜蜂完成每天拜访3000万个花朵的任务。

绩效反馈:队长每天让几只小蜜蜂专门统计每只小蜜蜂拜访的花朵数,并且用小纸条分别告诉每一只小蜜蜂的成绩。

绩效激励：朗朗队把拜访了最多花朵的小蜜蜂封为"骠骑大将军"称号，佩戴这一荣誉绶带。

嗡嗡队

目标设定：嗡嗡队制定了每天生产10公斤蜂蜜的任务，规定每只小蜜蜂带回蜂巢的花蜜数量，规定蜂巢每小时生产的蜂蜜数量。

绩效反馈：绘制了每只小蜜蜂的绩效，以及蜂房的整体绩效情况表，并张贴在蜂巢的公告牌上。

绩效激励：为采集了最多花蜜的小蜜蜂准备了丰富的奖励；基于蜂蜜的产量，奖励蜂巢中的每一只小蜜蜂。

结局

朗朗队

1.蜂巢的的确确提高了拜访花朵的数目，可是蜂蜜产量下降了。

2.小蜜蜂彼此封闭了有用的信息。

3.士气低落，很多小蜜蜂跳槽去了嗡嗡队的蜂巢。

嗡嗡队

1.小蜜蜂们在一起确定花蜜最丰盛的地方，并创造出更快的采蜜流程。

2.他们团结在一起帮助绩效较差的小蜜蜂提高花蜜的采集数量，把不能提高的小蜜蜂调到了其他岗位。

3.士气高涨，因此他们能够成功地完成目标，同时每只小蜜蜂都分享了成功的利益。

思考

1.分析朗朗队与嗡嗡队不同的经营管理方式。

2.通过领悟这则寓言故事的寓意,结合企业经营管理实践中的体会,你认为正确的"绩效管理"应该是什么样的?

从"朗朗队和嗡嗡队的绩效故事"当中,我们结合企业经营管理实践中的体会描绘了"绩效管理模型"和"绩效管理恒等式"。

绩效管理模型

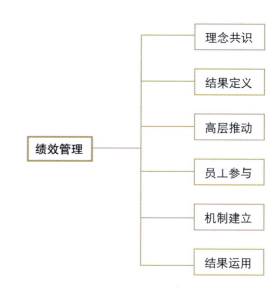

绩效管理恒等式

理念共识	结果定义	高层推动	员工参与	机制建立	结果运用	
	√	√	√	√	√	= 没有支撑力
√		√	√	√	√	= 没有牵引力
√	√		√	√	√	= 没有推动力
√	√	√		√	√	= 没有合力
√	√	√	√		√	= 没有抓力
√	√	√	√	√		= 没有创造力
√	√	√	√	√	√	= **长效**

02

经营目标体系的建立

共识法则

王传福
比亚迪公司董事局主席
有什么办法让十几万比亚迪人知道每一天的工作是在做最有意义的事情？

共识法则：企业所有的事情都是一件事，那就是达成经营目标！

从财务角度看企业整体绩效

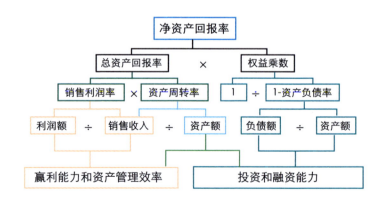

仅仅从财务角度评价组织和个人绩效是不完整的。

绩效管理工具：BSC平衡计分卡

彼得·德鲁克
现代管理学之父

企业绩效要求每项工作必须达到企业整体目标，每一位管理者都必须把工作重心放在追求企业整体的成功上。

平衡计分卡：将战略转化为作业层面

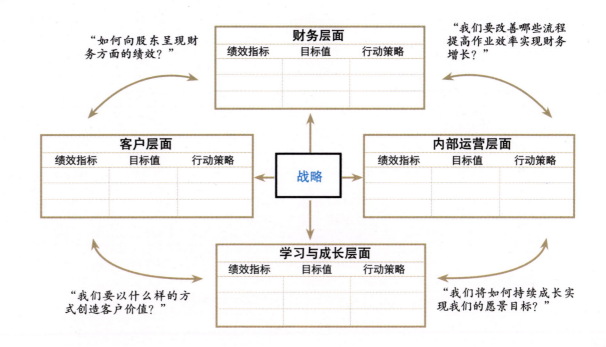

平衡计分卡是美国哈佛商学院罗伯特·卡普兰与大卫·诺顿提出的。它是企业将战略化为经营行动的一项好用的工具。其实，战略不是思想，而是行动。中国企业要走向规范化和持续化发展，平衡计分卡是指导企业实践比较实用的理论。

之所以叫"平衡计分卡"，主要是这种方法通过财务与非财务考核手段之间的相互补充，不仅使绩效考核的地位上升到组织的战略层面，使之成为组织战略的实施工具，同时也是在定量评价和定性评价之间、客观评价和主观评价之间、组织的短期增长与长期增长之间、组织的各个利益相关者之间寻求"平衡"的基础上完成的绩效管理与战略实施过程。

平衡计分卡将战略置于中心地位。平衡计分卡使经营者看到了企业绩效的广度、深度、高度和速度。

平衡计分卡—财务层面

传统指标
- 结果性指标
  - 财务层面

新增指标
- 过程性指标
  - 客户层面
  - 内部运营层面
  - 学习与成长层面

✓ 财务性指标是一般企业常用于绩效评估的传统指标。

✓ 财务性绩效指标可显示出企业的战略及其实施和执行是否正在为最终经营结果的改善做出贡献。但是，不是所有的长期策略都能很快产生短期的财务盈利。

✓ 非财务性绩效指标（如产品合格率、订单交付及时率、生产设备使用率和新产品上市及时率等）的改善和提高是实现财务绩效目标的手段，而不是目的的本身。

✓ 财务面指标衡量的主要内容：主营业务收入、降低成本、利润率、资产周转率和净资产收益率等。

平衡计分卡—客户层面

传统指标
- 结果性指标
  - 财务层面

新增指标
- 过程性指标
  - 客户层面
  - 内部运营层面
  - 学习与成长层面

√ 平衡计分卡要求企业将使命和策略诠释为具体的与客户相关的目标和要点。

√ 企业应以目标顾客和目标市场为方向：企业应当关注于是否满足核心顾客需求，而不是企图满足所有客户的偏好。

√ 客户最关心的不外于5个方面：时间、质量、性能、服务和成本。企业必须为这5个方面树立清晰的目标，然后将这些目标细化为具体的指标。

√ 客户面指标衡量的主要内容：市场份额、老客户挽留率、新客户获得率、顾客满意度、品牌的市场价值。

平衡计分卡—内部运营层面

传统指标
- 结果性指标
  - 财务层面

新增指标
- 过程性指标
  - 客户层面
  - 内部运营层面
  - 学习与成长层面

√ 建立平衡计分卡的顺序，通常是在先制订财务和客户层面的目标与指标，后制订企业内部运营层面的目标与指标，这个顺序使企业能够抓住重点，更专注于衡量那些与股东和客户目标息息相关的流程。

√ 内部运营绩效考核应以对客户满意度和实现财务目标影响最大的业务流程为核心。

√ 内部运营指标既包括短期的现有业务的改善，又涉及长远的产品和服务的革新。

√ 内部运营面指标涉及企业的技术创新、市场洞察力、客户关系管理、供应链管理水平、流程改善和制度建设、职能管理水平。

平衡计分卡—学习与成长层面

结果性指标
- 传统指标：财务层面

过程性指标
- 新增指标：
  - 客户层面
  - 内部运营层面
  - 学习与成长层面

√ 今天的竞争是生产"人"的系统之间的竞争。

√ 员工在"学习与成长"面的进步，来源于客户的满意和内部运营效率的改善，进一步影响财务绩效的达成。

√ 由于员工执行不力会给企业带来"失败成本"。员工的"学习与成长"是为了减少"失败成本"而投入的预防成本和监督成本。

√ 学习和成长面指标涉及胜任能力、战斗力、创新能力、系统的应用能力。

解读平衡计分卡：顶天立地，左右逢源

在这里，我们对BSC平衡计分卡有一个通俗的解读：顶天立地，左右逢源。

天：完成财务指标是企业的"天"职。

地：员工成长是企业立"地"之本。因为，所有的事情都是人干出来的。

左：员工的成长带来客户的满意，增加客户的回头购买率和每一笔交易的金额，通过转介绍增加新客户的数量。从增加销售收入方面影响财务指标的达成。

右：员工的成长带来作业周期的缩短、管理效率的提高，从降低成本和提高资产周转率方面影响财务指标的达成。

源：一方面，内部运营效率的提高本身会带来客户的满意；另一方面，客户不满意也可以敦促企业通过倒逼机制改善流程，提升效率。

顶天立地，左右逢源

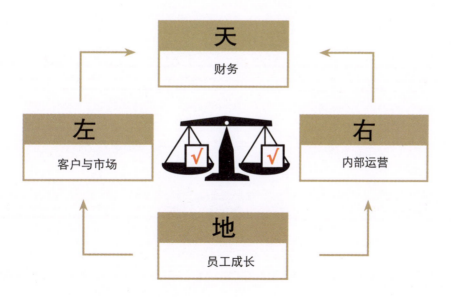

方法论：
经营目标体系模型

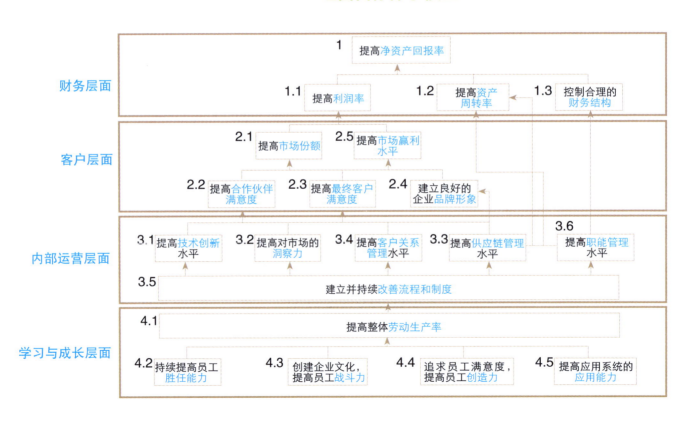

经营目标体系：财务层面的二级体系分解方法

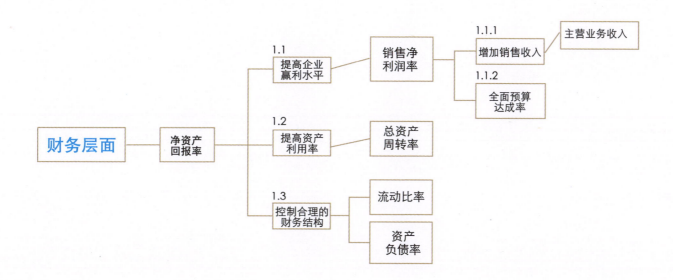

经营目标体系：客户与市场层面的二级体系分解方法

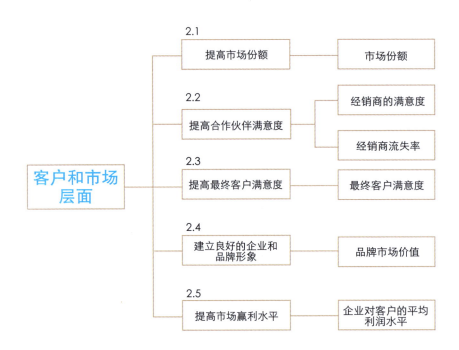

经营目标体系：内部运营层面的二级体系分解方法

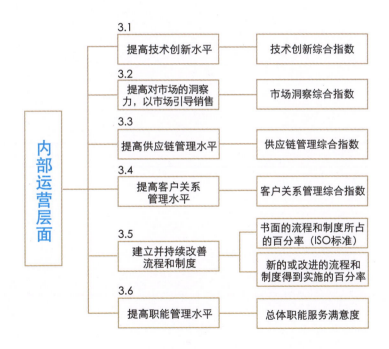

经营目标体系：学习与成长层面的二级体系分解方法

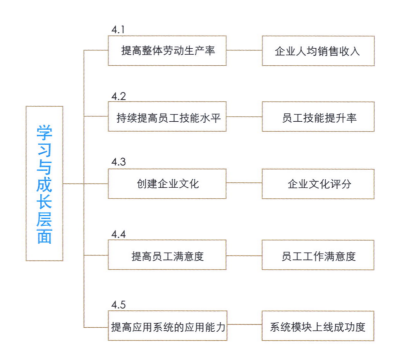

如何建立自己企业的"经营目标体系"？

方法论

方法论是人们认识世界、改造世界的一般方法，是人们用什么样的方式、方法来观察事物和处理问题。"经营目标体系模型"和"经营二级分解法"是搭建企业经营目标体系的一般方法，对绩效管理实践有很强的指导意义，各种概念和逻辑关系具有通用性。

实际运用

由于企业所处行业不同和企业发展阶段不一样，虽然经营目标体系设计的方法论是一样的，但内涵不完全一样。

在建立自己企业的"经营目标体系"时应领悟"经营目标体系模型"和"经营目标二级分解法"方法论的本质，结合自己企业实际在"经营目标三级分解"的设计符合自身能运用的目标体系。本课程提供工具案例仅供参考，切莫简单套用。

经营目标体系设计手册案例

说明：此《经营目标分解设计手册》以某家用电器有限公司为例，仅供读者设计自己企业经营目标体系时参考。

经营目标体系——财务层面

经营层绩效指标

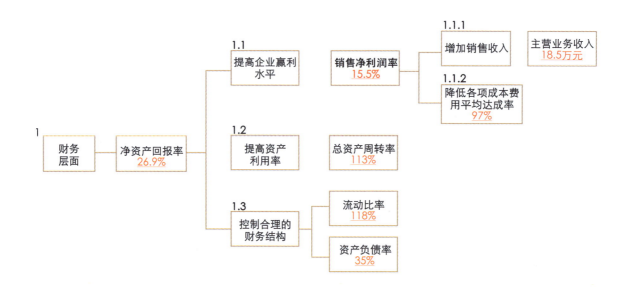

经营目标体系—财务层面—主营营业收入分解

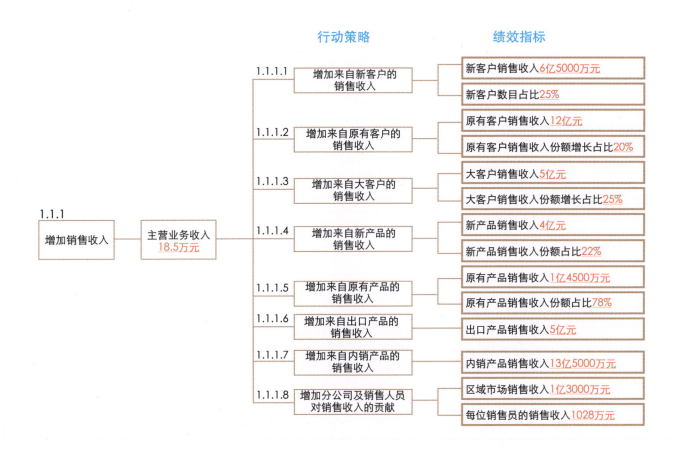

经营目标体系—财务层面续—总资产周转率分解

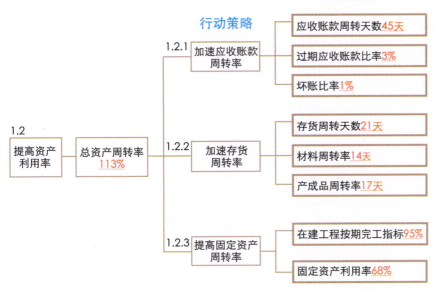

经营目标体系—客户满意层面

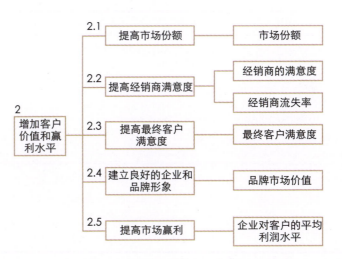

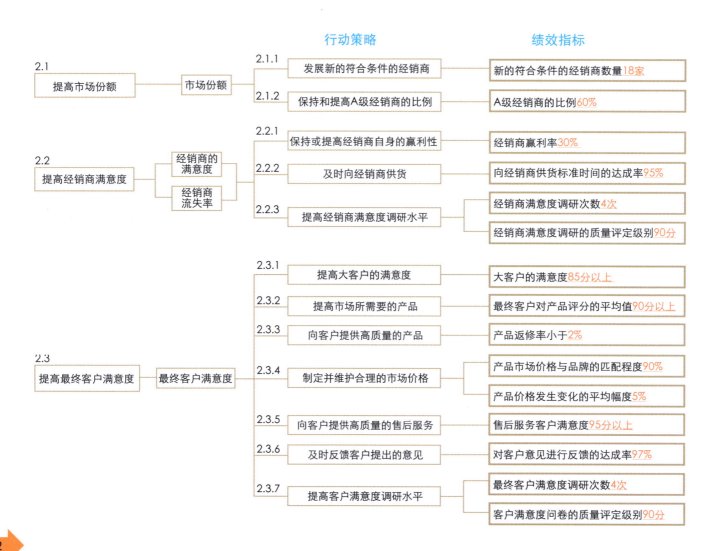

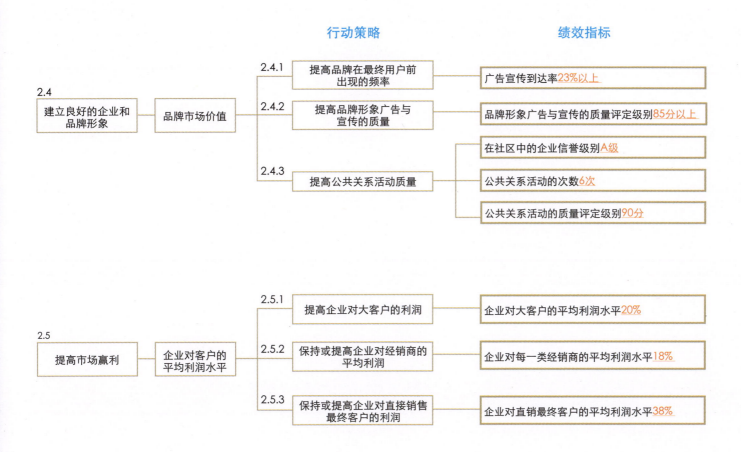

经营目标体系—内部运营层面

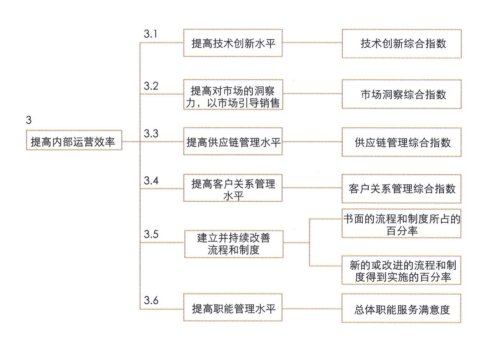

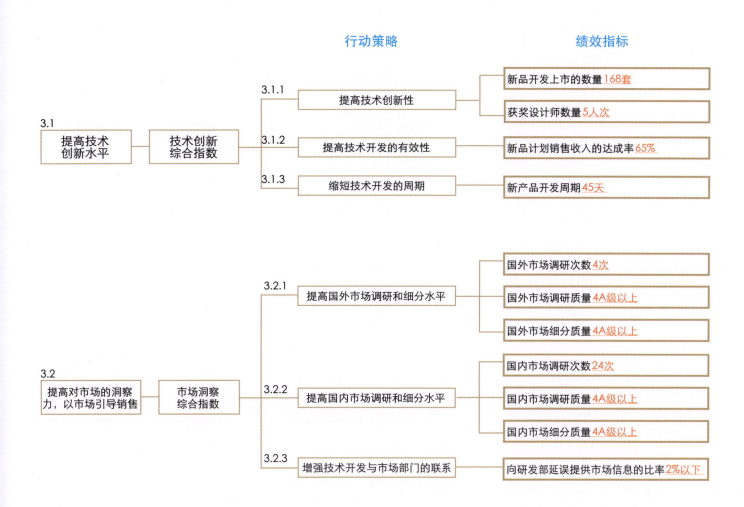

		行动策略	绩效指标
	3.3.1	提高销售预测的准确性	销售预测的误差率3%以下
	3.3.2	提高月平衡计划的准确性	月平衡计划的误差率2项以下
	3.3.3	加强供应商管理，确保优质供应商的比例	供应商实际送货量与采购订单量的平均差异率2%
	3.3.4	减少采购订单的出错率	采购订单的出错率0次
3.3 提高供应链管理水平 — 供应链管理综合指数	3.3.5	确保原材料和零部件的及时采购	采购延误的订单比率少于2%
	3.3.6	提高部品检验的准确度	对检验后的部品进行抽检的合格率97%
	3.3.7	切实完成生产计划	生产计划达成率97%
	3.3.8	保持工厂设备的高效运作	工厂设备完好率100% / 设备开工率100%
	3.3.9	提高生产线的产品质量	总装一次合格率98% / 部品上（总装）线合格率98%
	3.3.10	高效利用原材料，减少浪费	原材料消耗率1%
	3.3.11	加快经销商采购订单处理时间	经销商采购订单处理时间平均30分钟
	3.3.12	提高半成品检验、成品检验的准确度	抽检合格率99%

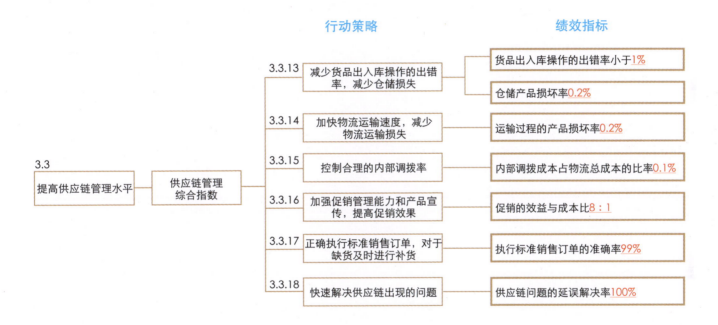

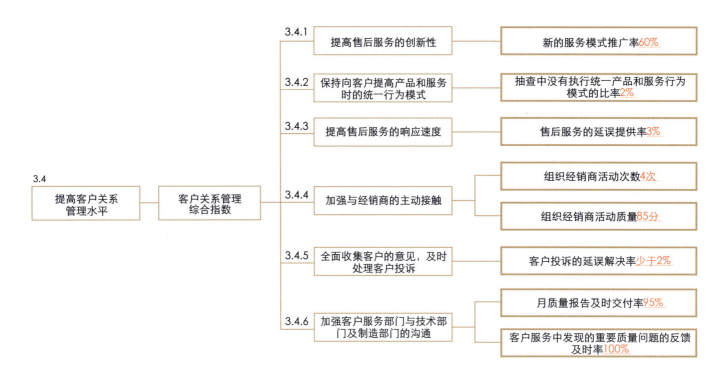

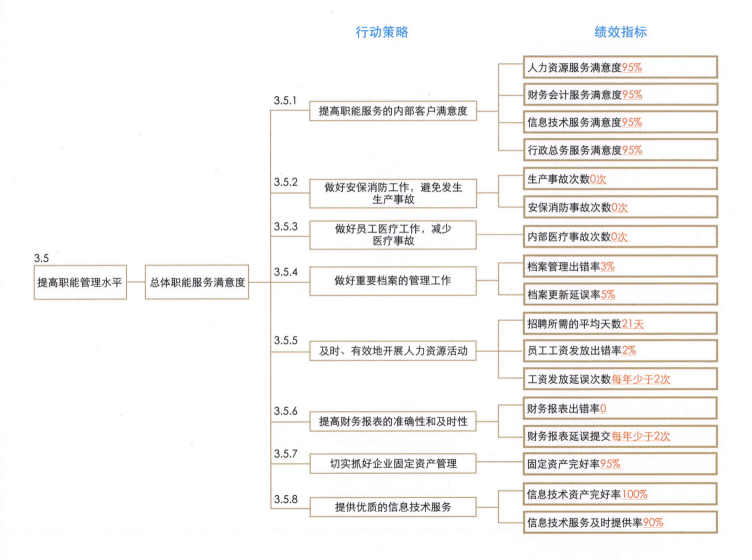

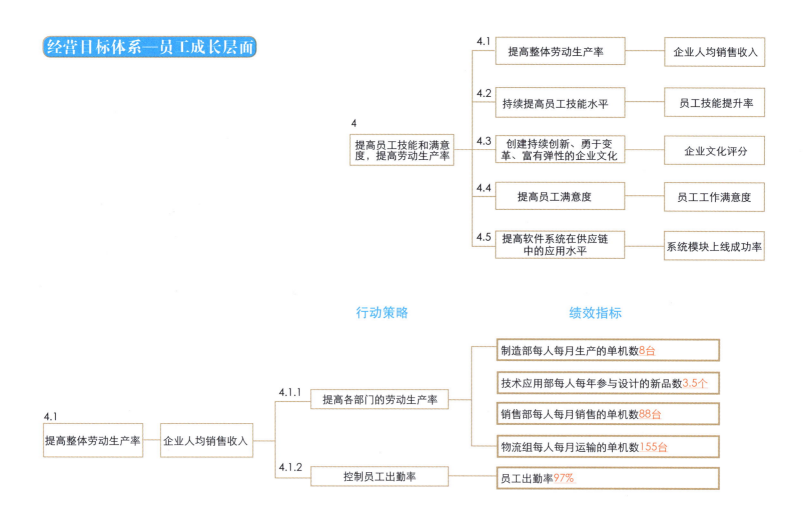

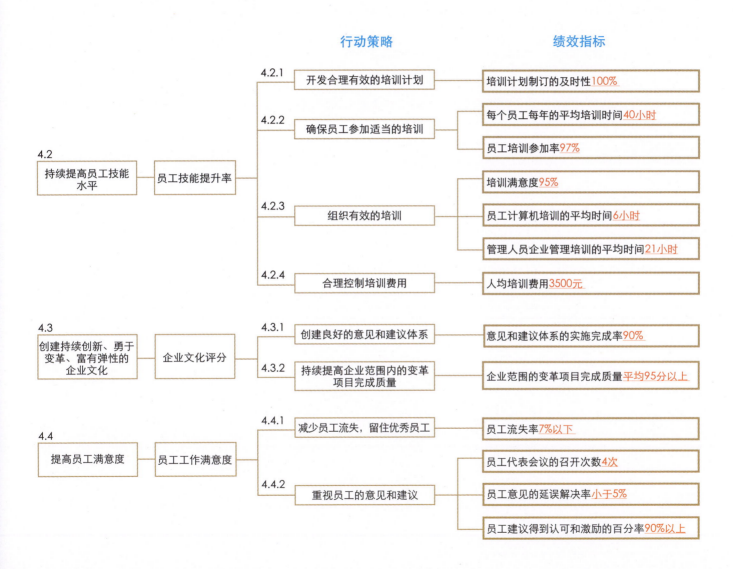

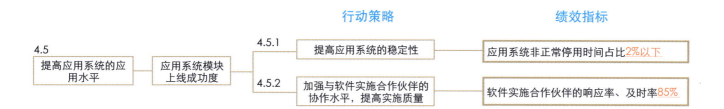

方法论：
目标值设定的5种方法

目标值设定的5种方法

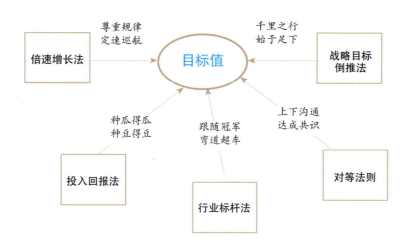

绩效指标与目标值设定依据对照

示意表

序号	指标	目标值	选择目标值设定方法 （每个指标只选一种设定依据）				
			倍速增长法	战略目标倒推法	投入回报法	行业标杆法	对等法则
1							
2							
...							

目标值确定方法一：倍速增长法

速度法则：决定企业成长速度的动力来源是对手和员工。

一项研究数据表明，许多行业中的标杆企业的发展速度与行业平均增长速度相比较，有一个惊人的相似：它们保持行业中平均增长速度的3倍。于是"3倍速增长法"成为许多立志成为行业标杆企业的主营收入目标值的重要依据。

说明：左图是自1995年至2011年16年来中外208家上市企业每年主营收入增长速度与它们所处行业增长速度的对比情况。

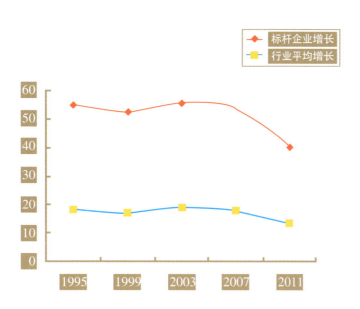

一家集汽车导航仪研发、生产、销售于一体的企业，2011年主营收入为3亿元，行业3年来平均增长速度为15%，3年来自身增长速度超过30%。如果该企业把"3倍速增长法"作为2012年主营收入目标确定的依据，请问目标值如何计算？

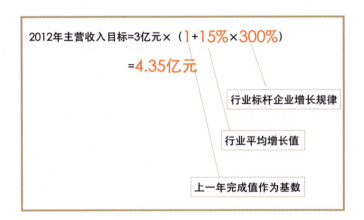

目标值确定方法二：战略目标倒推法

盐城C公司是一家医药和医疗器械的物流和分销型企业。2012年4月底制定了2012—2016年5年战略规划，即把C公司打造成盐城地区最有实力的医药物流集散中心。如何完成这一愿景规划？

要实现2016年的企业愿景，就要确定2015年、2014年、2013年、2012年的阶梯式目标。

任务法则：不是方法决定目标，而是目标确定方法。

1.有些员工习惯用过去做事情的方法推测今天的目标是否合理。这时，要用"任务法则"告诉他，新的目标要用新的方法来完成。

2.只要目标正式确定下来，"任务法则"告诉人们，不接收完不成。不是目标不能达成，而是方法没有找到。

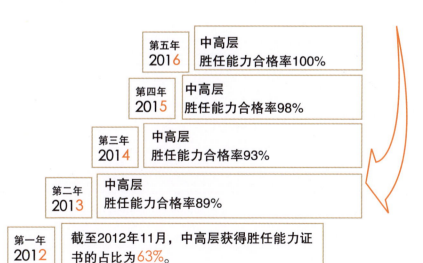

目标值确定方法三：投入回报法

企业在哪里追加投入了人、财和物等资源，就应该相应追加产出目标。

FS是一家销售纺织机械的中日合资公司，销售组织是按照区域划分为华南、华东、华北、东北、中部、西部六大区。把新的一年增长速度确定后，在去年各区域实现回款基础上，计算得出新的一年各区域的销售回款目标。

FS公司上一年度各区域回款目标

单位：万元

地区	华南	华东	华北	东北	中部	西部
回款目标	1850	2100	1150	1350	850	550

以华东区新的一年销售回款目标为例，由于公司在江苏省吴江市新设办事处，增加了4名业务代表，购置一部送货车。因此年度目标应该追加两项目标：第一，人效40万元/人；第二，车辆（固定资产）投入产出30万元。应共追加190万元，所以华东区最后敲定回款目标为2290万元。

目标值确定方法四：行业标杆法

每一家企业不管是否承认，都有一个学习或者追赶的标杆。经营目标体系中客户、内部运营、学习和成长这些层面中有些目标值可以参照标杆企业做到的结果作为依据。

HX商贸是四川绵阳的一家品牌服装代理和百货商场经营企业，各业务单元的经营目标中都有一个内部运营效率指标：坪效（每一平方米经营面积产生多少销售收入）。原来考核时目标值是按照地段在商圈中位置不同，按照企业对每一个业务单元的坪效预期下达考核指标，各个经理常常以各种原因找达不到坪效的理由。如果你是人力资源经理，你会向企业建议以什么依据设定这一目标值？

解答提示

　　各品牌在全国各终端都有坪效统计数字，取前5名的平均值作为HX商贸各业务单元KPI指标"坪效"的目标值。这就意味着，HX商贸"每一平方米经营面积产生多少销售收入"的经营水平要赶超行业标杆。

目标值确定方法五：对等法则

　　对等法则：上司扫除下属执行的障碍，下属完成上司交代的任务。

　　有一年，东芝（中国）多媒体事业部年度销售目标为25亿元，完成27.3亿元。新的一年里，东芝（中国）株式会社田中给该事业部下达了35亿元的销售任务，多媒体事业部总经理VIC觉得这个目标简直是一个天文数字，心里不能接受。为了让下属接受这一"不可能完成"的任务，田中苦苦想了很多方法，与VIC之间采取一种有效的目标沟通方法……最后，VIC终于代表事业部与上司签订了绩效合同，并且当年销售任务竟然完成了40.13亿元。究竟是什么神奇的力量造就了35亿元销售目标的超越呢？

解答提示

　　当下属认为客观上存在着任务完不成的前提时，领导者可以让下属盘点完不成的理由。并将这些理由按照双方的职责和权限一分为二。领导者用"对等法则"把自己的责任落实为行动计划，执行者就没有理由完不成任务了。因此，上述案例的答案是上司田中为他的下属VIC扫除了任务执行的障碍。

对等法则

怎么用?

当下属认为客观上存在着任务完不成的前提时,领导者可以让下属盘点完不成的理由,并将这些理由按照双方的职责和权限一分为二。领导者用"对等法则"把自己的责任落实为行动计划,执行者就没有理由完不成任务了。

如何测评使用效果?

100%的领导者的每个阶段的工作计划事项都是下属期望为自己扫除工作障碍的。可以用问卷调查的方式对下属进行调查,确认领导者的工作是否是他们期待解决的事情。80%的工作做了下属期望的,则对等法则就充分体现出来了。

日常经营中企业如何设定经营目标?

1. 设立初始目标 → 2. 分析差距及可行性 → 3. 设定目标值并取得共识 → 4. 一致同意行动计划

按上述步骤讨论目标的时候，每个步骤都要依据"目标值设定的5种方法"。

设定绩效目标是一个从上到下，再从下到上的流程，大约需要几个星期。

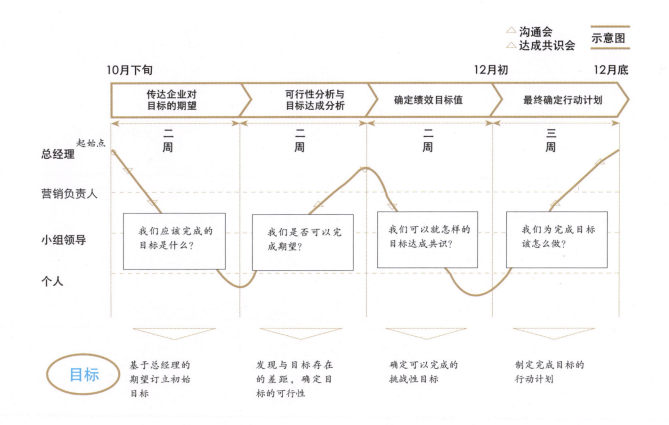

1.总经理向各中心和职能部门负责人传达展望目标,并细分到他们头上。

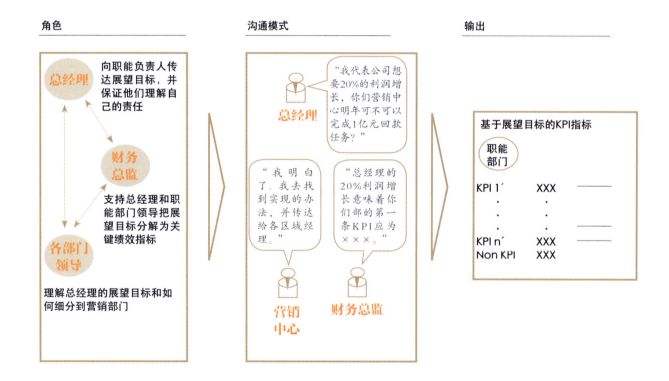

怎样细分目标？

BYD电子事业部上年经营总收入为22亿元，人力资源总费用为440万元，其中包括26人的人头费、办公费、房屋设备费、招聘广告费、培训专家费、外出学习费等。其人力资源费用的经营收入比率为440÷220000=0.2%。人力资源部陈经理确立了降低人力资源费用率10%的核心目标，即当年的人力资源总费用与事业部经营总收入的比率为0.18%。事业部当年的经营收目标为30亿元，其人力资源总费用最高为300000×0.18%=540万元。净降费用60万元，其具体分解如下表所示：

净费用降低目标分解表

目标分类	指标	目标值要求	用户
核心目标	成本费用率的降低率	在上年的基础上降低10%。	分解到各部门
指标目标	培训费	47.2万元（主要是外出学习培训）。	财务部
	人头费用	6万元（其中比例减员4.8万元，加班费1.2万元），每月0.5万元。	财务部
	办公费用	4.8万元（其中：电话费1万元，差旅费3.8万元），每月0.4万元。	财务部
	设备费用	2.4万元（其中：办公用房2万元，电脑0.4万元），每月0.2万元。	财务部
责任目标	人员选聘	保证各单位部门用人需要，100%地按单位部门用人所需提供人才。	各单位部门
	培训开发	保证所有人员与岗位要求匹配，技能品质合格率100%。	各单位部门
	绩考服务	100%地保证每个员工的工作得到公正评价，绩考抱怨率1%以下。	全体员工
	薪资管理	保证以尽可能低的人工费用做出尽可能大的事业，人工费用率低于同行5%。	财务部
	劳资关系融和	减少劳资矛盾，员工流动率（非正常离退的流动与员工总数相比）低于10%。	总经理
项目目标	工作评价	对事业部的每个岗位的相对价值做出客观公正的评价。	总经理

2.各部门负责人要基于综合分析进行可行性研究。

在分析差距和可行性之后，营销部门领导应该根据数据事实实事求是地制订可行的目标。

角色　　　　　　　　　交流模式　　　　　　　　　输出

3.决策者应该在目标制订会议上讨论并最终完成目标的定稿。

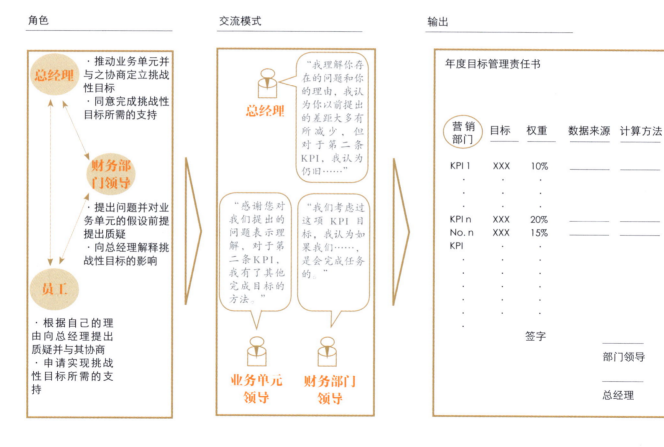

运用对等法则建立目标共识

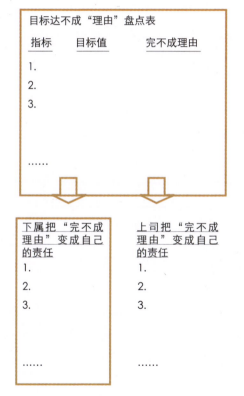

运用期望法则兑现承诺

4.各部门负责人应建立行动计划以实现目标。

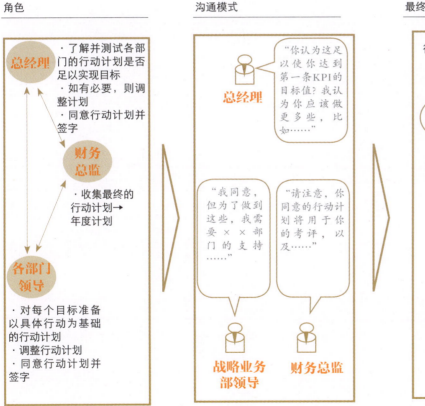

03

关键绩效指标库建立

KPI关键绩效指标库的要素构成

类别	指标名称	考核目的	指标定义	考核方法	权重	目标值	统计部门	数据表单
财务层面								
客户层面								
运营层面								
学习与成长层面								

说明：

1. "考核方法"将在本系列书第二册《如何设计绩效管理方案》"量化考核技术"单元中有专门介绍。12大量化技术：通过计算公式或者把定性的考核转化成量化考核以确保考核分值刚性。

2. "权重"将在本系列书第二册《如何设计绩效管理方案》中专门介绍。5级权重制：每个指标在100分中所占的比重是根据5级定义描述确定的。

如何设计KPI关键绩效指标库

步骤一：以平衡计分卡的四个层面为框架，对公司级绩效考核指标进行分解。

步骤二：针对关键流程设计关键绩效考核指标。

步骤三：对照部门职责检验指标体系是否完整。

方法论：
KPI关键绩效指标库设计模型

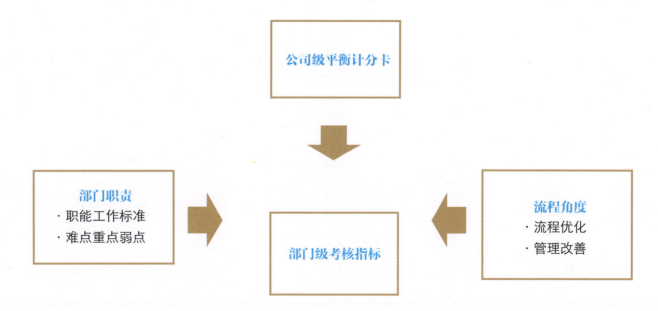

某品牌连锁企业 KPI关键指标库设计

由于企业的行业和规模不同，因此企业的管理基础也处于不同的水平阶段。尽管各个企业KPI关键指标库内容不同，但设计指标库的方法论和步骤相同。以下案例展示了企业建立KPI关键绩效指标的过程，为企业建立属于自己的KPI关键绩效指标库提供参考。

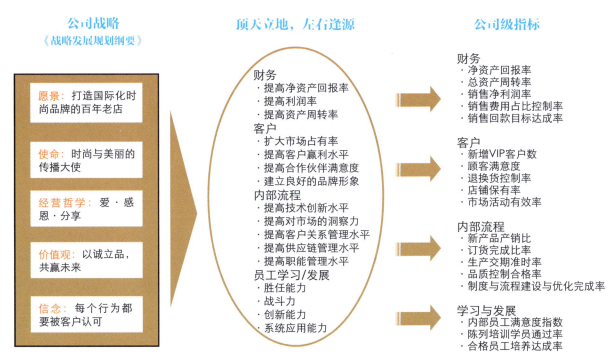

分解公司级平衡计分卡，将公司目标有针对性地传递至各层级。

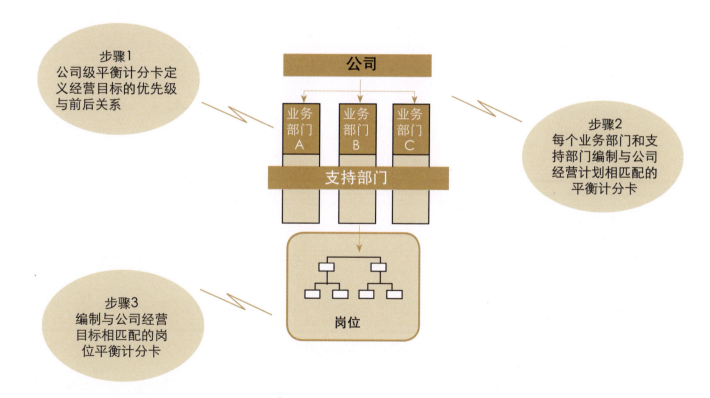

指标设计遵循"SMART"原则

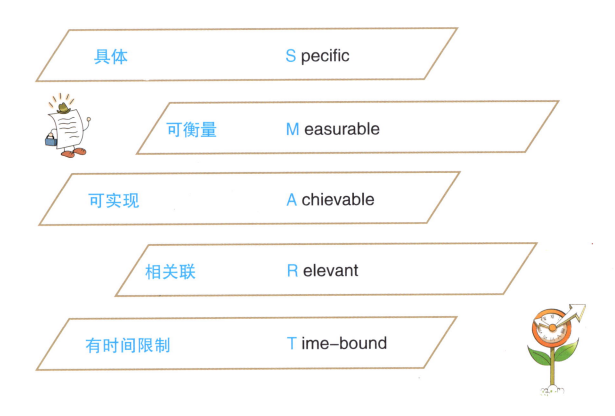

具体　　　　　　　S pecific

可衡量　　　　　　M easurable

可实现　　　　　　A chievable

相关联　　　　　　R elevant

有时间限制　　　　T ime-bound

部门级指标构成示例-财务部

来自公司级指标分解

针对关键流程的考核指标

来自部门职责

公司级指标中适用于各部门的通用指标

序号	考核目的	关键绩效指标	指标公式/定义	类别	权重分	统计频率	统计信息来源	统计部门
1	……	……	……	……	……	……	……	……
2	最大化股东价值	销售回款达成率	销售回款达成率=销售实际回款÷销售回款任务×100%	财务	25分	月度	财务报表	财务部
……	……	……	……	……	……	……	……	……
6	管理职能员工效率	财务预算的准确性	财务预算差异率=（实际发生额÷预算额－1）×100%	内部流程	15分	年度	经营业绩回顾会	总经理办公会
……	……	……	……	……	……	……	……	……
11	提高岗位作业效率	费用报销及工资发放的准确性	未在规定的时间内完成费用的报销及工资发放的次数。每出现一次扣权重分的10%，超过5次以上此项分全扣	内部流程	10分	月度	工作记录表,投诉登记表	行政人事部
……	……	……	……	……	……	……	……	……
16	员工胜任能力培养	合格员工达成率	合格员工达成率=实际合格数÷计划数×100%	学习与发展	10分	年度	部门员工胜任能力评定表	行政人事部

设计范围包括9个部门级指标库

- 为9个部门建立了关键绩效指标库，共174项指标

部门	指标库中关键绩效指标个数	部门	指标库中关键绩效指标个数
销售部	21	生产技术部	23
市场拓展部	21	物流信息部	22
企划部	24	行政人事部	18
研发部	15	财务部	17
采购部	13		

通用性的考核指标

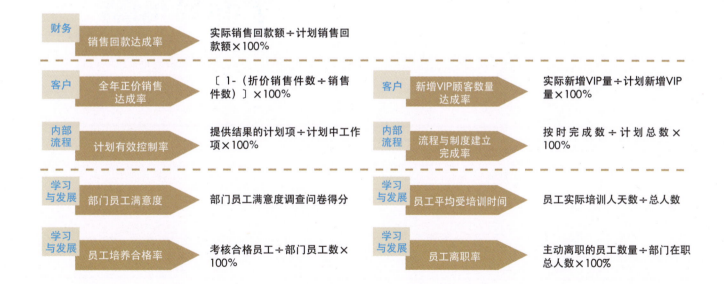

指标分解-叠加式分解法-以"开店保有率"为例

公司级指标	部门级指标	市场拓展部	销售部	企划部	物流部
开店保有率 = 新店首月业绩达标率 + 投资周期回报达成率 + 动销率	·新店开业的及时性	√	√	√	
	·品牌宣传计划执行率	√		√	
	·装修及时性与合格率	√			√
	·企划案通过率			√	
	·商场销售排名达标率		√	√	√
	·平均坪效		√	√	
	·新品上市开发款数达标率		√	√	
	·新产品订货率		√	√	
	·客单价提升率		√		
	·货品配送及时性		√		√
	·仓储安全与准确性		√		√

指标分解-递进式分解法-以"坪效"指标为例

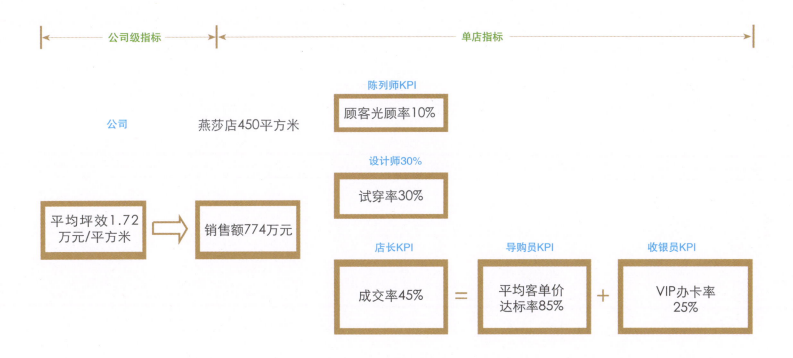

指标分解-对应式分解法－以"平均单店业绩增长率"为例

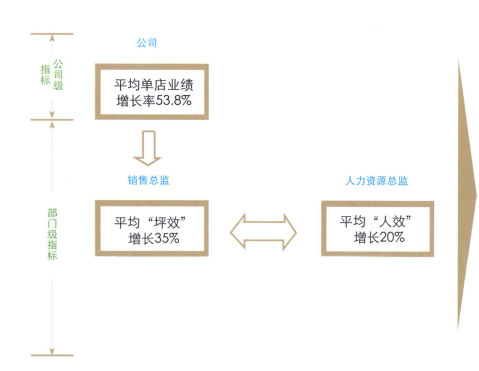

销售部KPI指标设计

结果性绩效指标

- 财务
  - 回款目标达成率
  - 全年平均折扣率
  - 客户服务占比控制率
  - 销售费用预算控制率

过程性绩效指标

- 客户
  - 新产品产销比
  - 新增VIP客户数
  - 客户信息录入的准确率与完整性
  - 退货率
  - 客户意见反馈及时率
  - 客户回访率

- 内部流程
  - 销售费用占比控制率
  - 订货完成比率
  - 销售信息统计及时性
  - 上一年产品正价销售率
  - 计划有效控制率、终端支持及时性
  - 店铺档案准确率与完整性
  - 订货达标率

- 学习与发展
  - 合格员工达成率
  - 部门员工培训覆盖率

市场拓展部KPI指标设计

结果性绩效指标

财务
- 回款目标达成率
- 新增销售终端目标达成率
- 市场拓展费用占比控制率
- 工程装修费用占比控制率

客户
- 开店保有率
- 老店提升目标达成率
- 新店首月销售目标达成率

过程性绩效指标

内部流程
- 装修及时性与合格率
- 计划有效控制率
- 新店开业及时性
- 老店面积提升目标达成率
- 设计图稿的及时性
- 设计图差错控制率
- 制度流程的建立完成率
- 物料准备准确率与及时性
- 货品准备准确率与及时性

学习与发展
- 合格员工达成率
- 部门员工培训覆盖率
- 新店人员留职率
- ERP培训合格率

企划部KPI指标设计

结果性绩效指标

财务
- 回款目标达成率
- 全年平均折扣率
- 宣传推广费用占比控制率
- 陈列费用预算控制率

客户
- 新产品产销比
- 品牌宣传效果评估
- 市场宣传效果评估
- 画册宣传效果评估

过程性绩效指标

内部流程
- 宣传推广费用占比控制率
- 品牌宣传效果评估
- 陈列终端满意度评估
- 市场活动效果评估
- 计划有效控制率
- 陈列道具管理规范性
- 商品运营企划方案的满意度
- 商品档案的完整性与准确性
- 订货会重要节点的准确性
- 商品档案的完整性与准确性
- VI体系的规范性
- 促销品管理差错控制率

学习与发展
- 陈列培训学员平均通过率
- 合格员工达成率
- 部门员工培训覆盖率

研发部KPI指标设计

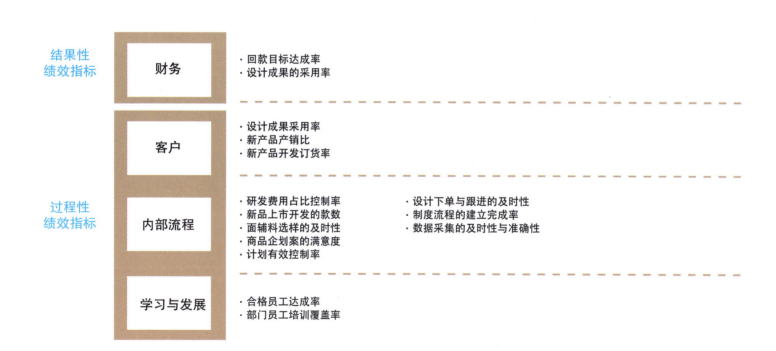

采购部KPI指标设计

生产技术部KPI指标设计

结果性绩效指标

财务
- 回款目标达成率
- 全年平均折扣率
- 工价成本占比控制率
- 打版投产率

客户
- 新产品产销比
- 新增VIP客户数
- 产品质量的合格率

过程性绩效指标

内部流程
- 销售费用占比控制率
- 订货完成比率
- 生产交期的及时性
- 上一年产品正价销售率
- 计划有效控制率
- 技术支持及时性
- 技术异常改进及时性
- 料率计算准确性
- 生产交期准确性
- 样衣制作准确性
- 推版及时性与准确性
- 产品质量合格率
- 生产单制单准确性
- 生产预料回收及时性

学习与发展
- 合格员工达成率
- 部门员工培训覆盖率

物流信息部KPI指标设计

结果性绩效指标

财务
- 回款目标达成率
- 全年平均折扣率
- 物流费用占比控制率
- 调货费用的控制

客户
- 新产品产销比
- 新增VIP客户数
- 维修商品的顾客满意度

过程性绩效指标

内部流程
- 销售费用占比控制率
- 订货完成比率
- 品控合格率
- 仓储信息的准确性
- 台账信息记录的准时性
- 配货的准确性
- 理货的及时性
- 调货周转的及时性
- 制单的准确性
- 上一年产品正价销售率
- 计划有效控制率；
- 制度流程的建立完成率

学习与发展
- 合格员工达成率
- 部门员工培训覆盖率

人事行政部KPI指标设计

结果性绩效指标

- 财务
  - 回款目标达成率
  - 人工成本占比控制率
  - 人均销售收入达标率

过程性绩效指标

- 客户
  - 新产品产销比
  - 新增VIP客户数
  - 企业文化活动的满意度
  - 人力资源服务员工满意度

- 内部流程
  - 关键岗位到岗率
  - 招聘实施的及时性与有效性
  - 招聘计划的完成率
  - 绩效薪酬的完整性与准确性
  - 办公设备维修的及时性
  - 信息平台维护的满意度
  - 档案的完整性与准确性
  - 计划有效控制率

- 学习与发展
  - 合格员工达成率
  - 部门员工培训覆盖率
  - 文案整理及时性与有效性

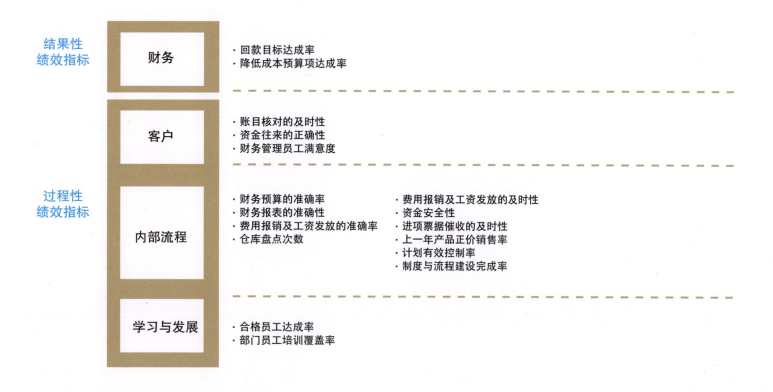

04

关键绩效指标库案例

某集团公司关键绩效指标库

总裁办KPI关键绩效指标库

岗位	序号	绩效指标（KPI/CPI）	指标说明与计算公式	衡量周期	衡量标准与评分方法	级别	权重	数据来源	备注
总裁办主任	1	行政费用控制率	由总裁办统一采购/办理的集团会议、外事活动接待、公务车辆（高管用车除外）、酒店宾馆、办公用品、总裁办使用的商务礼品、IT设备费用、宣传费用等行政费用按财务统一计算口径；行政费用控制率=100%+节约率=100%+（目标费用－实际费用）÷目标费用×100%。	月、年	1.本项得分=控制率×100分，120分封顶；2.若控制率≤60%，本项得0分。	2	10%	财务中心	
	2	部门费用控制	保证本部门费用按预算进行控制，部门费用按财务统一计算口径；部门费用控制率=100%+节约率=100%+（目标费用－实际费用）÷目标费用×100%。	月、年	1.本项得分=控制率×100分，120分封顶；2.若控制率≤60%，本项得0分。	2	10%	财务中心	
	3	重大指令的督办与落实	重大指令指：董事会或公司的重大决议事项、总裁重要工作指令。	月、年	扣分项：每出现1次董事会或公司的重大决议事项、上级重要工作指令未有效督办扣10。	1	5%	董事会评价、总裁评价、典型事件记录	
	4	工作计划的完成情况	每月初提交工作计划，经上级领导批准后交由人力资源部门提炼考核指标，在本绩效指标库中有对应考核指标的常规工作项目直接列入当月考核表中，阶段性或临时性工作由人力资源部根据工作计划提炼考核指标，并注明考核方法后作为考核项目列入当月考核表中。	月	1.常规工作项目以绩效指标库中的衡量标准评分；2.阶段性或临时性工作项目以人力资源部门设定的衡量标准评分。	2	10%	人力资源部、工作总结报告、直接上级领导评价	
	5	重大安全事故	重大安全事故指：火灾事故或车辆损毁或财务被盗等职责管理范围内导致的直接经济损失在10万元以上（≥10万元）；人员死亡；或按国家规定的列为重大安全事故的。	月、年	出现1次重大安全事故，本项得0分。	3	15%	典型事件记录	
	6	总裁服务	每周一收集、拟订总裁周行程表；传达、跟进总裁的各项指示、批示；撰写总裁需要的相关文书等。	月、年	扣分项：每出现1次未及时/保质完成或投诉扣5～10分，直至0分为止。	2	10%	总裁评价	

续 表

岗位	序号	绩效指标 （KPI/CPI）	指标说明与计算公式	衡量周期	衡量标准与评分方法	级别	权重	数据来源	备注
总裁办主任	7	制度建设及流程的制订	考核已书面化的流程和制度与需要书面化的流程和制度的数量对比。	月、年	已书面化的流程与制度比需要书面化的流程与制度每少一份扣10分。	3	15%	已公布实施的制度	
	8	信息化建设规划与实施	本年度的信息化建设重点为信息系统在集团全范围的使用推广。由总裁办拟订问卷的，报上级审核，问卷的发放、回收、统计由集团人力资源主管部门负责，最终得分取平均分。	年	每年由公司统一组织开展问卷调查，本项得分即为满意人数÷被调查人数×100分。	3	15%	抽样问卷调查	
	9	配合财务软件的更新、升级	负责财务软件开发商的招标与确定，并配合开发商进行信息的收集与传达，并确保财务软件的更新与升级符合工作开展的需要，并达到预期目的，最终对实施效果进行评估。	年	由财务部门统一组织针对软件使用部门进行软件实施效果问卷调查，本项得分即为满意人数÷被调查人数×100分。	3	15%	问卷调查	
	10	配合E-HR软件的引进、运行	负责E-HR软件开发商的招标与确定，并配合开发商进行信息的收集与传达，并确保E-HR软件的引进与运行符合工作开展的需要，并达到预期目的，最终对运行效果进行评估。	年	由人力资源部门统一组织针对软件使用部门进行软件实施效果问卷调查，本项得分即为满意人数÷被调查人数×100分。	3	15%	问卷调查	
	11	法律事务处理	包括涉诉和自诉案件，遵守诉讼时效，符合法律规定，维护公司利益；配合公司指令要求，草拟各种协议、函、通知、公告等。	年	1.扣分项：对自诉案件每造成公司损失1万元扣10分，直至0分为止； 2.加分项：对涉诉案件每为公司挽回经济损失1万元加10分，不封顶	2	10%	典型事件记录	
	12	车辆管理	与车辆相关的事项管理，包括车辆调度合理性、出车及时性、车辆维护保养、车辆手续办理等。	月	1.扣分项：每出现1次工作失误或投诉扣5~10分，直至0分为止； 2.加分项：每出现1次表扬加5~10分，封顶150分。	2	15%	典型事件记录	

续 表

岗位	序号	绩效指标(KPI/CPI)	指标说明与计算公式	衡量周期	衡量标准与评分方法	级别	权重	数据来源	备注
总裁办主任	13	公共关系维护	与各级政府机关、各类团体的关系建立与日常联络，对公司形象产生重大负面影响的报导次数及处理情况进行评估。	月、年	1.扣分项：0次危机公关，出现1次为0分；2.加分项：出现危机事件，妥善处理1次加10分，封顶120分。	2	10%	公众媒体、典型事件记录	
	14	固定资产管理	要求：完成资产的盘点，形成清晰的资产台账；制定资产管理制度并得到有效执行；保障资产的安全、账实相符。	月、年	扣分项：未完成资产的盘点并建立资产台账为0分，账实不符一项扣10分，发生因自身管理问题而导致资产遗失1万元以内的，每次扣10分。	2	10%	财务部	
	15	其他重要工作的配合及完成情况	指阶段性的重要工作配合，如配合顾问公司咨询项目的开展、配合闪耀项目的开展、配合OA项目的开展等工作。	月、年	对需要配合的重要工作完成的及时性与完成情况进行评估，由被配合方或项目主导部门负责人进行评估。	1	5%	被配合方或项目主导部门负责人评价	
	16	内部工作协调	要求：做好集团总部与各子公司协调工作，理顺关系，妥善处理各种集团内部危机事件。	月、年	1.扣分项：出现集团下属公司重大投诉事件属实一次扣20分；2.加分项：出现危机事件，妥善处理1次加10分，封顶150分。	2	10%	典型事件记录	
	17	法务咨询服务支持	解答各部门、各子公司在经营过程中遇到的法律问题，为其提供相关咨询。	月、年	扣分项：未及时提供服务或被投诉1次扣10分，直至0分为止。	1	5%	典型事件记录、投诉记录	
	18	IT服务支持	为集团各部门各岗位提供与IT相关的服务支持。	月、年	扣分项：超过24小时未及时提供服务1次或被投诉1次扣10分，直至0分为止。	1	5%	典型事件记录、投诉记录	
	19	集团安全保卫	包括集团资产安全、形象安全、员工人身安全、总裁安全、公务用车车辆安全等。	月、年	扣分项：0次安全事故，出现1次为0分。	2	10%	典型事件记录	

续 表

岗位	序号	绩效指标（KPI/CPI）	指标说明与计算公式	衡量周期	衡量标准与评分方法	级别	权重	数据来源	备注
总裁办主任	20	内部客户满意度	对总裁办为各相关部门/单位提供服务情况进行每年一次抽样问卷调查，问卷的设计由人力资源部门主导，采用百分制。满意度=满意人数÷调查人数×100%。	年	1.=目标值，得100分；2.比目标每提高5%，加10分，最高120分；3.小于目标值的70%，本项不得分；4.介于100%与70%之间的，本项得分=满意度×100分。	2	10%	抽样调查问卷（集团人力资源部门负责）	
	21	下属培养	本部门下属培养胜任人数为经人力资源部与下属新从事岗位的直接上级确认胜任的人数。	年	1.胜任人数超出目标人数每人加5分，120分封顶；2.胜任人数低于目标人数每人扣5分。	2	10%	人力资源部门胜任能力评估	
	22	工商证照事务办理	集团公司的营业执照年检、新开办公司的证照办理、注册变更文件办理等。	年	扣分项：未及时办理影响工作开展1次扣10分，直至0分为止；造成公司直接经济损失达1万元以上，此项得0分。	1	5%	典型事件记录	
	23	对外申报材料	考核对外各种申报材料提供的及时性、准确性、完整性。	年	扣分项：每出现1次不按时、差错或遗漏扣5～10分，直至0分为止。	1	5%	典型事件记录	
	24	会务管理	集团定期召开的重大会议及大型活动的组织安排。	月、年	1.扣分项：每出现1次工作失误或投诉扣5～20分，直至0分为止；2.加分项：每出现1次表扬加5～10分，封顶150分。	2	10%	会议记录、典型事件记录	
	25	后勤事务服务	前台接待、总部办公环境、员工宿舍管理、食堂管理等事务。	月、年	1.扣分项：每出现1次工作失误或投诉扣5～10分，直至0分为止；2.加分项：每出现1次表扬加5～10分，封顶150分。	2	10%	典型事件记录	

续表

岗位	序号	绩效指标（KPI/CPI）	指标说明与计算公式	衡量周期	衡量标准与评分方法	级别	权重	数据来源	备注
总裁办副主任	1	信息化建设与推广	本年度的信息化建设重点为信息系统在集团全范围的使用推广。由总裁办拟订问卷的，报上级审核，问卷的发放、回收、统计由集团人力资源主管部门负责，最终得分取算术平均分。	年	本项得分即为满意人数÷被调查人数×100分。	3	15%	抽样问卷调查	
	2	重大指令督办	重大指令指：董事会或公司的重大决议事项、上级重要工作指令。	年、月	扣分项：每出现1次董事会或公司的重大决议事项、上级重要工作指令未有效督办扣10分。	2	10%	董事会评价、总裁评价、典型事件记录	
	3	会务组织	主要包括：会议通知及时性；会议资料准备的完整性；会务安排合理性；会议纪要的完整性。	年、月	1.扣分项：每出现1次工作失误或投诉扣5分；2.加分项：每出现1次表扬加5分，封顶120分。	2	10%	典型事件记录	
	4	文书管理	根据公文管理实施办法规定，本指标主要从3大方面考核文书管理的规范性：公文格式规范；公文处理程序规范；文书保管规范。	年、月	扣分项：每出现1次不符规范扣5分。	2	10%	典型事件记录	
	5	重大信息系统故障次数	因日常管理不到位产生的重大信息系统故障包括：信息系统；集团局域网络；集团网站技术故障；服务器数据安全。	年、月	扣分项：发生因自身管理问题而导致系统连续宕机在4小时以上，每出现1次扣5分。	1	5%	典型事件记录	
	6	信息化培训	每年度制订为各部门开展IT培训课时数，列入集团人力资源部年度培训计划中，提高员工信息化系统与计算机操作技能，做好每次培训信息记录。	年、月	本项得分＝实际小时数÷计划小时数×100分。	1	5%	培训记录	
	7	后备人才培养	本年度后备人才培养的岗位和人数由集团人力资源部与部门负责人共同确认。	年	本项得分＝胜任人数÷目标培养人数×100分。	2	10%	人力资源部门胜任能力评估	
	8	流程与制度化建设	制定/完善行政与信息化方面的制度包括：计算机管理制度；文件管理制度；会务管理制度；用章管理制度。	年	扣分项：每未完成1项，扣20分（完成与否以是否正式发文为准）。	3	15%	已发文制度	

续　表

岗位	序号	绩效指标（KPI/CPI）	指标说明与计算公式	衡量周期	衡量标准与评分方法	级别	权重	数据来源	备注
信息化经理	1	信息化建设与推广	本年度的信息化建设重点为信息系统在集团全范围内的使用推广。由总裁办拟订问卷的，报上级审核，问卷的发放、回收、统计由集团人力资源主管部门负责，最终得分取算术平均分。	年	每年由公司统一组织开展问卷调查，本项得分即为满意人数÷被调查人数×100分。	3	15%	抽样问卷调查	
	2	信息技术服务	要求：保障信息系统连续无故障运行，及时做好系统备份恢复管理。	年、月	扣分项：每出现未及时或未妥善解决故障遭重大投诉1次（经核实的）扣5分。	2	10%	典型事件记录、投诉记录	
	3	信息化培训	每年度制订为各部门开展IT培训课时数，列入集团人力资源部年度培训计划中，提高员工信息化系统与计算机操作技能，做好每次培训信息记录。	年、月	本项得分＝实际小时数÷计划小时数×100分。	2	10%	培训记录	
	4	信息系统重大故障数	因日常管理不到位产生的重大信息系统故障包括：信息系统；集团局域网络；集团网站技术故障；服务器数据安全。	年、月	扣分项：发生因自身管理问题而导致系统连续宕机在4小时以上，每次扣10分。	2	10%	典型事件记录	
	5	信息系统数据安全	要求：严格规范信息系统操作权限，保障数据严密可控。	年、月	扣分项：发生因自身管理问题而导致系统信息泄密，每次扣10分。	2	10%	典型事件记录	
	6	IT供应商管理	由上级对计算机软硬件、网络设备及打印机等IT周边设备的供应商的产品价格、服务进行综合评价。	年	由上级按良好（100～81分）、一般（80～60分）、不合格（59～0分）三级评价要求进行打分。	2	10%	上级评价	
	7	流程与制度化建设	与信息技术相关的管理制度内容，包括但不限于：计算机管理制度；网络管理制度；信息安全及备份制度。	年	扣分项：每未完成1项，扣20分（完成与否以是否正式发文为准）。	3	15%	已发文制度	

续表

岗位	序号	绩效指标（KPI/CPI）	指标说明与计算公式	衡量周期	衡量标准与评分方法	级别	权重	数据来源	备注
网络管理员	1	信息技术服务	要求：保障信息系统连续无故障运行，及时做好系统备份恢复管理。	月	扣分项：每出现未及时或未妥善解决故障遭重大投诉1次（经核实的）扣5分。	2	10%	典型事件记录	
	2	信息系统重大故障数	因日常管理不到位产生的重大信息系统故障包括：信息系统；集团局域网络；集团网站技术故障；服务器数据安全。	月	扣分项：发生因自身管理问题而导致系统连续宕机在4小时以上，每次扣10分。	2	10%	典型事件记录	
	3	信息化培训	为各部门开展IT培训，提高员工信息化系统与计算机操作技能，做好每次培训信息记录。	月	本项得分＝实际小时数÷计划小时数×100分。	2	10%	培训记录	
	4	信息化建设与推广	本年度的信息化建设重点为信息系统在集团全范围的使用推广。由总裁办拟订问卷的，报上级审核，问卷的发放、回收、统计由集团人力资源主管部门负责，最终得分取算术平均分。	年	每年由公司统一组织开展问卷调查，本项得分即为满意人数÷被调查人数×100分。	3	15%	问卷调查结果	
	5	网络资料的整理和归档	根据信息系统规范，及时将网络相关资料进行整理并归档，确保资料的完整性。	月	每遗漏一项扣10分，未及时整理归档每次扣5分。	2	10%	网络资料	
	6	上级指派任务完成情况	考核上级指派工作任务完成的及时性与质量。	月	本项得分＝实际完成件数÷月总指派任务件数×100分。	1	5%	上级评价	

续 表

岗位	序号	绩效指标（KPI/CPI）	指标说明与计算公式	衡量周期	衡量标准与评分方法	级别	权重	数据来源	备注
数据库维护专员	1	数据库的用户管理	不定期地对管理员等重要用户密码进行修改。确保数据库的权限与安全。	月	出现一次权限错误或出现数据泄露扣10分，未及时在规定时间内开通新用户每次扣5分。	2	10%	典型事件记录	
	2	数据库的维护	检查第三方备份工具的备份日志以确定备份是否成功；检查日志文件以确定备份是否成功；检查相应的日志文件。	月	备份不及时扣5分；备份丢失扣10分。	2	10%	备份日志	
	3	数据库的监控	监控数据库的警告日志。	月	未及时监控每次扣5分。	2	10%	监控记录、警告日志	
	4	技术服务与支持	要求：保障信息系统连续无故障运行，及时做好系统备份恢复管理。	月	扣分项：每出现未及时或未妥善解决故障遭重大投诉1次（经核实的）扣5分。	2	10%	典型事件记录	
	5	信息化培训	为各部门开展IT培训，提高员工信息化系统与计算机操作技能，做好每次培训信息记录。	月	本项得分＝实际小时数÷计划小时数×100分。	2	10%	培训记录	
	6	上级指派任务完成情况	考核上级指派工作任务完成的及时性与质量。	月	本项得分＝实际完成件数÷月总指派任务件数×100分。	1	5%	上级评价	

续 表

岗位	序号	绩效指标（KPI/CPI）	指标说明与计算公式	衡量周期	衡量标准与评分方法	级别	权重	数据来源	备注
行政经理	1	文书管理	根据公文管理实施办法规定，本指标主要从3大方面考核文书管理的规范性：公文格式规范；公文处理程序规范；文书保管规范。	年、月	扣分项：每出现1次不符规范扣5分。	2	10%	典型事件记录	
	2	信息的上传下达	要求：做集团的各种文件、会议决策、上级指令等信息的上传和下达工作。	年、月	扣分项：每发现1次未及时或出现差错扣5分。	2	10%	典型事件记录	
	3	会务组织管理	主要包括：会议通知及时性；会议资料准备的完整性；会务安排合理性；会议纪要的完整性。	年、月	扣分项：每出现1次工作失误或投诉扣5分。	2	10%	典型事件记录	
	4	集团内部关系维护	要求：做好集团总部与各子公司协调，理顺关系，妥善处理各种危机事件。	年、月	扣分项：出现集团下属公司重大投诉事件1次（经核实的）扣20分。	2	10%	典型事件记录	
	5	关键流程与制度化建设	制定、完善行政与信息化方面的制度。	年	扣分项：每未完成1项，扣20分（完成与否以是否正式发文为准）。	3	15%	已公布制度	
	6	文书档案管理	包括外来文件、内部公文、公司荣誉证书、重要照片、高管人员资料、各种评选资料等。	年、月	扣分项：每发现1次未及进行装订或不完整扣5分。	2	10%	典型事件记录	
	7	印章管理	按集团印章管理办法，规范使用公司印章，保证用章安全。	年、月	扣分项：每出现1次公司用章使用错误扣5分。	2	10%	典型事件记录	
	8	工商证照办理	要求：每年在规定的时期内完成集团所有公司的营业执照、税务登记证、注册变更等相关证照年检及手续办理工作。	年	扣分项：在指定时间内，每出现未按时完成1家年检工作扣10分。	2	10%	证照年检记录	

续 表

岗位	序号	绩效指标（KPI/CPI）	指标说明与计算公式	衡量周期	衡量标准与评分方法	级别	权重	数据来源	备注
总裁秘书	1	总裁行程安排	制作总裁行程表，并按时提醒总裁行程。	月	行程表安排出现一次差错扣10分，未及时提醒总裁每次扣10分。	2	10%	总裁行程表	
	2	总裁信息传达	协助总裁与公司内外部的沟通。传达贯彻总裁对公司内外部工作的管理思想和领导意图；协助各部门将相关汇报、意见、建议反馈及时准确地送给总裁。	月	考核及时性与准确性，未及时传达一次扣5分，传达有误每次扣10分。	2	10%	典型事件记录	
	3	文书处理	考核处理总裁交办的各项公文的及时性、差错率与总裁满意率。	月	未及时完成每次扣5分，出现差错每次扣10分，总裁不满意每次扣10分。	2	10%	总裁评价	
	4	访客接待	及时并有礼地接待好来司访客，根据总裁要求，安排好访客的行程、接机、住宿、饮食、礼品等事项；考核宾客对接待服务的满意度。	月	出现宾客不满意或投诉，每次扣10分。	2	10%	典型事件记录	
	5	印章管理	按集团印章管理办法，规范使用公司印章，保证用章安全。	月	扣分项：每出现1次公司用章使用错误扣5分。	1	5%	典型事件记录	
	6	总裁会议服务	协助总裁组织各种会议，及时发出会议通知并协调准时到会；起草会议纪要，经总裁审阅后下发；协调、督办和落实议定的各种事项。	月	会议通知未准确传达每次扣5分，会议纪要每出现一次差错扣5分，会议议定的各种事项各及时督办或未及时将结果反馈给总裁，每次扣5分。	2	10%	会议通知、会议纪要、典型事件记录	
	7	总裁办公室管理	负责办公室、休息室、接待室的清洁、整理维护，考核总裁满意度。	月	总裁不满意每次扣10分，或经总裁办检查未符合要求，每次扣10分。	2	10%	总裁评价	
	8	公司发文管理	负责公司级发文文件的规范审核和操作，并登记备案管理。	月	未按要规范审核或操作，每次扣10分，未对发文进行登记备案每次扣10分。	2	10%	典型事件记录、发文登记	

续表

岗位	序号	绩效指标（KPI/CPI）	指标说明与计算公式	衡量周期	衡量标准与评分方法	级别	权重	数据来源	备注
总裁秘书	9	保密工作	对公司各项机密文件或信息实行严格的保密制度，绝不泄露任何机密。	月	泄露公司机密信息每次扣10分，可视造成影响加大扣分力度。	2	10%	典型事件记录	
	10	上级指派任务完成情况	考核上级指派工作任务完成的及时性与质量。	月	本项得分=实际完成件数÷月总指派任务件数×100分。	2	10%	上级评价	
接待专员	1	前台电话接听与转接	认真接听公司日常电话，做好电话记录，准确传达电话信息，接听电话迅速，吐字清晰，用语规范，标准（使用普通话）。	月	1.未在规定时间内接听电话每次扣5分；2.接听电话未用标准语，吐字不清晰每次扣5分；3.电话转接错误每次扣5分；4.关键信息未有记录每次扣5分。	2	10%	总裁办检查结果、电话记录	
	2	访客接待与登记	礼貌接待来访宾客，做好登记与信息传递工作，无信息传递错漏事件的发生。	月	1.未能礼貌接待宾客，宾客投诉一次扣5分；2.未能及时做好信息传递工作一次扣5分；3.未能做好登记工作一次扣5分。	2	10%	来访登记、典型事件记录	
	3	复印机管理	做好复印登记工作，出现设备故障及时报修。	月	未要求员工登记每次扣5分，出现故障未及时报修每次扣10分。	2	10%	复印登记表、报修记录	
	4	报纸信件的收发	报纸与信件的及时准确地收发到各个部门。	月	错发一次扣5分，漏发一次扣10分。	2	10%	收发登记表	
	5	前台及接待区域卫生管理	确保前台及接待区域的卫生符合要求，及时督导保洁人员进行清洁。	月	经检查未符合卫生标准每次扣10分。	2	10%	卫生检查结果	
	6	上级指派任务完成情况	考核上级指派工作任务完成的及时性与质量。	月	本项得分=实际完成件数÷月总指派任务件数×100分。	2	10%	上级评价	

续 表

岗位	序号	绩效指标（KPI/CPI）	指标说明与计算公式	衡量周期	衡量标准与评分方法	级别	权重	数据来源	备注
行政秘书	1	重大指令督办	将上级领导的指令及时传达到相关部门，监督其按时完成，以总裁及总裁办领导的评价为考核依据。	月	未及时下达扣2.5分，未明确其完成时间扣5分，未监督扣5分。	2	10%	典型事件记录	
	2	会议组织、安排的有效性	根据会议要求及时有效地组织安排会议，保证会议正常有序进行。	月	出现总裁及总裁办领导评价好评1次加5分；扣分项：出现总裁及总裁办领导评价差评1次扣5分。	2	10%	领导评价	
	3	会议纪要及跟踪	准确做好会议纪要并分发到相关部门，跟踪各项会议决议的落实情况。	月	未做会议纪要每次扣10分，会议纪要出现差错每次扣5分，未跟踪落实每次扣10分。	2	10%	会议纪要	
	4	总裁办相关台账的建立	建立总裁办内部各种台账，例如：集团各部招待费的统计、苏果券等领用登记等。	月	出现一次差错扣5分，漏记一次扣10分。	2	10%	台账	
	5	文书处理	处理总裁办领导交办的各项文件，起草工作计划与工作总结，以领导的满意度为考核标准。	月	未及时完成每次扣5分，出现差错每次扣10分，领导不满意每次扣10分。	2	10%	领导评价	
	6	工作服管理	员工工作服的制作与登记。	月	未及时制作每次扣5分，未登记每次扣10分。	2	10%	工作服领用登记	
	7	办公室日常接待	负责接待总裁办的所有宾客。	月	未能礼貌接待宾客，宾客投诉一次扣5分。	2	10%	典型事件记录	

续 表

岗位	序号	绩效指标（KPI/CPI）	指标说明与计算公式	衡量周期	衡量标准与评分方法	级别	权重	数据来源	备注
行政秘书	8	借款、报销等单据收集、报批	及时办理借款、报销等单据的收集、报批。	月	出现差错每次扣10分，未及时办理每次扣5分。	2	10%	各项单据	
	9	工商证照事务办理	集团公司的营业执照年检、新开办公司的证照办理、注册变更文件办理等。	年	扣分项：未及时办理影响工作开展1次扣10分，直至0分为止；造成公司直接经济损失达1万元以上，此项得0分。	1	5%	典型事件记录	
	10	集团内部关系维护	协助总裁办领导加强各部、子公司的关系，维护集团公司内部的关系，以典型事件记录为考核依据。	月	扣分项：出现集团下属公司重大投诉事件属实一次扣分20分；加分项：出现危机事件，妥善处理1次加10分。	2	10%	典型事件记录	
	11	上级指派任务完成情况	考核上级指派工作任务完成的及时性与质量。	月	本项得分=实际完成件数÷月总指派任务件数×100分。	2	10%	上级评价	
档案管理员	1	立卷归档率	及时完成文件材料的立卷归档工作；归档率=实际归档项目数÷应归档项目数×100%。	月	每低于目标1%扣5分。	2	10%	总裁办统计结果	
	2	档案管理	按照档案管理制度进行档案管理，考核操作的规范性和差错率。	月	出现未按档案管理制度规范操作一次扣5分，出现一次差错扣10分。	2	10%	总裁办检查结果	
	3	"八防"措施管理	按照档案库房管理的要求，坚持防火、防盗、防潮、防灾、防虫、防鼠、防霉、防光等"八防"措施，确保档案的完好无损。	月	未能做好使资料受损的每次扣10分。	2	10%	总裁办检查结果	

续 表

岗位	序号	绩效指标（KPI/CPI）	指标说明与计算公式	衡量周期	衡量标准与评分方法	级别	权重	数据来源	备注
档案管理员	4	档案的借阅	提供档案查阅、借阅工作，根据制度办理借阅手续，同时督促借阅人不得泄露所借资料内容，及时督促借阅人归还资料并检查资料完好性，借阅档案发挥重大利用价值的在归还时须填写好档案利用效果登记簿。	月	未按规定流程办理每次扣10分，借阅未登记每次扣10分，未及时督促借阅人按规定时间归还的每次扣5分。	2	10%	借阅记录	
	5	档案的鉴定、销毁工作	根据档案的保管期限，定期评估案卷的保存价值，对没有保存价值的资料提请鉴定小组进行鉴定，对鉴定需销毁的案卷做好销毁清册和监销工作。	月	手续不齐全、完整而销毁档案的一次扣10分。	2	10%	档案销毁清册	
	6	会议室管理	登记会议室使用记录，对各部门使用会议室的时间进行排程，并协调。	月	未登记一次扣5分，造成会议室使用时间冲突每次扣10分。	2	10%	会议室排程、使用记录	
	7	编制集团大事记	通过公司内部发文、内部期刊、内部活动以及外来的文件材料，于每年的年初编制汇总出上一年度的大事记和组织沿革。	年	未在规定时间内完成扣10分，每出现一次错误扣10分。	1	5%	集团大事记	
	8	OA知识中心模块的管理	OA知识中心文件资料的下载、整理、归档工作，及OA知识中心的资料在线借阅工作。	月	未在规定时间内完成或未按制度流程工作，每次扣10分。	1	5%	OA系统	
	9	上级指派任务完成情况	考核上级指派工作任务完成的及时性与质量。	月	本项得分=实际完成件数÷月总指派任务件数×100分。	1	5%	上级评价	
后勤经理	1	后勤保障服务满意度	后勤工作包括：车队管理、食堂管理、宿舍管理、安保管理、其他后勤保障事务以及物资采购、保管、领用及采购物资仓库管理。对总裁办后勤保障服务情况进行每年一次抽样问卷调查，问卷由人力资源部门主导撰写，结合相关高管的意见采用百分制问卷。	年、月	1.=目标值，得100分；2.比目标每提高5%，加10分，最高120分；3.小于目标值的70%，本项不得分；4.介于100%与70%之间的，本项得分=实际值÷目标值×100分。	2	10%	抽样调查问卷（集团人力资源部负责）	

续 表

岗位	序号	绩效指标(KPI/CPI)	指标说明与计算公式	衡量周期	衡量标准与评分方法	级别	权重	数据来源	备注
后勤经理	2	固定资产管理	要求：完成集团范围内的固定资产盘点工作，形成清晰的资产台账；制定资产管理制度并确保得到有效执行；保障资产的安全、账实相符。	年、月	扣分项：未完成资产的盘点并建立资产台账为0分，账实不符一项扣10分，发生因自身管理问题而导致资产遗失1万元以内的，每次扣10分。	4	20%	财务部盘点表	
	3	物资采购管理	要求：完成后勤采购任务，形成清晰的采购台账；制定物资采购管理并确保得到有效执行；保障采购物资安全、账实相符。	年、月	扣分项：未形成资产的盘点并建立资产台账为0分；账实不符一项扣5分，发生因自身管理问题而导致采购延期的，每次扣1分。	5	25%	抽查记录、财务部盘点表	
	4	费用节约率	费用明细项目以财务部统一计算口径，节约率=（预算费用目标值－实际费用）÷预算费用目标值×100%。	年、月	1.=0，得100分；2.加分项：节约率每增长1%，加10分，封顶150分。3.扣分项：节约率每降低1%，扣10分。	5	25%	财务部	
	5	安全事故	职责管理范围内导致的重大安全事故：直接经济损失在10万元以上（≥10万元）；人员死亡；或按国家规定的列为重大安全事故的。一般性安全事故：行车安全事故；食堂员工就餐安全；固定资产安全。	年、月	1.出现1次重大安全事故，本项得0分；2.每出现一般性安全事故1次扣10分。	3	15%	典型事件记录	
	6	流程制度化建设	职责范围内的后勤保障管理制度：建立或完善后勤事务管理制度汇编，主要包括：车辆管理制度；食堂管理制度；办公用品管理制度；安保管理制度；员工宿舍管理；办公卫生管理制度。	年	扣分项：每未完成1项，扣10分（完成与否以是否正式发文为准）。	2	10%	已发文制度	
	7	公共关系维护	做好与公安、交通、消防、卫生局等与职责相关的社会关系开发与维护，妥善处理各种危机事件。	年	1.扣分项：出现媒体负面报道，外部投诉等事件扣20分；2.加分项：危机事件妥善处理，每次加10分，封顶120分。	2	10%	典型事件记录	

续 表

岗位	序号	绩效指标（KPI/CPI）	指标说明与计算公式	衡量周期	衡量标准与评分方法	级别	权重	数据来源	备注
固定资产管理员	1	固定资产账实相符	建立固定资产台账，并确保与实物相符。	月	台账有遗漏或与实物不符，每次扣10分。	2	10%	固定资产台账	
	2	固定资产的保管	固定资产保管责任人落实到具体人员，确保无遗失情况发生。	月	发生固定资产遗失，价值在1万元以下扣10分，价值在1万元~2万元扣20分，以此类推。如经调查核实非确属本人责任，按固定资产管理办法处理。	2	10%	典型事件记录	
	3	固定资产管理办法的执行	严格按照集团固定资产管理办法的相关规范进行固定资产的出入库及盘点管理。	月	违反相关制度与规范每次扣5分。	2	10%	典型事件记录	
	4	集团固定资产的报废、转移审核	考核是否按制度与流程处理。	月	未按制度与流程处理每次扣10分。	2	10%	相关记录	
	5	车辆费用台账登记	负责集团所有车辆的费用台账登记。	月	出现一次差错扣5分，漏记一次扣10分。	2	10%	车辆费用台账	
	6	礼品管理	集团各部门香烟、茶叶的申购、审批、领取及做香烟、茶叶收、发、存明细表。	月	出现一次差错扣5分，漏记一次扣10分，出现账物不符一次扣10分。	2	10%	明细表	
	7	上级指派任务完成情况	考核上级指派工作任务完成的及时性与质量。	月	本项得分=实际完成件数÷月总指派任务件数×100分。	1	5%	上级评价	

续 表

岗位	序号	绩效指标（KPI/CPI）	指标说明与计算公式	衡量周期	衡量标准与评分方法	级别	权重	数据来源	备注
物资采购员	1	采购计划的制订	认真制订采购计划，依据采购单急缓程度，及时做出相应处理和信息反馈。	月	未认真执行采购计划的一次扣10分，未能依据采购单做出相应处理的一次扣5分，信息反馈不及时的一次扣5分。	2	10%	采购计划	
	2	物资采购的及时性	办公、劳保等物资采购从接受任务到入库不得超三天，维修、工程物资不超过四天，特殊或冷僻物品原则上不超过七天。	月	超出预定时间每单扣5分。	2	10%	采购申请单、入库记录	
	3	物资采购的质量	确保采购物资符合需求，确保质量。	月	经抽查发现（或使用部门意见反馈）采购物品存在质量问题，或不符合需求的一次扣10分，采购物品（指电气类）无质保证书的一次扣5分；发现假冒、伪劣产品购进的一次扣10分。	3	15%	领用记录、典型事件记录	
	4	物资采购的价格	采购物资的价格不得高于市场平均水平。	月	价格明显高于市场同类商品的一次扣10分。	5	25%	市场商品价格调查记录	
	5	大宗物资的采购	大宗、贵重物资的采购须与供应签订买卖合同，并报呈公司审批后执行。督促合同如期履行，并催讨所欠、退货或索赔款项。	月	大宗、贵重物资采购未与供货签订买卖合同，或未报呈公司审批后行的一次扣5分；未履行职责督促合同如期履行的一次扣5分；未按要求催讨合同欠、退货或索赔款项的一次扣5分。	2	10%	采购合同	
	6	反馈意见收集	每半月收集一次物品使用的反馈意见，不断提高物品采购质量，做好服务工作。	月	未按要求收集反馈意见的一次扣5分；采购服务投诉的一次扣10分。	2	10%	反馈意见、典型事件记录	

续表

岗位	序号	绩效指标 （KPI/CPI）	指标说明与计算公式	衡量周期	衡量标准与评分方法	级别	权重	数据来源	备注
物资采购员	7	建立供应商档案	收集采购信息（每周一次），掌握市场动态，建立供应商档案和采购台账。	月	未按要求收集采购信息的1次扣5分；未建立供应商档案和采购台账的一次扣5分。	2	10%	供应商档案、采购台账	
	8	上级指派任务完成情况	考核上级指派工作任务完成的及时性与质量。	月	本项得分=实际完成件数÷月总指派任务件数×100分。	1	5%	上级评价	
值班保安	1	安全防范工作	做好公司安全防范工作：防偷、防盗、防火、防流失。	月	在值班期间集团总部发生偷盗事件每次扣20分，出现火灾此项分全扣。	4	20%	典型事件记录	
	2	夜间巡查	在夜间按规定频率巡查集团总部各楼层。	月	未按规定巡查每次扣10分。	2	10%	巡查记录	
	3	楼层监控	监控的调配、录制、回放，主要是大厅、1~8楼的摄像头调配，精确录像，能很好地播放画面效果，看清可疑人员的出入情况。	月	未按规定录制监控每次扣10分，监控画面不清每次扣10分。	2	10%	监控录像	
	4	放行管理	公司内部员工携带公司贵重物品离开公司时，要有部门领导的签条签字，方可离去。	月	未按规定放行每次扣10分。	2	10%	放行条、监控录像	
	5	来访登记	在集团前台接待来访人员和咨询电话，以及报刊和信件整理发放。	月	未按规定要求来访人员登记放行每次扣10分，未及时整理发放报刊信件每次扣5分。	2	10%	来访登记、典型事件记录	

续 表

岗位	序号	绩效指标（KPI/CPI）	指标说明与计算公式	衡量周期	衡量标准与评分方法	级别	权重	数据来源	备注
物资管理员	1	月度计划物资的审核	结合仓库库存，审核集团月度物资计划，避免库存超出规定数量。	月	每出现一类库存超出规定库存数量，扣10分。	2	10%	物资计划	
	2	物资验收入库	考核验收质量把关，杜绝不合格物资入库，数量清点准确。	月	每出现一种不合格物资扣10分。	4	20%	物资入库单	
	3	领用物资审核	严格按照流程办理物资领用手续，对所有公司的领用物资进行审核，并填上采购价格。	月	出现未按流程办理物资领用手续每次扣10分，未填采购价格或出现差错每次扣10分。	4	20%	物资领用单	
	4	物资账实相符	建立物资台账，并确保与实物相符。	月	台账有遗漏或与实物不符，每次扣10分。	2	10%	台账	
	5	物资的保管	确保无物资在保管期间出现损坏、遗失现象发生。	月	发生物资遗失或损坏，价值在1000元以下扣10分，价值在1000~2000元扣20分，以此类推。	4	20%	典型事件记录	
	6	月度盘点	每月对所有库存进行盘点，并把盘点表交财务，每月入库的材料进行金额统计，统计的金额与各公司的财务一致。	月	盘点数量出现1次差错扣5分，统计的金额出现1次差错扣5分。	2	10%	盘点表、统计表	
	7	上级指派任务完成情况	考核上级指派工作任务完成的及时性与质量。	月	本项得分=实际完成件数÷月总指派任务件数×100分。	1	5%	上级评价	

续 表

岗位	序号	绩效指标（KPI/CPI）	指标说明与计算公式	衡量周期	衡量标准与评分方法	级别	权重	数据来源	备注
食堂后勤主管	1	食堂费用控制	按员工就餐标准，严格控制食堂费用，合理降低成本，避免浪费。	月	本项得分=（2－实际费用÷预算费用）×100分。	4	30%	财务统计	
	2	饮食安全卫生管理	做好饮食方面的各种清洁、防疫、消毒工作，防止发生食物中毒及其他安全事故，确保食堂饮食安全卫生。	月	出现1次饮食卫生安全或其他重大安全事故，本项得0分。	4	20%	典型事件记录	
	3	食品采购	食堂餐饮原料及时采购，确保安全卫生、质量好、数量足、价格低。	月	如采购有不合格或不卫生食品每次扣10分，如出现数量不足每次扣5分，如价格明显高于市场价格每次扣10分。	2	10%	审计监察部	
	4	后勤服务满意度	开展满意度调查，从食堂的菜肴、卫生、工作人员的服务、宿舍的管理等方面进行调查。	月	本项得分=满意度调查结果得分。	2	10%	满意度调查结果	
	5	食堂费用台账	建立健全食堂各项费用的台账，与食堂报销相符。	月	未建立食堂台账为0分，台账与报销费用不符扣10分。	2	10%	台账	
	6	宿舍管理	负责员工宿舍的安全、卫生管理。	月	出现1次安全事故，本项得0分。管理不善，有员工投诉经核实确属本人责任每次扣10分。	2	10%	典型事件记录	
	7	上级指派任务完成情况	考核上级指派工作任务完成的及时性与质量。	月	本项得分=实际完成件数÷月总指派任务件数×100分。	1	5%	上级评价	

续表

岗位	序号	绩效指标（KPI/CPI）	指标说明与计算公式	衡量周期	衡量标准与评分方法	级别	权重	数据来源	备注
食堂服务员	1	食堂费用控制	按员工就餐标准，严格控制食堂费用，合理降低成本，避免浪费。	月	本项得分＝（2－实际费用÷预算费用）×100分。	4	20%	财务统计	
	2	饮食安全卫生管理	做好饮食方面的各种清洁、防疫、消毒工作，防止发生食物中毒及其他安全事故，确保食堂饮食安全卫生。	月	出现一次饮食卫生安全或其他重大安全事故，本项得0分。经检查卫生不符合要求每次扣10分。	4	20%	典型事件记录	
	3	用餐的准时性	按照规定的时间为员工提供用餐，不影响员工正常工作时间。	月	出现未按规定时间提供给员工用餐，每次扣10分。	2	10%	典型事件记录	
	4	服务满意度	开展满意度调查，从食堂的菜肴、卫生、工作人员的服务、宿舍的管理等方面进行调查。	月	本项得分＝满意度调查结果得分。	2	10%	满意度调查结果	
	5	节约能源	严格按标准流程操作，节约能源，杜绝浪费。	月	未按标准流程规定操作1次扣5分，造成浪费经核实后扣10分。	5	25%	食堂工作流程	
	6	上级指派任务完成情况	考核上级指派工作任务完成的及时性与质量。	月	本项得分＝实际完成件数÷月总指派任务件数×100分。	2	10%	上级评价	
司机班长	1	车辆费用控制	审核控制所有车辆相关费用（保险费、养路费、维修费、燃油费、通行费、停车费等）。	月	本项得分＝（2－实际费用÷预算费用）×100分。	5	25%	财务统计	
	2	车辆调度	根据各部门的用车申请单合理调度车辆，尽最大限度满足各部门的用车需求。	月	出现调度失误影响其他部门用车每次扣10分。	2	10%	典型事件记录	

续　表

岗位	序号	绩效指标（KPI/CPI）	指标说明与计算公式	衡量周期	衡量标准与评分方法	级别	权重	数据来源	备注
司机班长	3	车辆台账	建立车辆台账并与车辆报销费用相符。	月	未建立车辆台账为0分；台账与报销费用不符扣10分。	2	10%	车辆台账	
	4	车辆完好率	正确使用、及时保养维修车辆，提高车辆完好率，确保工作正常开展。	月	因车辆未及时维修而影响工作每次扣5分。	4	20%	出车记录	
	5	车辆服务满意度	通过对集团各用车部门的满意度调查，考核对驾驶员的遵纪守法、安全行车、文明服务、车辆清洁卫生等方面的满意度。	月	本项得分=满意度调查结果平均得分。	2	10%	满意度调查结果	
	6	车辆年审的及时性	考核车辆年审及各项费用缴纳的及时性。	年、月	未按规定时间年审或缴纳相关费用每次扣10分。	1	5%	年审记录、费用缴纳记录	
	7	上级指派任务完成情况	考核上级指派工作任务完成的及时性与质量。	月	本项得分=实际完成件数÷月总指派任务件数×100。	1	5%	上级评价	
车辆维修员	1	车辆维修质量把关	选择合适的维修厂，对车辆维修的质量进行把关，未修理好不能交付使用。	月	出现因未对维修质量把好关而造成同类问题重复发生每次扣10分，因未维修好而交付使用造成重大事故，此项得0分。	2	10%	典型事件记录	
	2	维修费用控制	负责所有修理厂维修价格、质量的询问，尽量做到价格低廉、质量过硬。	月	如维修价格明显高于市场价格每次扣10分。	5	25%	审计监察部	
	3	车辆台账	建立车辆维修台账，与实际费用相符。	月	未建立车辆台账为0分；台账与报销费用不符扣10分。	2	10%	车辆台账	

续 表

岗位	序号	绩效指标(KPI/CPI)	指标说明与计算公式	衡量周期	衡量标准与评分方法	级别	权重	数据来源	备注
车辆维修员	4	车辆完好率	正确使用、及时保养维修车辆，提高车辆完好率，确保工作正常开展。	月	因车辆未及时维修而影响工作每次扣5分。	2	10%	出车记录	
	5	车辆年审的及时性	考核车辆年审及各项费用缴纳的及时性。	年、月	未按规定时间年审或缴纳相关费用每次扣10分。	2	10%	年审记录、费用缴纳记录	
	6	上级指派任务完成情况	考核上级指派工作任务完成的及时性与质量。	月	本项得分=实际完成件数÷月总指派任务件数×100分。	2	10%	上级评价	
司机	1	出车的安全性	安全行车，无责任事故。	月	发生事故的依照责任扣分，全责全扣，次责扣10分，无责扣5分。	4	20%	交警处罚通知	
	2	出车的准时性	按时接送领导，按派车通知单的时间准时出车，每次出车任务完成后按时归队。	月	未按时出车每次扣10分，未按时归队每次扣10分。	2	10%	出车记录	
	3	车辆台账	建立车辆台账，与车辆各项费用相符。	月	未建立车辆台账为0分；台账与报销费用不符扣10分。	2	10%	车辆台账	
	4	车辆调度的服从性	通讯设备随时保持畅通，服从调度，完成当日出车任务。	月	未接电话或电话打不通的扣5分，不服从调度，未完成出车任务的扣10分。	2	10%	车辆调度单	
	5	车辆服务满意度	通过对集团各用车部门的满意度调查，考核对驾驶员的遵纪守法、安全行车、文明服务、车辆清洁卫生等方面的满意度。	月	本项得分=满意度调查结果得分。	2	10%	满意度调查结果	

续 表

岗位	序号	绩效指标（KPI/CPI）	指标说明与计算公式	衡量周期	衡量标准与评分方法	级别	权重	数据来源	备注
司机	6	车辆卫生	按照车辆管理规定保持车内卫生。	月	经检查未符合卫生标准每次扣10分。	2	10%	检查结果	
	7	上级指派任务完成情况	考核上级指派工作任务完成的及时性与质量。	月	本项得分=实际完成件数÷月总指派任务件数×100分。	2	10%	上级评价	
法务室主任	1	合同审查服务	发现合同问题，避免不必要的分歧和争议，减少损失发生。审查服务内容包括：合同主体是否合法；合同形式是否合法；合同内容是否合法；合同订立程序是否合法。	年、月	扣分项： 1.未及时提供合同审核服务被投诉1次扣5分； 2.出现因合同审查不严造成疏漏每次扣5分。	2	10%	典型事件记录	
	2	诉讼与非诉讼事务处理	本指标包括诉讼与非诉讼事务处理。	年、月	扣分项：因自身原因导致工作失误（如证据丢失）造成诉讼结果对公司不利的，每出现1次扣5分。	2	10%	案件记录	
	3	投资法律风险控制效果	关注集团各种投资项目，对可能存在的法律风险及时告之并提出意见。	年、月	扣分项：因法律风险未告知而出现投诉事件属实1次扣分5分。	2	10%	典型事件记录	
	4	法律意见书出具及时性与参考价值	及时出具法律意见书，提出有参考价值的建议，避免潜在风险。	年、月	扣分项：因法律意见书未按实际工作需求的时间内出具或无任何参考价值，每出现1次扣5分。	2	10%	典型事件记录、法律意见书	
	5	法务咨询服务支持	公司各部门、员工在经营过程中遇到法律问题的咨询、解答，满足咨询方的时间要求，规避法律风险。	年、月	扣分项：未及时提供服务或被投诉1次扣5分。	2	10%	典型事件记录、投诉记录	

续 表

岗位	序号	绩效指标（KPI/CPI）	指标说明与计算公式	衡量周期	衡量标准与评分方法	级别	权重	数据来源	备注
法务室主任	6	危机公关出现次数	因法律事务处理不当出现的危机。	年	1.扣分项：0次危机公关，出现1次为0分；2.加分项：出现危机事件，妥善处理1次加10分，封顶120分。	2	10%	典型事件记录、公众媒体	
法务专员	1	证据资料准备	考核日常诉讼事务证据资料准备的及时性与完整性。	月	未及时准备1次扣5分，有遗漏或有差错1次扣10分。	2	10%	证据资料	
	2	法律文件提供	提交办理企业变更的法律文件和材料的及时性与完整性。	月	未及时提交1次扣5分，有遗漏或有差错1次扣10分。	2	10%	法律文件	
	3	案情汇报的及时性	参与诉讼、仲裁活动，及时沟通与汇报案情。	月	未及时汇报1次扣5分，汇报有误1次扣10分。	2	10%	直属领导评价	
	4	法律事务工作档案的建立和归档	考核及时性与准确性。	月	未及时准备1次扣5分，有遗漏1次扣10分。	2	10%	档案	
	5	法务咨询服务支持	公司各部门、员工在经营过程中遇到法律问题的咨询、解答，满足咨询方的时间要求，规避法律风险。	年、月	扣分项：未及时提供服务或被投诉1次扣5分。	2	10%	典型事件记录、投诉记录	
	6	上级指派任务完成情况	考核上级指派工作任务完成的及时性与质量。	月	本项得分=实际完成件数÷月总指派任务件数×100分。	1	5%	上级评价	

人力资源部KPI关键绩效指标库

岗位	序号	绩效指标（KPI/CPI）	指标说明与计算公式	衡量周期	衡量标准与评分方法	级别	权重	数据来源	备注
人力资源部总监	1	人力成本控制率	确保集团实际人力成本不超过预算（人力成本包括工资总额、公司支付社保缴纳费用）；每年进行人力成本的预算，实行预算控制；预算控制率=实际人力成本÷计划人力成本×100%。	年	1.=目标值，得100分；2.比目标每高1%，扣10分；超过5%，得0分；3.比目标每降低1%，加5分；120分封顶。	5	25%	财务报表	
	2	费用控制率	考核费用控制情况，主要为招聘费用、培训费用；每年进行费用预算并分解到月度；费用控制率=100%+节约率=100%+（目标费用−实际费用）÷目标费用×100%。	月、年	1.本项得分=控制率×100分，120分封顶；2.若控制率≤60%，本项得0分。	5	25%	财务报表	
	3	人才引进完成率	本处人才指部门副经理或相当于部门经理级的待遇（含）以上岗位人员，人才引进数以员工正式录用为准。完成率=实际引进人才数÷目标引进人才数×100%。	月、年	1.=100%，得100分；2.超出100%不加分；3.小于60%，本项不得分；4.介于100%与60%之间的，本项得分=执行率×100分。	3	15%	人力资源部	
	4	薪资核算	考核薪资核算情况，员工工资发放的差错次数。	月、年	扣分项：每出错1人次扣5分，直至0分为止。	2	10%	工资表	
	5	绩效考核实施	根据绩效考核PDCA循环来检测人力资源部在公司绩效考核方面的有效性。	月、年	扣分项：每出现未按规范执行（未按规定的时间完成绩效计划的制订、绩效评价的次数，或在最后确定的绩效评价结果中出现差错人数）1次扣5分。	2	10%	绩效考核记录	
	6	员工流失率	考核员工队伍稳定情况；流失率=流失的员工人数÷员工总数×100%。	月、年	1.=目标值，得100分；2.比目标值每提高1%，扣10分；3.比目标值每降低1%，加10分，最高得120分。	3	15%	人员流动统计表	

续表

岗位	序号	绩效指标（KPI/CPI）	指标说明与计算公式	衡量周期	衡量标准与评分方法	级别	权重	数据来源	备注
人力资源部总监	7	集团年度培训计划完成情况	制订集团年度培训计划经总裁审批后执行，考核年度培训课时的执行情况及培训满意率的统计，如果培训满意率低于65%，当次培训课时视为无效；培训执行率=实际培训课时÷培训计划课时×100%。	月、年	1.=100%，得100分；2.超出100%不加分；3.小于60%，本项不得分；4.介于100%与60%之间的，本项得分=执行率×100分。	2	10%	人力资源部门培训记录	
	8	内部培训师团队建设	1.考核年度内部培训师的合格人数；2.内部培训师管理制度的制定，并获上级领导批准。	年	1.合格人数少于目标人数每人扣10分；2.未通过扣20分，通过未按制度执行，每次扣10分。	2	10%	内部培训师评估表、内部培训师管理制度	
	9	工作计划和完成情况	每月初提交工作计划，经上级领导批准后交由人力资源部门提炼考核指标，在本绩效指标库中有对应考核指标的常规工作项目直接列入当月考核中，阶段性或临时性工作由人力资源部根据工作计划提炼考核指标并注明考核方法后作为考核项列入当月考核表中。	月	1.常规工作项目以绩效指标库中的衡量标准评分；2.阶段性或临时性工作项目以人力资源部门设定的衡量标准评分。	2	10%	人力资源部、工作总结报告、直接上级领导评价	
	10	制度建设及流程的制订	考核已书面化的流程与制度与需要书面化的流程与制度的数量对比。	月、年	已书面化的流程与制度比需要书面化的流程与制度每少一份扣10分。	3	15%	已公布实施的制度	
	11	新员工到岗及时率	考核人员按期到岗情况，及时率=人员按期到位人数÷当季（月）各部门人员需求数×100%。	月、年	1.及时率=100%，得100分；2.超出100%不加分；3.小于60%，本项不得分；4.介于100%与60%之间的，本项得分=及时率×100分。	2	10%	新员入职档案	
	12	岗位适任率	考核员工能岗匹配情况，通过绩效评价的结果来衡量人员是否达到岗位的要求。适任率=（绩效评估对象总人数−绩效评估不合格总人数）÷绩效评估对象总人数×100%。	年	1.=目标值，得100分；2.比目标每提高1%，加2分，最高120分；3.小于目标值的70%，本项不得分；4.介于100%与70%之间的，本项得分=适任率×100分。	2	10%	绩效考核结果统计	

续 表

岗位	序号	绩效指标（KPI/CPI）	指标说明与计算公式	衡量周期	衡量标准与评分方法	级别	权重	数据来源	备注
人力资源部总监	13	劳动合同管理	员工劳动合同签订、变更、续订和终止的及时性。	月、年	扣分项：每出现未按公司与劳动合同法规定操作1人次扣10分，直至0分为止。	2	10%	劳动合同	
	14	人事档案管理	集团内部档案的完整性及数据更新的及时性（包含集团下属公司高管层人事档案）。	月、年	扣分项：每发现1次未及时进行装订或不完整扣10分，出现差错造成损失的每次扣20分，直至0分为止。	2	10%	人事档案记录	
	15	人才规划与招聘工作整体评价	考核人才规划及招聘工作情况，年初作出规划，年末进行评价，给予定性的评价（优秀、良好、一般、需改进、差）。	年	按照公司的人才规划及招聘工作实际情况与期初预期进行对比评价。	2	10%	年度人力资源工作总结	
	16	人力资源开发与人才培养工作整体评价	考核人力资源开发与人才培养工作情况；年初制订人力资源开发与人才培养计划，年终进行评价。	年	按照公司的人力资源开发与人才培养工作实际情况与期初预期进行对比评价。	2	10%	年度人力资源工作总结	
	17	胜任能力模型的建立	按计划完成相应数量和岗位的胜任能力模型的建立。当有新岗位增加或岗位调整，应于15日内建立岗位胜任能力模型。完成率=胜任能力模型完成岗位数量÷计划完成数量×100%。	月、年	1.未在规定时间内完成每岗位扣5分；2.完成率=100%，得100分；3.小于60%，本项不得分；4.介于100%与60%之间的，本项得分=完成率×100分。	2	10%	胜任能力模型库	
	18	管理咨询工作的整体评价	在管理咨询项目的辅导期结束后由董事会或总裁组织高层人员对管理咨询工作的整体效果进行评价，可通过问卷的形式进行，由人力资源部设计问卷。	年	根据问卷结果的平均分作为考核结果。	2	10%	调查问卷	

续 表

岗位	序号	绩效指标(KPI/CPI)	指标说明与计算公式	衡量周期	衡量标准与评分方法	级别	权重	数据来源	备注
人力资源部总监	19	薪酬体系建立及薪酬调整	在规定的时间内完成集团薪酬体系的建立与薪酬调整工作,以薪酬评价委员会通过为标准。此项为阶段性绩效指标。	月	未在规定时间内完成每延期一天扣5分。	2	10%	薪酬管理办法	
	20	定岗定编	根据业务流程及组织架构进行定岗定编工作,考核实际运行中的差异情况。	年	实际岗位与人员编制与计划不符,每岗扣2分,每1人数扣2分。	2	10%	人力资源分析报表	
	21	权、责体系的建立	建立符合集团管理特点,能有效提升工作效率,且母公司可有效对子公司进行管控的权责体系。	年	符合工作需要,工作效率得以提高,且集团对子公司能有效管控,得100分;不符合工作需要,工作效率低下,集团无法对子公司进行有效管控,得0分;由总裁根据运行状况评价。	2	10%	总裁评价	
	22	其他重要工作的配合及完成情况	指阶段性的重要工作配合,如配合顾问公司咨询项目的开展、配合闪耀项目的开展、配合OA项目的开展等工作。	月、年	对需要配合的重要工作完成的及时性与完成情况进行评估,由被配合方或项目主导部门负责人进行评估。	1	5%	被配合方或项目主导部门负责人评价	
	23	工作说明书的编写	按计划完成相应数量和岗位的工作说明书;当有新岗位增加或岗位调整,应于15日内编写工作说明书。完成率=工作说明书完成岗位数量÷计划完成数量×100%。	月、年	1.未在规定时间内完成每岗位扣5分;2.完成率=100%,得100分;3.小于60%,本项不得分;4.介于100%与60%之间的,本项得分=完成率×100分。	2	10%	胜任能力模型库	
	24	人力资源规划	年初做出人力资源规划方案,年末进行评价,给予定性的评价(优秀、良好、一般、需改进、差)。	年	由总裁根据实际运行状况进行评价。	2	10%	总裁评价	

续 表

岗位	序号	绩效指标 (KPI/CPI)	指标说明与计算公式	衡量周期	衡量标准与评分方法	级别	权重	数据来源	备注
人力资源部总监	25	公共关系维护	与外部各业务单位的关系建立与日常联络，对公司形象产生重大负面影响的报导次数及处理情况进行评估。	月、年	1.扣分项：出现1次为0分； 2.加分项：出现危机事件，妥善处理1次加10分，封顶120分。	2	10%	公众媒体、典型事件记录	
	26	内部客户满意度	对人力资源部为各相关部门/单位提供服务情况进行每年一次抽样问卷调查，问卷由总裁办主导，采用百分制。满意度=满意人数÷调查人数×100%。	年	1.=目标值，得100分； 2.比目标每提高5%，加10分，最高120分； 3.小于目标值的70%，本项不得分； 4.介于100%与70%之间的，本项得分=满意度×100分。	2	10%	抽样调查问卷（集团总裁办负责）	
	27	本部门培训计划及执行	制订人力资源系统人员的培训计划并组织实施，考核培训课时的执行情况及培训满意率的统计，如果培训满意率低于65%，当次培训课时视为无效。 培训执行率=实际培训课时÷培训计划课时×100%。	月、年	1.=100%，得100分； 2.超出100%不加分； 3.小于60%，本项不得分； 4.介于100%与60%之间的，本项得分=执行率×100分。	2	10%	人力资源部门培训记录	
	28	员工满意度	对人力资源部为员工提供服务情况进行每年一次抽样问卷调查，问卷由总裁办主导，采用百分制。满意度=满意人数÷调查人数×100%。	年	1.=目标值，得100分； 2.比目标每提高1%，加2分，最高120分； 3.小于目标值的70%，本项不得分； 4.介于100%与70%之间的，本项得分=满意度×100分。	2	10%	抽样调查问卷（集团总裁办负责）	
	29	下属培养	本部门下属培养胜任人数为经人力资源部与下属新从事岗位的直接上级确认胜任的人数。	年	1.胜任人数超出目标人数每人加5分，120分封顶； 2.胜任人数低于目标人数每人扣5分。	2	10%	人力资源部门胜任能力评估	

续 表

岗位	序号	绩效指标(KPI/CPI)	指标说明与计算公式	衡量周期	衡量标准与评分方法	级别	权重	数据来源	备注
培训经理	1	培训体系的建立	从两个方面进行综合评价：可操作性和执行效果。	年	由上级按良好（100～81分）、一般（80～60分）、不合格（59～0分）三级评价要求进行打分。	2	10%	上级评价	
	2	内部培训师队伍建设	根据集团经营发展情况和子公司业务特性，确定每年度计划培养的内部培训师数量。	年	1.＝目标值，得100分； 2.每超过1人加5分，封顶120分； 3.每少1人扣10分。	2	10%	讲师胜任力评估、内部讲师培训课程满意度	
	3	计划培训次数	要求：拟定年度培训计划，根据培训计划组织培训工作。	年、月	1.＝目标次数，得100分； 2.扣分项：比目标次数每少1次扣10分； 3.全年培训次数少于5次，本项得0分。	2	10%	培训记录	
	4	关键岗位后备人才培养	确定每年度计划培养岗位的人数，根据岗位胜任能力模型进行胜任力的评估。	年	本项得分＝胜任人数÷目标培养人数×100分。	2	10%	胜任能力评估	
	5	学员满意度	每次培训课程结束时学员填写《课程小结表》。学员满意度＝学员满意人数÷本课程参训人数×100%。	年、月	本项得分为各次培训课程满意度的算术平均分，即∑(1+…N)÷N。	2	10%	课程小结表	
	6	培训课程开发数量达成率	达成率＝实际完成数量÷计划数量×100%，实际完成的质量标准以上级通过为准。	年、月	1.＝目标值，得100分； 2.每增加1门，加5分，封顶120分； 3.每减少1门，减10分。	2	10%	培训课程规划、课件	
	7	EHR系统培训模块建设	负责集团OA系统人力资源培训模块的建立与日常维护，由上级对培训模块建设工作进行综合评价。	年、月	由上级按良好（100～81分）、一般（80～60分）、不合格（59～0分）三级评价要求进行打分。	1	5%	上级评价	

续表

岗位	序号	绩效指标（KPI/CPI）	指标说明与计算公式	衡量周期	衡量标准与评分方法	级别	权重	数据来源	备注
培训经理	8	培训效果分析报告	每季度上旬提交报告，要求：及时性；数据信息准确性；具有建设性意见。由上级按良好（100～81分）、一般（80～60分）、不合格（59～0分）三级评价要求进行打分，得分取算术平均分。	年	本项得分为各季度报告得分的算术平均分。	1	5%	上级评价	
绩效薪酬经理	1	绩效考核体系实施	按时完成季度绩效计划的拟订与考核，确保绩效考核数据统计准确性，按时完成绩效体系推行的辅导。	年、月	扣分项： 1.每月度未能按时组织完成绩效计划的拟订扣5分； 2.未按时完成绩效考核扣10分； 3.绩效考核数据统计每出现1次差错扣5分； 4.未能及时妥善处理其他部门的绩效投诉每次扣5分； 5.每季度完成绩效考核后10天内未按时提交绩效体系运行总结分析报告，扣5分。	3	15%	典型事件记录	
	2	集团下属公司绩效考核工作检查与辅导	辅导、检查子公司按时完成季度绩效计划的拟订与考核。	年、月	扣分项： 1.本月度子公司未能按时完成绩效计划的拟订扣5分； 2.未按时完成绩效考核扣5分； 3.对子公司绩效体系的咨询未及时予以解答被投诉1次扣5分。	2	15%	典型事件记录	
	3	薪酬核算及时性与准确性	按时完成集团总部员工工资表核算，保证所有员工工资计算准确无误。	年、月	扣分项：每出现1人次核算差错（或投诉）扣5分。	2	10%	工资表、员工反馈	
	4	HR报表统计的及时性与准确性	指与绩效、薪酬福利相关的HR报表。及时性以规定的时间要求或上级要求的时间完成为标准。	年、月	扣分项：每出现差错1次或未按时提交扣5分。	2	10%	典型事件记录	

续 表

岗位	序号	绩效指标（KPI/CPI）	指标说明与计算公式	衡量周期	衡量标准与评分方法	级别	权重	数据来源	备注
绩效薪酬经理	5	人工成本分析	每季提交集团人力成本分析报告，由上级对报告质量进行整体评价。	年	由上级按良好（100～81分）、一般（80～60分）、不合格（59～0分）三级评价要求进行打分，得分取4个季度的算术平均分。	2	10%	上级评价	
	6	绩效考核分析报告	每季度上旬提交报告，要求：及时性；数据信息准确性；具有建设性意见。由上级（总监、副总监）按良好（100～81分）、一般（80～60分）、不合格（59～0分）三级评价要求进行打分。	年	本项得分为各季度报告得分的算术平均分。	2	10%	上级评价	
	7	绩效与薪资资料保管	要求：及时归档；保证完整性，不遗失；资料内容保密。整洁、有序性。	年、月	扣分项：每出现1次/项未符合规范操作，扣5分。	2	10%	典型事件记录（抽查、反馈）	
人事专员	1	人事报表编写	每月编写、更新人力资源招聘报表数据，考核按时提交与报表数据的准确性，每月5日前提交。	月	扣分项：每延迟1天扣5分，每出现1处差错扣5分。	2	10%	典型事件记录	
	2	人事工作规范性	考核日常的人事作业程序是否规范。	月	扣分项：每出现1次违反人事操作规范或出差错扣5分。	2	10%	上级评价、典型事件记录	二级表单《人事管理制度》
	3	劳动合同管理	员工劳动合同签订、变更、续订和终止的及时性。	月	扣分项：每出现未按公司与劳动合同法规定操作1人次扣10分，每出现1次由于本岗位工作不到位引起的员工劳动纠纷，本项为0分。	2	10%	典型事件记录	

续 表

岗位	序号	绩效指标（KPI/CPI）	指标说明与计算公式	衡量周期	衡量标准与评分方法	级别	权重	数据来源	备注
人事专员	4	人事档案管理	员工档案管理要求：完整性，不遗漏，不丢失，保密性，建档有时有序；借阅合规性等，具体要求参照相关人力资源制度要求。考核档案管理规范性。	月	扣分项：每出现1次差错或违反规范要求扣5分以上。	2	20%	上级评价、典型事件记录	二级表单《人事档案管理制度》
人事专员	5	上级指派任务完成情况	考核上级指派工作任务完成的及时性与质量。	月	本项得分=实际完成件数÷月总指派任务件数×100分。	2	10%	上级评价	
绩效薪酬专员	1	绩效薪酬报表编写	每月编写、更新绩效薪酬报表数据，考核按时提交与报表数据的准确性，每月5日前提交。	月	扣分项：每延迟1天扣5分，每出现1处差错扣5分。	2	10%	典型事件记录	
绩效薪酬专员	2	薪资福利核算差错次数	考核薪资福利核算情况，员工工资发放的差错次数。	月	扣分项：每出现差错1人次扣10分。	2	10%	工资表	
绩效薪酬专员	3	绩效考核执行规范性	考核日常的绩效管理与薪酬管理作业程序是否规范。	月	扣分项：每出现1次未按绩效考核规范操作扣5分以上，直至0分为止。	2	10%	上级评价、典型事件记录	二级表单《绩效管理实施办法》
绩效薪酬专员	4	考核按时完成率	推进、指导、跟踪各部门绩效考核完成情况，考核推进的力量，以及是否在每月规定的时间内完成。	月	本项得分=实际考核的完成人数÷应完成考核人数×100分。	2	10%	人力资源中心	
绩效薪酬专员	5	上级指派任务完成情况	考核上级指派工作任务完成的及时性与质量。	月	本项得分=实际完成件数÷月总指派任务件数×100分。	2	10%	上级评价	

续 表

岗位	序号	绩效指标（KPI/CPI）	指标说明与计算公式	衡量周期	衡量标准与评分方法	级别	权重	数据来源	备注
招聘专员	1	基层岗位到岗及时性	按照人员增补需求，保障基层岗位人员的到岗及时性。及时性要求：基层1.5个月内到岗，中层3个月内到岗，高层4个月内到岗，从接收到人员需求日起计。	月	1.目标招聘人数均在要求的时间内到岗，本项为100分；2.部分到岗，本项得分=实际到岗数÷目标到岗数×100分。	2	10%	招聘记录	
	2	招聘费用控制率	拟订招聘计划预算，考核实际招聘费用与目标招聘费用差异。控制率=（实际费用−预算费用）÷预算费用×100%。	月	控制率在+5%以内为100分，超过5%，本项为0分。	5	25%	财务部	
	3	基层新进岗位适任率	考核招聘工作的质量，从人岗匹配角度衡量，新员工在试用期内转正即为适任。	季	本项得分=正式录用人数÷试用人数×100分。	3	15%	新员工转正记录	
	4	招聘报表编写	每月编写、更新人力资源招聘报表数据，考核按时提交与报表数据的准确性，每月5日前提交。	月	扣分项：每延迟1天扣5分，每出现1处差错扣5分。	2	10%	典型事件记录	
	5	招聘工作规范性	考核日常的招聘作业程序是否规范。	月	扣分项：每出现1次违反招聘制度规范或出差错扣5分。	3	15%	上级评价、典型事件记录	二级表单《招聘制度》
	6	上级指派任务完成情况	考核上级指派工作任务完成的及时性与质量。	月	本项得分=实际完成件数÷月总指派任务件数×100分。	1	5%	上级评价	

财务部KPI关键绩效指标库

岗位	序号	绩效指标（KPI/CPI）	指标说明与计算公式	衡量周期	衡量标准与评分方法	级别	权重	数据来源	备注
财务部总监	1	财务管理费用控制	1.管理费用科目按财务统一口径；2.管理费用控制率=实现费用÷目标预算费用×100%。	月、年	1.本项得分=控制率×100分，120分封顶；2.若控制率≤60%，本项得0分。	5	25%	财务部	
	2	部门费用控制	保证本部门费用按预算进行控制，部门费用按财务统一计算口径；部门费用控制率=100%+节约率=100%+（目标费用-实际费用）÷目标费用×100%。	月、年	1.本项得分=控制率×100分，120分封顶；2.若控制率≤60%，本项得0分。	5	20%	财务部	
	3	税务筹划	充分利用国家政策，合理地进行税务筹划，享受税收优惠。若出现税务问题，争取从轻或不被处罚，平时应加强与税务部门的沟通（对外关系维护）。	年	1.加分项：根据筹划方案，合理避税，每100万元加10分，不封顶；2.扣分项：出现因税务问题被罚款1次，10万元（含）以下扣50分，10万元以上该项为0分。	5	25%	财务中心、上级评价	
	4	贷款（融资）计划完成情况	融资计划完成率=实际融资额÷目标融资额×100%。	月、年	1.完成率为100%，得100分；2.超出目标值不加分；3.小于目标值的70%，本项不得分；4.介于100%与70%之间的，本项得分=完成率×100分。	4	20%	财务报表	
	5	资金对经营满足性	保证公司经营所需要的资金，保持合理的现金库存和流量水平。	月、年	扣分项：由于资金不足影响经营（资金额度、资金鲐位的及时性），一次扣10分。	2	10%	典型事件记录	
	6	融资成本控制	考核融资成本控制，融资成本比率=融资成本÷融资额×100%。	月、年	1.融资成本比率等于目标值，得100分；2.比目标每提高0.5%，扣10分；超过3%，得0分；3.比目标每降低0.5%，加10分；不封顶。	5	20%	财务部	

续 表

岗位	序号	绩效指标（KPI/CPI）	指标说明与计算公式	衡量周期	衡量标准与评分方法	级别	权重	数据来源	备注
财务部总监	7	预算执行情况监管	进行全集团费用预算，审核与管理各单位费用执行情况，提出整改措施。	月、年	违规审批预算外费用一次扣10分。	2	10%	审计监察部审计报告	
	8	闪耀项目满意率	由董事会成员分别对闪耀项目进行总体评价，按照三级评价标准进行打分：良好（100～81分）、一般（80～60分）、不合格（59～0分），最后取平均分。	年	本项得分为董事会成员总体评价平均分。	2	10%	董事会评价	
	9	工作计划和完成情况	每月初提交工作计划，经上级领导批准后交由人力资源部门提炼考核指标，在本绩效指标库中有对应考核指标的常规工作项目直接列入当月考核表中，阶段性或临时性工作由人力资源部根据工作计划提炼考核指标并注明考核方法后作为考核项目列入当月考核表中。	月	1.常规工作项目以绩效指标库中的衡量标准评分；2.阶段性或临时性工作项目以人力资源部门设定的衡量标准评分。	2	10%	人力资源部、工作总结报告、直接上级领导评价	
	10	预算管理的准确性与预算分析报表的提交	指集团全范围内的财务预算，考核实际费用与预算费用的对比；及时准确提交预算分析报表。	月、年	1.实际值在±5%范围外为0分。2.扣分项：每出现1次报表未及时提交或数据差错扣10分。	3	15%	预算分析报表	
	11	制度建设及流程的制定	考核已书面化的流程与制度与需要书面化的流程与制度的数量对比。	月、年	已书面化的流程与制度比需要书面化的流程与制度每少一份扣10分。	3	15%	已公布实施的制度	
	12	工程资金计划保障执行情况	保障子公司工程资金计划准时到位。	月、年	工程资金未按计划到位，每延期1天扣5分。	4	20%	银行划账单据	
	13	集团收入台账的建立	考核集团收入台账建立的及时性、准确性，由审计监察部负责抽查。	月	扣分项：收入必须在两日内记入台账，每延期一天扣2分，每遗漏一笔扣10分，每错误一笔扣5分。	4	20%	审计监察部审计报告	

续 表

岗位	序号	绩效指标(KPI/CPI)	指标说明与计算公式	衡量周期	衡量标准与评分方法	级别	权重	数据来源	备注
财务部总监	14	银行还续贷工作	按照计划进行银行还贷与续贷工作,考核准时性。	月、年	1.比计划每延期一天扣5分; 2.出现授信额度降低(经批准的额度降低除外),或出现信用等级降低,此项分全扣。	4	20%	银行还贷凭证	
	15	财务分析报告的提交	在规定的时间内相关财务报表的完成情况,以及财务分析报表的质量。	月、年	1.准时性评估以财务分析报告提交的时间对比规定的时间,每拖延一天扣5分; 2.报表质量由总裁加权评估,得分不超过120分。	4	20%	提交报表时间统计表	
	16	商业公司同比变动费用降低率	变动费用是指经营费用和管理费用,并剔除折旧等固定费用,具体项目财务部门根据具体情况统一口径。 公式:变动费用率=变动费用÷营业收入×100%;变动费用降低率=(去年变动费用−当年变动费用)÷去年变动费用×100%。	年	1.本项得分=实际降低率÷目标降低率×100分; 2.封顶120分; 3.封底为负20分(−20)。	4	20%	财务部	
	17	其他重要工作的配合及完成情况	指阶段性的重要工作配合,如配合顾问公司咨询项目的开展、配合闪耀项目的开展、配合OA项目的开展等工作。	月、年	对需要配合的重要工作完成的及时性与完成情况进行评估,由被配合方或项目主导部门负责人进行评估。	1	5%	被配合方或项目主导部门负责人评价	
	18	公共关系维护	与各级政府机关、各类团体的关系建立与日常联络,对公司形象产生重大负面影响的报导次数及处理情况进行评估。	月、年	1.扣分项:0次危机公关,出现1次为0分; 2.加分项:出现危机事件,妥善处理1次加10~20分,封顶150分。	2	10%	公众媒体、典型事件记录	
	19	财务信息的准确性	保证财务报表的准确、规范情况。	月、年	扣分项:出现遗漏、错误、不规范次数,每出现1次扣5分,直至0分为止。	2	10%	审计报告、工作日志	

续 表

岗位	序号	绩效指标（KPI/CPI）	指标说明与计算公式	衡量周期	衡量标准与评分方法	级别	权重	数据来源	备注
财务部总监	20	财务软件升级更新	在规定的时间内完成升级更新，并对财务系统所有人员的财务软件进行操作培训，以考试通过为标准，此项目为阶段性绩效指标。	年	1.没有在规定的时间内完成扣20分；2.考核合格人数比财务系统总人数每少一人扣5分。	3	15%	财务软件考试成绩记录	
	21	公共关系维护	要求：做好社会关系（银行、工商、税务等机构）的开发与维护，妥善处理各种危机事件。	月、年	1.扣分项：出现财务方面的行政处罚事件一次扣20分；2.加分项：出现财务方面的行政处罚事件，经妥善处理后公司未受损失，每次加10分，不封顶。	2	10%	典型事件记录评估表	
	22	财务资料管理	考核财务资料归档装订是否及时、分类保管是否完整，保证财务工作正常进行。	月	扣分项：每发现1次未及进行装订或不完整扣10分，直至0分为止。	2	10%	财务档案记录	
	23	资产监管	定期清查、核实固定资产、流动资产情况，进行合理管理，并编制相应报表。	年	报表出现差错一处扣5分。	4	20%	固定资产台账	
	24	内部客户满意度	对财务部为集团各部门/各子公司提供服务情况进行每年一次抽样问卷调查，问卷由人力资源部门主导，采用百分制。满意度=满意人数÷调查人数×100%。	年	1.=目标值，得100分；2.比目标每提高5%，加10分，最高120分；3.小于目标值的70%，本项不得分；4.介于100%与70%之间的，本项得分=满意度×100分。	2	10%	抽样调查问卷（集团人力资源部门负责）	
	25	下属培养	本部门下属培养胜任人数为经人力资源部与下属新从事岗位的直接上级确认胜任的人数。	年	1.胜任人数超出目标人数每人加5分，120分封顶；2.胜任人数低于目标人数每人扣5分。	2	10%	人力资源部门胜任能力评估	

续 表

岗位	序号	绩效指标（KPI/CPI）	指标说明与计算公式	衡量周期	衡量标准与评分方法	级别	权重	数据来源	备注
财务部总监	26	培训计划及执行	在人力资源部门的协助下制定财务系统人员的培训计划并组织实施，考核培训课时的执行情况及培训满意率的统计，如果培训满意率低于65%，当次培训课时视为无效；培训执行率=实际培训课时÷培训计划课时×100%。	年、月	1.=100%，得100分；2.超出100%不加分；3.小于60%，本项不得分；4.介于100%与60%之间的，本项得分=执行率×100分。	2	10%	人力资源部门培训记录	
财务部副总监	1	资金对经营满足性	保证公司经营所需要的资金，保持合理的现金库存和流量水平。	年、月	1.扣分项：（1）出现逾期还贷一次扣20分以上；（2）由于融资不足影响经营（资金额度、融资及时性），一次扣10分；（3）出现授信额度降低（经批准的额度降低除外），一次扣10分；（4）出现信用等级降低，一次扣20分；2.加分项：信用等级上升，每上升一个级别20分，封顶120分。	4	20%	典型事件记录	
	2	资金计划与调度	进行有效财务预测，编制合理的资金计划，合理安排资金使用。	年、月	由上级按良好（100~81分）、一般（80~60分）、不合格（59~0分）三级评价要求进行打分，得分取算术平均分。	4	20%	资金计划、上级评价	
	3	融资成本控制率	跟踪金融信息，选择合适的融资方案，制订最佳融资决策，节约融资成本，控制融资风险。	年	1.=目标值，得100分；2.>0.5%，不得分；3.比目标值每降低0.5%，加10分，封顶120分。	5	25%	典型事件记录	

续表

岗位	序号	绩效指标（KPI/CPI）	指标说明与计算公式	衡量周期	衡量标准与评分方法	级别	权重	数据来源	备注
财务部副总监	4	对外关系维护	与银行、券商等金融机构及与工商、房管局等政府机关部门保持良好沟通关系。第一步：考核领导满意度；在期末，领导对本项工作做出综合性的定性评价，根据定性指标3级（良好、一般、不合格）评价标准进行打分，部门可根据领导要求提供相关信息。第二步：考核结果；扣分项：因自身工作原因出现外部客户对公司投诉，由上级领导进行扣分，一次30分。	年	本项得分=上级评价得分-应扣分数。	2	10%	上级评价	
	5	资金政策信息收集分析	每季提供一份对本集团有用的国家资金政策信息分析报告，上级根据其质量作出等级评价。领导对本项工作作出综合性的评价，根据定性指标3级（良好、一般、不合格）评价标准进行打分。	年	本项年度得分为每季度上级评价得分的算术平均分。	2	10%	上级评价	
	6	下属培养	所需培养的岗位和人数为由集团人力资源部与上级共同确认。实际值=胜任人数÷目标培养人数×100%。	年	本项得分=胜任人数÷目标培养人数×100分。	2	10%	人力资源部胜任能力评估	
	7	流程与制度化建设	与资金管理相关的流程与制度的建立、完善。	年	扣分项：每未完成1项，扣20分（完成与否以是否正式发文为准）。	3	15%	已公布制度	
资金经理	1	资金对经营满足性	保证公司经营所需要的资金，保持合理的现金库存和流量水平。	年、月	1.扣分项： （1）出现逾期还贷一次扣20分以上； （2）由于融资不足影响经营（资金额度、融资及时性），一次扣10分； （3）出现授信额度降低（经批准的额度降低除外），一次扣10分； （4）出现信用等级降低，一次扣20分。 2.加分项：信用等级上升，每上升一个级别20分，封顶120分。	4	20%	典型事件记录	

续表

岗位	序号	绩效指标（KPI/CPI）	指标说明与计算公式	衡量周期	衡量标准与评分方法	级别	权重	数据来源	备注
资金经理	2	资金报表编制	考核资金报表编制完成的准确性、规范性、及时性。	年、月	扣分项：出现不及时、遗漏、错误、不规范次数，每出现1次扣10分。	2	10%	典型事件记录	
	3	资金手续办理	考核向银行或其他金融机构提交融资手续及时性、准确性、规范性。	年、月	扣分项：出现不及时、遗漏、错误、不规范次数，每出现1次扣10分，直至0分为止。	2	10%	典型事件记录	
	4	对外关系维护	第一步：考核领导满意度。在期末，由上级对本项工作作出综合性的评价，按良好（100~81分）、一般（80~60分）、不合格（59~0分）三级评价要求进行打分，部门可根据上级要求提供相关信息；第二步：考核结果。扣分项：因自身工作原因出现外部客户对公司投诉，由上级领导进行扣分，投诉1次扣30分。	年	本项得分＝上级评价得分－扣分数。	2	10%	上级评价	
	5	流程制度化建设	资金管理制度的建立与完善。	年	扣分项：每未完成1项，扣20分（完成与否以是否正式发文为准）。	3	15%	已公布制度	
	6	资金政策信息收集分析	由上级对每季度的资金政策信息收集分析情况，按良好（100~81分）、一般（80~60分）、不合格（59~0分）三级评价要求进行打分。	年、月	本项年度得分为每季度上级评价得分的算术平均分。	2	10%	上级评价	
资金专员	1	资金调拨的准确性	配合完成日常资金调拨手续的及时性及日常资金调拨的准确性。	月	扣分项：出现不及时、遗漏、错误、不规范次数，每出现1次扣10分，直至0分为止。	4	20%	资金调拨单	

岗位	序号	绩效指标(KPI/CPI)	指标说明与计算公式	衡量周期	衡量标准与评分方法	级别	权重	数据来源	备注
资金专员	2	资金信息的编制及报送	会计报表编制的准确性及报送的及时性，配合完成信贷余额表和银行承兑汇票明细表的及时性及准确性，项目可研报告编制的及时性，融资项目材料的准确性及报送的及时性。	月	扣分项：出现不及时、遗漏、错误、不规范次数，每出现1次扣10分，直至0分为止。	2	10%	相关资金信息报告	
	3	单据处理的及时性	信贷资金调拨单据处理的及时性，配合完成流动资金贷款到期续做。	月	扣分项：出现不及时、遗漏、错误、不规范次数，每出现1次扣10分，直至0分为止。	2	10%	相关单据	
	4	到期兑付的及时性	配合完成各单位贷款或敞口银票、商票到期兑付，配合完成各单位贷款利息兑付。	月	扣分项：出现不及时、遗漏、错误、不规范次数，每出现1次扣10分，直至0分为止。	2	10%	各项兑付单据	
	5	各业务部门的配合协作	配合完成与评估事务所、房产局、土地局、各银行的沟通协作，配合完成与外部公司资金合作。	月	根据实际完成情况由直属上级评价。	2	10%	上级评价	
	6	上级指派任务完成情况	考核上级指派工作任务完成的及时性与质量。	月	本项得分=实际完成件数÷月总指派任务件数×100分。	1	15%	上级评价	
融资专员	1	融资项目材料报送	考核融资项目材料报送的及时性、准确性、完整性。	月	扣分项：出现不及时、遗漏、错误、不规范次数，每出现1次扣10分，直至0分为止。	2	10%	相关资金信息报告	
	2	融资报表的编制及报送	会计报表编制的准确性及报送的及时性，配合完成信贷余额表和银行承兑汇票明细表的及时性及准确性，项目可研报告编制的及时性，融资项目材料的准确性及报送的及时性。	月	扣分项：出现不及时、遗漏、错误、不规范次数，每出现1次扣10分，直至0分为止。	2	10%	相关资金信息报告	

续 表

岗位	序号	绩效指标（KPI/CPI）	指标说明与计算公式	衡量周期	衡量标准与评分方法	级别	权重	数据来源	备注
融资专员	3	单据处理的及时性	信贷资金调拨单据处理的及时性，配合完成流动资金贷款到期续做。	月	扣分项：出现不及时、遗漏、错误、不规范次数，每出现1次扣10分，直至0分为止。	2	10%	相关单据	
融资专员	4	到期兑付的及时性	配合完成各单位贷款或敞口银票、商票到期兑付，配合完成各单位贷款利息兑付。	月	扣分项：出现不及时、遗漏、错误、不规范次数，每出现1次扣10分，直至0分为止。	2	10%	各项兑付单据	
融资专员	5	各业务部门的配合协作	配合完成与评估事务所、房产局、土地局、各银行的沟通协作，配合完成与外部公司资金合作。	月	根据实际完成情况由直属上级评价。	2	10%	上级评价	
融资专员	6	上级指派任务完成情况	考核上级指派工作任务完成的及时性与质量。	月	本项得分=实际完成件数÷月总指派任务件数×100分。	1	5%	上级评价	
预算经理	1	财务预算管理准确性	指集团全范围内的财务预算，实际值=实际费用÷预算费用×100%。	年、月	实际值在±5%范围外为0分。	4	20%	财务部	
预算经理	2	应收账款督办	及时督促与协助各子公司应收账款催收。	年、月	扣分项：每出现1次遗漏/疏忽扣10分，直至0分为止。	4	20%	财务部	
预算经理	3	预算执行情况监管	不定期检查、落实各单位预算执行情况。	年、月	扣分项：每出现未按预算规范执行1次扣10分。	4	20%	典型事件记录	
预算经理	4	集团财务管理费用控制	1.管理费用科目按财务统一口径；2.管理费用控制率=实现费用÷目标预算费用×100%。	年、月	实际费用＞目标值，本项得0分。	5	25%	财务部门	
预算经理	5	预算分析报表编制	每季度编制预算分析报表，考核报表完成的及时性、数据准确性。	年、月	扣分项：每出现1次报表未及时提交或数据差错扣10分。	2	10%	预算分析报表、上级评价	

续表

岗位	序号	绩效指标（KPI/CPI）	指标说明与计算公式	衡量周期	衡量标准与评分方法	级别	权重	数据来源	备注
预算经理	6	流程制度化建设	预算管理制度的建立与完善。	年	扣分项：每未完成1项，扣20分（完成与否以是否正式发文为准）。	3	15%	已公布制度	
预算专员	1	编制财务预算的准确性	根据公司经营目标，收集整理集团及子公司数据编制财务预算；汇总集团及子公司的预算，编制公司财务预算、成本计划、利润计划。	年、月	未在规定时间内完成每项扣10分，编制错误每项扣10分。	3	15%	财务预算报表	
	2	应收账款管理	监督、督促各子公司债权债务、销售收入回收与检查。	月	未及时监督、督促每项扣5分。	3	15%	上级评价	
	3	预算执行情况监管	不定期检查，落实各单位预算执行情况。	年、月	扣分项：每出现未按预算规范执行1次扣10分。	4	20%	典型事件记录	
	4	预算执行情况分析	编制各公司、集团的每月预算执行差异分析报告，汇总集团和各子公司财务报表，预算企业各项经济活动的投入产出比。	年、月	未在规定时间内完成每项扣10分，编制错误每项扣10分。	4	20%	预算执行差异分析报告	
	5	税务筹划	参与进行税务筹划；配合税务部门对公司税务工作检查。	月	根据实际完成情况由直属上级评价。	5	25%	上级评价	
	6	上级指派任务完成情况	考核上级指派工作任务完成的及时性与质量。	月	本项得分=实际完成件数÷月总指派任务件数×100分。	1	5%	上级评价	

续　表

岗位	序号	绩效指标（KPI/CPI）	指标说明与计算公式	衡量周期	衡量标准与评分方法	级别	权重	数据来源	备注
会计经理	1	闪耀项目满意率	由董事会成员分别对闪耀项目进行总体评价，按照三级评价标准进行打分：良好（100-81分）、一般（80-60分）、不合格（59-0分），最后取算术平均分。	年	本项得分为董事会成员总体评价算术平均分。	2	10%	董事会评价	
	2	会计信息准确性	主要包括：各种会计报表、财务分析报告。	年、月	扣分项：出现重大遗漏、错误、不规范次数，每出现1次扣5分。	2	10%	典型事件记录	
	3	会计报表完成及时性	每月度对相关报表完成情况作记录，月报表完成及时性=按时完成的报表数÷需完成的报表总数×100%。1.各项常规性会计报表提交时间以财务制度或约定俗成时间为标准；2.上级临时需求的会计报表，以上级指定的时间为标准。	年、月	本项得分为"月报表完成及时性"得分的算术平均值。	2	10%	典型事件记录	
	4	财务分析质量	要求：分析的报告原因清晰，结论明确，对业务有指导性的意见。由上级对每季度财务分析报告按良好（100~81分）、一般（80~60分）、不合格（59~0分）三级评价要求进行打分。	年、月	本项得分为每季度财务分析质量得分的算术平均分。	2	10%	上级评价	
	5	危机事件处理	要求：未出现因账务原因而导致的税务机关审查。	年、月	1.扣分项：因自身工作失职造成罚款或不良影响的，每次扣20分以上；2.加分项：非自身原因而发生的账务审查危机，最终能够妥当处理，加10分以上，封顶150分。	2	10%	典型事件记录	
	6	流程制度化建设	会计制度与财务制度的建立。	年	扣分项：每未完成1项，扣20分（完成与否以是否正式发文为准）。	3	15%	已公布制度	

续 表

岗位	序号	绩效指标（KPI/CPI）	指标说明与计算公式	衡量周期	衡量标准与评分方法	级别	权重	数据来源	备注
总账会计	1	财务信息规范和准确性	主要包括:各种财务报表、账、凭证。	月	出现遗漏、错误、不规范次数，每出现一次，扣5分。	2	10%	财务报表	
	2	财务报表及时性	月报表完成及时性=按时完成的报表数÷需完成的报表总数×100分。	月	本项得分为"月报表完成及时性"得分的算术平均数。	2	10%	财务报表	
	3	纳税申报及时和准确性	按税法要求申报纳税。	月	扣分项：未及时申报，每出现一次扣5分，申报不准确，每出现一次扣5分。	2	10%	纳税申报表	
	4	审核凭证和监督出纳	审核原始凭证、记账凭证，现金监盘，编制银行余额调节表。	月	未审核出错误，发现一笔扣5分。	2	10%	审计监察部	
	5	财务档案保管	财务数据备份及维护，凭证、报表及其他会计资料、税务资料装订存档。	月	数据备份不及时，导致数据，文件丢失，发现一笔扣5分。	2	10%	财务档案	
	6	上级指派任务完成情况	考核上级指派工作任务完成的及时性与质量。	月	本项得分=实际完成件数÷月总指派任务件数×100分。	2	10%	上级评价	

续 表

岗位	序号	绩效指标（KPI/CPI）	指标说明与计算公式	衡量周期	衡量标准与评分方法	级别	权重	数据来源	备注
记账会计	1	原始凭证复核准确性	原始凭证的合规合法、单据手续齐全。	月	将不合法、不合规凭证入账，发现一笔扣5分。	2	10%	审计监察部	
	2	记账凭证编制的及时性	及时按规定要求时间内编制记账凭证。	月	未在规定时间内编制记账凭证，每次扣5分。	2	10%	记账凭证	
	3	记账凭证编制的准确性	准确编制记账凭证，无差错。	月	每出现一处错误扣5分。	2	10%	记账凭证	
	4	财务核对的准确性	核对出纳现金、银行日记账，以保证账账相符。	月	未发现账账不符，并无合理原因每次扣5分。	2	10%	审计监察部	
	5	部门行政事务处理	周会议与月度例会的信息发布；做好会议记录并报送会议纪要；部门本月总结、下月计划的上报；收集部门各岗位的月度考核表上报领导考核；部门月度物资采购计划的上报；做好待批报销单据的签批准备工作。	月	未按规定时间完成每次扣5分，完成质量不合格每次扣10分，被投诉核实后每次扣10分。	2	10%	领导评价	
	6	上级指派任务完成情况	考核上级指派工作任务完成的及时性与质量。	月	本项得分=实际完成件数÷月总指派任务件数×100分。	1	5%	上级评价	

续表

岗位	序号	绩效指标（KPI/CPI）	指标说明与计算公式	衡量周期	衡量标准与评分方法	级别	权重	数据来源	备注
出纳	1	现金收付的准确性	办理现金收支、银行结算业务，及时登记现金日记账、银行存款日记账，做到账账相符，每日现金盘点，做到日清月结，做到账款相符。	月	登记不及时每次扣5分，账款不相符每次扣10分。	4	20%	现金日记账	
	2	银行结算的及时性与准确性	办理银行结算业务，及时取得银行回单及银行对账单，及时向记账会计移交单据。	月	取回单不及时每次扣5分，单据移交不及时每次扣5分，结算出现差错每次扣10分。	4	20%	银行对账单	
	3	报表编制	根据每天款项收支情况，编制并汇总收支日报表，结出当日余额，做到日清月结，并向领导提供每日资金状况。	月	未在规定时间内编制报表，每次扣5分；报表中出现差错每处扣5分。	2	10%	收支日报表	
	4	票据审核	审核票据报销手续，对符合规定的办理结算。	月	对于不合法、不合规单据，未审核并支付款项，发现一笔扣10分。	2	10%	审计监察部	
	5	安全保管	负责库存现金、结算凭证、有价票据、印章的安全保管。	月	票据等保管不善，发生遗失每次扣10分。库存现金遗失扣20分并自行负责弥补。	2	10%	审计监察部	
	6	上级指派任务完成情况	考核上级指派工作任务完成的及时性与质量。	月	本项得分=实际完成件数÷月总指派任务件数×100分。	1	5%	上级评价	

成本管理部KPI关键绩效指标库

岗位	序号	绩效指标（KPI/CPI）	指标说明与计算公式	衡量周期	衡量标准与评分方法	级别	权重	数据来源	备注
成本管理部总监	1	部门费用控制	保证本部门费用按预算进行控制；部门费用按财务统一计算口径；部门费用控制率=100%+节约率=100%+（目标费用-实际费用）÷目标费用×100%。	月、年	1.本项得分=控制率×100分，120分封顶；2.若控制率≤60%，本项得0分。	5	25%	财务部	
	2	工程项目预算的准确性	预算要科学合理，符合实际情况，有权威性。内容项无缺失得50分；各项数量无差错得30分；单价无差错得20分。	月、年	根据缺失、差错进行打分，"严重"扣80%、"中等"扣50%、"轻微"扣20%。	4	20%	工程预算报告	
	3	工程项目结算的准确性	结算要科学合理，准确，可操作性。结算工作准确性得70分；可操作性得30分。	月、年	根据准确性、及时性、可操作性进行评议打分，"严重"扣80%、"中等"扣50%、"轻微"扣20%。	4	20%	工程结算报告	
	4	工作计划和完成情况	每月初提交工作计划，经上级领导批准后交由人力资源部门提炼考核指标，在本绩效指标库中有对应考核指标的常规工作项目直接列入当月考核表中，阶段性或临时性工作由人力资源部根据工作计划提炼考核指标并注明考核方法后作为考核项目列入当月考核表中。	月	1.常规工作项目以绩效指标库中的衡量标准评分；2.阶段性或临时性工作项目以人力资源部门设定的衡量标准评分。	2	10%	人力资源部、工作总结报告、直接上级领导评价	
	5	工程结算的完成时间	按照工作计划完成各项工程结算工作。	月、年	比计划完成日期每延期一天扣5分，每出现一次差错扣10分。	2	10%	工程结算报告	
	6	编制标底的及时性与准确性	在计划时间内编制合理准确的标底、清单，根据不同的计价方法，计算标底。	月、年	1.比计划时间每延期一天10分；2.出现一处错误扣10分。	2	10%	标底	
	7	制度建设及流程的制定	制度和流程的书面化比率，已书面化的流程与制度与需要书面化的流程与制度所占的百分比。	年	已书面化的制度和流程÷需要书面化的制度和流程×100分。	3	15%	已公布实施的制度	

续表

岗位	序号	绩效指标（KPI/CPI）	指标说明与计算公式	衡量周期	衡量标准与评分方法	级别	权重	数据来源	备注
成本管理部总监	8	工程全过程控制体系的建立	在规定的时间内建立工程造价全过程控制体系，由总裁召集相关部门及子公司负责人进行评价。	月、年	根据控制体系的完整性、合理性进行打分，最终得分为参与评价人员的平均分。	2	10%	相关领导评价	
	9	建立材料价格信息库	材料价格信息库要及时更新，确保各项价格数据的准确性与完整性。	月、年	通过抽查，如有材料价格信息严重不符合市场行情，每项扣10分，如有信息不完整，每项扣10分。	2	10%	材料价格信息库	
	10	项目前期的成本控制	按照业务流程参与对项目前期的各项成本（如征地、拆迁、规划等）进行有效控制。	月、年	未按业务流程参与每次扣10分，未有效控制每次扣10分。	5	25%	总裁评价 工作总结	
	11	工程项目预、结算的及时性	在要求的时间内完成各项工程项目的预、结算工作。	月、年	1.按要求时间及时完成的，得100分；2.提前完成的项目：每提前1/10规定时间的加10分，150分封顶；3.拖延完成的：每延迟1/10规定时间的扣10分，拖延大于5/10规定时间的为0分；4.年终评价，以年度每项目得分之和的计算平均分。	4	20%	工程预算报告，工程结算报告	
	12	变更和签证工作	对于每次变更核准成本，考核变更签证过程中成本控制的合理性、及时性。	月、年	1.未及时核准每次扣10分；2.核准不合理每次扣10分，由监理公司评价。	2	10%	现场签证记录	

续 表

岗位	序号	绩效指标(KPI/CPI)	指标说明与计算公式	衡量周期	衡量标准与评分方法	级别	权重	数据来源	备注
成本管理部总监	13	其他重要工作的配合及完成情况	指阶段性的重要工作配合，如配合顾问公司咨询项目的开展、配合闪耀项目的开展、配合OA项目的开展等工作。	月、年	对需要配合的重要工作完成的及时性与完成情况进行评估，由被配合方或项目主导部门负责人进行评估。	2	10%	被配合方或项目主导部门负责人评价	
	14	成本控制的标准化制度流程	考核已书面化的流程与制度与需要书面化的流程与制度的数量对比。	月、年	已书面化的流程与制度比需要书面化的流程与制度每少一份扣10分。	3	15%	已公布实施的制度	
	15	下属培养	本部门下属培养胜任人数为经人力资源部与下属新从事岗位的直接上级确认胜任的人数。	年	1.胜任人数超出目标人数每人加5分，120分封顶；2.胜任人数低于目标人数每人扣5分。	2	10%	人力资源部门胜任能力评估	
	16	培训计划及执行	在人力资源部门的协助下制订成本管理部人员的培训计划并组织实施，考核培训课时的执行情况及培训满意率的统计，如果培训满意率低于65%，当次培训课时视为无效；培训执行率=实际培训课时÷培训计划课时×100%。	月、年	1.=100%，得100分；2.超出100%不加分；3.小于60%，本项不得分；4.介于100%与60%之间的，本项得分=执行率×100分。	2	10%	人力资源部门培训记录	
	17	内部客户满意度	对成本管理部为集团各部门、各子公司提供服务情况进行每年一次抽样问卷调查，问卷由人力资源部门主导，采用百分制。满意度=满意人数÷调查人数×100%。	年	1.=目标值，得100分；2.比目标每提高5%，加10分，最高120分；3.小于目标值的70%，本项不得分；4.介于100%与70%之间的，本项得分=满意度×100分。	2	10%	抽样调查问卷（集团人力资源部门负责）	

续 表

岗位	序号	绩效指标（KPI/CPI）	指标说明与计算公式	衡量周期	衡量标准与评分方法	级别	权重	数据来源	备注
工程预算经理	1	工程造价全过程监控	根据每项工程造价监控进度计划，计算造价控制进度。	月、年	1.加分项：每提前10%的规定时间加5分，120分封顶；2.扣分项：每延迟10%的规定时间扣5分；3.本项年度得分按每项目得分的算术平均分。	4	20%	工程造价监控计划	
	2	技术经济方案优化	特指由于设计图纸原因，根据历史数据与设计概算，提出的技术方案修改建议。	月、年	1.加分项：每节约10%工程造价加20分，150分封顶；2.扣分项：因未发现问题给公司带来浪费的，每浪费10%工程造价扣20分。	4	20%	上级评价	
	3	工程标底编制及时性	根据招投标的时间要求，及时完成工程标的编制。	月、年	扣分项：每出现1次未按要求的时间提交扣5分。	4	20%	典型事件记录	
	4	施工图预算	1.准确计算工程量；2.分项/类合理；3.采项、确定调整各项单价，计算预算造价。	月、年	扣分项：每出现1次重大差错扣5分。	2	10%	典型事件记录	
	5	与相关部门的沟通协调	参与工程项目的技术交底，负责合同管理、预结算工和过程中相关部门的协调工作。	月、年	由各工程项目部按良好（100~81分）、一般（80~60分）、不合格（59~0分）三级评价要求进行打分。本项得分取各工程项目部综合评价分的算术平均分。	2	10%	工程项目部评价	
	6	签证变更鉴定的及时性	依据技术变更或现场情况，测算测量工程变更导致工程造价变化，确定变更及签证费用，变更任务单以上级下达的工作时间为衡量标准。	月	扣分项：签证变更鉴定每出现延迟1天扣1分。	2	10%	典型事件记录	

续 表

岗位	序号	绩效指标（KPI/CPI）	指标说明与计算公式	衡量周期	衡量标准与评分方法	级别	权重	数据来源	备注
土建造价师	1	工程成本核算/结算审计	考核及时性，是否按照节点完成；考核准确率，以核减率衡量。	月	1.扣分，按计划节点每延迟10%完成扣2分；加分，每提前10%完成加2分；2.加分，结算审核质量与外审结果比较，核减为0加5分，核减率≤1%加3分，核减率≤2%加1分；扣分，核减率超过2%扣2分，每增加1%扣1分。	5	25%	计划节点、典型事记录	
	2	工程预算编制及时准确性	及时性按计划节点衡量，考核工程量计算准确性，按计价方法及费用计取标准、材料价格核定。	月	1.及时性，按计划节点完成，每延迟1天扣2分，每提前1天加2分；2.准确性，每出现一次偏离超过工程造价5%的失误扣2分。	4	20%	计划节点、统计数据	
	3	工程技术经济指标分析	通过经济技术分析，提出技术方案修改合理化建议。	月	1.加分项：每节省工程造价5%的加5分，150分封顶；2.未按要求进行经济技术分析每次扣5分。	2	10%	上级评价	
	4	签证变更核价及时性	考核签证变更核价完成及时情况。	月	扣分项：未按计划完成，时间每延迟1天扣0.5分。	2	10%	检查记录、典型事件记录	
	5	预结算资料保管	预结算资料保管要求：完整性；保密；及时有序归档。	月	扣分项：每出现1次未按规范要求扣5分。	2	10%	检查记录、典型事件记录	
	6	工程项目成本统计及时	1.各项目合同目录每月及时更新；2.发生的费用及时更新统计。	月	扣分项：每出现1次未及时更新扣5分。	2	10%	抽查记录、上级评价	

续 表

岗位	序号	绩效指标（KPI/CPI）	指标说明与计算公式	衡量周期	衡量标准与评分方法	级别	权重	数据来源	备注
土建造价师	7	上级指派任务完成情况	考核上级指派工作任务完成的及时性与质量。	月	本项得分=实际完成件数÷月总指派任务件数×100分。	2	10%	上级评价	
安装造价师	1	工程成本核算/结算审计	考核及时性，是否按照节点完成；考核准确率，以核减率衡量。	月	1.扣分，按计划节点每延迟10%完成扣2分；加分，每提前10%完成加2分；2.加分，结算审核质量与外审结果比较，核减为零加5分，核减率≤1%加3分，核减率≤2%加1分；扣分，核减率超过2%扣2分。每增加1%扣1分。	5	25%	计划节点、典型事件记录	
	2	工程预算编制及时准确性	及时性按计划节点衡量，考核工程量计算准确性，按计价方法及费用计取标准、材料价格核定。	月	1.及时性，按计划节点完成，每延迟1天扣2分，每提前1天加2分；2.准确性，每出现一次偏离超过工程造价5%的失误扣2分。	4	20%	计划节点、统计数据	
	3	工程技术经济指标分析	通过经济技术分析，提出技术方案修改合理化建议。	月	1.加分项：每节省工程造价5%的加5分，150分封顶；2.未按要求进行经济技术分析每次扣5分。	2	10%	上级评价	
	4	签证变更核价及时性	考核签证变更核价完成及时情况。	月	扣分项：未按计划完成，时间每延迟1天扣0.5分。	2	10%	检查记录、典型事件记录	
	5	预结算资料保管	预结算资料保管要求：完整性；保密；及时有序归档。	月	扣分项：每出现1次未按规范要求扣5分。	2	10%	检查记录、典型事件记录	

续 表

岗位	序号	绩效指标（KPI/CPI）	指标说明与计算公式	衡量周期	衡量标准与评分方法	级别	权重	数据来源	备注
安装造价师	6	工程项目成本统计及时	1.各项目合同目录每月及时更新；2.发生的费用及时更新统计。	月	扣分项：每出现1次未及时更新扣5分。	2	10%	抽查记录、上级评价	
	7	上级指派任务完成情况	考核上级指派工作任务完成的及时性与质量。	月	本项得分=实际完成件数÷月总指派任务件数×100分。	2	10%	上级评价	
工程核算经理	1	工程造价核算任务完成率	完成率=实际完成的成本核算项目数÷目标成本核算项目数×100%。	月、年	1.=目标值，得100分；2.小于目标值的70%，本项不得分；3.介于100%与70%之间的，本项得分=实际值÷目标值×100分。	2	10%	工程审计计划	
	2	工程造价核算成果复核	以外审结论为标准，核减量公式=（复核数据－外审数据）÷复核数据×100%。	月、年	1.核减值≤2%，为100分；2.加分项：核减值≤1%，加10分；=0%，加20分；3.扣分项：核减值>2%的，每增加1%扣5分。	2	10%	复核结果与外审结果比较	
	3	工程造价核算及时性	及时性的界定以上级要求完成的时间为衡量标准。	月、年	1.加分项：每提前10%的规定时间加5分，封顶120分；2.扣分项：每延迟10%的规定时间扣5分；3.本项年度得分按每项目得分的算术平均分。	2	10%	计划节点、典型事件记录	
	4	工程成本运行偏差分析	特指由于设计图纸原因，提出的技术方案修改建议。	月、年	1.加分项：每节约10%工程造价加20分，150分封顶；2.扣分项：因未发现问题给公司带来浪费，每浪费10%工程造价扣20分。	2	10%	历史数据与设计概算	

续 表

岗位	序号	绩效指标（KPI/CPI）	指标说明与计算公式	衡量周期	衡量标准与评分方法	级别	权重	数据来源	备注
工程核算经理	5	工程资料保管	工程资料保管要求：完整性；保密；及时有序归档。	月	扣分项：每出现1次未按规范要求扣5分。	2	10%	检查记录、典型事件记录	
	6	流程制度化建设	完整制定、完善成本核算制度，包括：成本核算制度；成本审批、支出制度；成本支出评价制度；成本分析制度；质量成本制度；安全成本制度。	年	扣分项：每未完成1项，扣20分（完成与否以是否正式发文为准）。	2	10%	已发文制度	
	7	材料设备数据库建设	不定期进行材料设备信息数据的更新，为项目提供参照依据。	月、年	扣分项：每发现1次未及时更新或数据差错扣5分。	2	10%	检查记录、典型事件记录	
材料工程师	1	材料设备价格信息库录入及时性	在规定的时间节点内完成价格信息的录入工作。	月	扣分项：未按计划节点完成每延迟1天扣2分。	2	10%	检查记录、典型事件记录	
	2	乙供材料及设备的询价完成及时性	包括协助造价工程师材料询价和甲指乙供材询价及时性。	月	扣分项：按计划节点完成每延迟1天扣2分；按计划节点每提前1天加2分，封顶120分。	2	10%	典型事件记录	
	3	材料设备造价节约率	在开评标中对工程项目材料、设备价格进行技术经济性分析，提出合理化建议，合理降低工程造价。	月	扣分项：未按要求进行经济技术分析每次扣2分，每节省工程造价1%的加2分。	5	25%	典型事件记录	
	4	材料设备价格偏差分析	特指由于设计图纸及变更原因，提出的技术方案中材料使用建议。	月	1.加分项：每节约10%工程造价加20分，150分封顶；2.扣分项：因未发现问题给公司带来浪费的，每浪费10%工程造价扣20分。	2	10%	统计数据	

续 表

岗位	序号	绩效指标（KPI/CPI）	指标说明与计算公式	衡量周期	衡量标准与评分方法	级别	权重	数据来源	备注
材料工程师	5	核价及时性	及时性的界定是以上级要求或工作要求的时间计划内完成材料设备的核价工作。	月	1.加分项：每提前10%的规定时间加5分，封顶120分；2.扣分项：每延迟10%的规定时间扣5分。	2	10%	核价计划	
	6	上级指派任务完成情况	考核上级指派工作任务完成的及时性与质量。	月	本项得分=实际完成件数÷月总指派任务件数×100分。	1	5%	上级评价	
技术文员	1	工程文件流转管理	做好文件流转记录，记录应及时、准确、完整。	月	扣分项：每出现1次记录不及时或记录不准确或记录不完整扣5分，出现1次工程文件丢失本项为0分。	2	10%	检查记录、典型事件记录	
	2	技术资料收发及时性	考核收发及时性，不延误。	月	要求：收发资料当天处理完毕。扣分项：每延迟1个工作日扣5分。	2	10%	典型事件记录	
	3	信息的上传下达	考核上传下达的及时性、准确性。	月	扣分项：每出现1次传达未及时或传达不准确扣5分。	2	10%	典型事件记录	
	4	预结算资料保管	预结算资料保管要求：完整性；保密；及时有序归档。	月	扣分项：每出现1次未按规范要求扣5分。	2	10%	检查记录、典型事件记录	
	5	周会议记录提交及时性	及时整理周会议记录，并于周一提交上级。	月	每周例会议记录及时整理，每周一交总监，延迟1天扣1分。	2	10%	周会议纪要	
	6	上级指派任务完成情况	考核上级指派工作任务完成的及时性与质量。	月	本项得分=实际完成件数÷月总指派任务件数×100分。	2	10%	上级评价	

投资部KPI关键绩效指标库

岗位	序号	绩效指标(KPI/CPI)	指标说明与计算公式	衡量周期	衡量标准与评分方法	级别	权重	数据来源	备注
投资部总监	1	部门费用控制	保证本部门费用按预算进行控制；部门费用按财务统一计算口径；部门费用控制率＝100%＋节约率＝100%＋（目标费用－实际费用）÷目标费用×100%。	月、年	1.本项得分＝控制率×100分，120%封顶；2.若控制率≤60%，本项得0分。	5	25%	财务部	
	2	集团投资规划的编制	考核投资规划的及时性与合理性，由总裁召集战略委员会，或由董事会进行评估。	年	1.未按规定时间完成，扣10分；2.规划的合理性得分为参与评价人员的平均分。	2	10%	投资规划方案决策层评估	
	3	各种业态营运管理制度与流程的制定	按照计划时间完成连锁经营、大物流、Shopping Mall等业态的运营管理制度与流程的标准建立，由总裁召集战略委员会，或由董事会进行评估。	月、年	1.未按规定时间内完成，扣10分；2.标准的合理性得分为参与评价人员的平均分。	3	15%	运营管理规范决策层评估	
	4	商业项目主力店、次主力店等关键商户的招商	制订主力店、次主力店的招商计划并实施，考核计划的完成率，以签订合同为完成标准。	月、年	未按计划时间完成，每少一家主力店扣20分，每少一家次主力店扣10分。	2	10%	合同	
	5	项目规划及概算	根据集团发展战略，进行项目的规划设计与项目概算，考核完成的及时性与质量，由总裁召集战略委员会，或由董事会进行评估。	月、年	1.未按规定时间内完成，扣10分；2.规划的合理性得分为参与评价人员的平均分。	2	10%	项目规划方案决策层评估	
	6	工作计划和完成情况	每月初提交工作计划，经上级领导批准后交由人力资源部门提炼考核指标，在本绩效指标库中有对应考核指标的常规工作项目直接列入当月考核表中，阶段性或临时性工作由人力资源部根据工作计划提炼考核指标并注明考核方法后作为考核项目列入当月考核表中。	月	1.常规工作项目以绩效指标库中的衡量标准评分；2.阶段性或临时性工作项目以人力资源部门设定的衡量标准评分。	2	10%	人力资源部、工作总结报告、直接上级领导评价	

续 表

岗位	序号	绩效指标（KPI/CPI）	指标说明与计算公式	衡量周期	衡量标准与评分方法	级别	权重	数据来源	备注
投资部总监	7	项目可行性研究报告的提交	考核项目可行性研究报告的完整性、可行性与及时性。	月、年	1.没有按计划时间提交每次扣10分；2.报告不完整，每缺一项扣10分；3.经过可行性论证后，如有信息不准每项扣10分，如完全被否定，此项分全扣。	2	10%	项目可行性研究报告	
	8	项目调研的及时性与真实性	考核项目市场调研的及时性、完整性与真实性。	月、年	1.未按预计时间完成，每次扣10分；2.市场调研报告不完整，每项扣10分；3.市场调研数据不真实，每项扣20分。	2	10%	市场调研报告	
	9	对商业公司进行运营业务上的指导	积极配合各商业子公司运营管理的业务开展，并提供指导。	月、年	没有有效配合，受到子公司运营管理部或总经理的投诉每次扣10分。	2	10%	典型事件记录	
	10	项目调研的要求及标准的制定	在规定的时间内制定项目调研的标准与要求，并由总裁或专家委员会对标准进行评价。此项为阶段性绩效指标。	月	1.未按规定时间内完成，扣10分；2.标准的合理性得分为参与评价人员的平均分。	2	10%	项目调研标准决策层评估	
	11	项目开发控制模型建立	建立项目开发的标准与控制模型，由总裁召集专家委员会，或由董事会进行评估。此项为阶段性绩效指标。	月	1.未按规定时间完成，扣10分；2.标准的合理性得分为参与评价人员的平均分。	2	10%	项目开发控制模型决策层评估	
	12	房地产工作的配合	快速、积极响应房地产公司的配合要求，并协助解决相关问题，紧急的问题24小时内响应，重要的问题2天内响应，一般的问题3天内响应。	月、年	1.未及时响应，每次扣10分；2.被房地产公司投诉并经调查后确认为投资部责任，每次扣20分。	2	10%	典型事件记录	

续表

岗位	序号	绩效指标（KPI/CPI）	指标说明与计算公式	衡量周期	衡量标准与评分方法	级别	权重	数据来源	备注
投资部总监	13	战略合作伙伴的开发与标准化要求的建档	根据业态的分类，对每类业务必须开发3家以上战略合作伙伴，并收集对方的要求与标准进行建档，及时更新，考核战略合作伙伴的数量与标准建档的完整性。	月	1.比计划数量每少一家，扣10分；2.标准建档的完整性每少一项扣5分。3.未按要求及时更新，每次扣10分。	2	10%	战略合作协议、战略合作伙伴标准化的要求	
	14	制度建设及流程的制定	考核已书面化的流程与制度与需要书面化的流程与制度的数量对比。	月、年	已书面化的流程与制度比需要书面化的流程与制度每少一份扣10分。	3	15%	已公布实施的制度	
	15	其他重要工作的配合及完成情况	指阶段性的重要工作配合，如配合顾问公司咨询项目的开展、配合闪耀项目的开展、配合OA项目的开展等工作。	月、年	对需要配合的重要工作完成的及时性与完成情况进行评估，由被配合方或项目主导部门负责人进行评估。	2	10%	被配合方或项目主导部门负责人评价	
	16	市场信息库建立	收集各区域市场与各下属公司所面临的市场信息、客户信息、竞争对手信息，建立信息资料库。	月、年	通过抽查，如有市场信息严重不符合事实，每项扣10分；如有信息不完整，每项扣10分。	2	10%	市场信息库	
	17	运营经验案例总结与推广	对于商业项目运营的经验与案例进行收集与总结，并在集团内推广，考核总结的质量与推广的程度，由总裁召集各商业子公司总经理进行评估。	月、年	1.未按规定时间内完成，扣10分；2.总结的质量与推广程度得分为参与评价人员的平均分。	2	10%	运营管理案例决策层评估	
	18	下属培养	本部门下属培养胜任人数为经人力资源部与下属新从事岗位的直接上级确认胜任的人数。	年	1.胜任人数超出目标人数每人加5分，120分封顶；2.胜任人数低于目标人数每人扣5分。	2	10%	人力资源部门胜任能力评估	

续表

岗位	序号	绩效指标(KPI/CPI)	指标说明与计算公式	衡量周期	衡量标准与评分方法	级别	权重	数据来源	备注
投资部总监	19	培训计划及执行	在人力资源部门的协助下制订投资部人员的培训计划并组织实施，考核培训课时的执行情况及培训满意率的统计，如果培训满意率低于65%，当次培训课时视为无效；培训执行率=实际培训课时÷培训计划课时×100%。	月、年	1.=100%，得100分；2.超出100%不加分；3.小于60%，本项不得分；4.介于100%与60%之间的，本项得分=执行率×100分。	2	10%	人力资源部门培训记录	
投资部总监	20	内部客户满意度	对投资部为集团各部门/各子公司提供服务情况进行每年一次抽样问卷调查，问卷的撰写由人力资源部门主导，采用百分制。满意度=满意人数÷调查人数×100%。	年	1.=目标值，得100分；2.比目标每提高5%，加10分，最高120分；3.小于目标值的70%，本项不得分；4.介于100%与70%之间的，本项得分=满意度×100分。	2	10%	抽样调查问卷（集团人力资源部门负责）	
市场拓展经理	1	项目可行性研究报告质量	上级对要求提交的每项目可行性研究报告，按良好（100~81分）、一般（80~60分）、不合格（59~0分）三级评价要求进行打分。	月、年	本项得分为上级对每项报告质量评价打分的算术平均分。	2	10%	上级评价	
市场拓展经理	2	项目可行性研究报告完成及时性	及时性的界定以上级要求的时间为衡量标准。	月、年	扣分项：未能及时提交，导致投资项目进程拖延，每出现1次扣5分。	2	10%	典型事件记录	
市场拓展经理	3	市场调研信息和投资信息的准确性	对公司投资的项目进行市场调研、数据收集的准确性，为上级的决策和分析提供基础支持。	月、年	扣分项：提供的信息有重大错误，导致上级做出错误决策的，每出现1次扣5分。	2	10%	典型事件记录	
市场拓展经理	4	项目资料管理	保证项目资料：完整性；保密性。	月	扣分项：每出现1次资料缺失或泄密扣5分。	2	10%	典型事件记录	

续 表

岗位	序号	绩效指标（KPI/CPI）	指标说明与计算公式	衡量周期	衡量标准与评分方法	级别	权重	数据来源	备注
市场拓展经理	5	经营风险预警	关注内外部经营环境变化，向董事会提供有益决策参考信息。	月、年	额外加分项：对经营风险和市场机会做出有益的提醒得到董事会肯定的，每次加5分，封顶150分。	2	10%	典型事件记录	
市场专员	1	市场调研信息和投资信息的准确性	对公司投资的项目进行市场调研、数据收集的准确性，为上级的决策和分析提供基础支持。	月	扣分项：提供的信息有重大错误，导致上级做出错误决策的，每出现1次扣5分。	2	10%	典型事件记录	
	2	市场调研目标达成率	拟订每次项目的市场调研目标，考核目标达成比率。	月	本项得分=实际目标达成比率×100分。	2	10%	上级评价	
	3	项目资料保管	保证项目资料：完整性；保密；及时有序归档。	月	扣分项：每出现1次未按规范要求扣5分。	2	10%	检查记录、典型事件记录	
	4	上级指派任务完成情况	考核上级指派工作任务完成的及时性与质量。	月	本项得分=实际完成件数÷月总指派任务件数×100分。	1	5%	上级评价	
规划设计经理	1	产品设计满意度	对每产品的设计，由上级和子公司总理按良好［100～81分］、一般［80～60分］、不合格［59～0分］三级评价要求，进行综合打分，最终评分为算术平均分。	月、年	本项得分为每产品综合评价分的算术平均分。	2	10%	上级评价、所在子公司总经理评价	
	2	规划设计进度控制	项目进度控制得分=项目委托设计实际完成时间天数÷计划完成时间天数×100分，按时间绝对量对比。	月、年	本项得分为每项目进度控制得分的算术平均分。	2	10%	进度表	

续 表

岗位	序号	绩效指标(KPI/CPI)	指标说明与计算公式	衡量周期	衡量标准与评分方法	级别	权重	数据来源	备注
规划设计经理	3	项目规划设计全过程管理	按照工作程序，参与从项目策划到竣工验收的全过程，对项目的规划、设计进行管理。	月、年	扣分项：由于过程管理不到位导致重大偏差，每出现1次扣5分。	3	15%	典型事件记录	
规划设计经理	4	重大设计缺陷	实际控制进度与计划进度相比，不迟于项目计划进度表。	月、年	扣分项：出现1次重大设计缺陷扣10分，造成严重后果的本项不得分。	2	10%	典型事件记录	
规划设计经理	5	设计任务书与设计纲要编制	按上级要求的时间内，及时、准确地设计任务书与设计纲要。	月、年	扣分项：每出现1次未能及时完成或出现重大差错扣5分。	2	10%	典型事件记录	
规划设计经理	6	专业技术情报收集	跟踪建筑业态和产品组合发展趋势，关注新技术、新工艺、新产品、新材料的发展运用。每季度提交专业技术情报信息报告，由上级进行综合评估： 1. 具有重大决策参考价值（120～101分）； 2. 具有一定参考价值（100～81分）； 3. 一般（80～0分）。	月、年	本项得分为每季专业技术情报信息报告得分的算术平均分。	2	10%	专业技术情报信息报告	
规划设计专员	1	方案规划设计完成情况	参与、配合新项目方案修订与完善工作，考核方案规划设计的成果。由上级按良好（100～81分）、一般（80～60分）、不合格（59～0分）三级评价要求，进行综合打分。	月	本项得分取上级综合评价的算术平均分。	2	10%	上级评价	
规划设计专员	2	图纸设计完成及时性	拟订项目图纸设计进度计划，考核在计划时间内的设计进度。	月	1.在计划的时间内完成，为100分； 2.未按计划完成，本项得分=完成进度百分比×100分。	2	10%	进度计划	

续 表

岗位	序号	绩效指标(KPI/CPI)	指标说明与计算公式	衡量周期	衡量标准与评分方法	级别	权重	数据来源	备注
规划设计专员	3	图纸设计完成质量	工程设计图纸质量，以工程设计合同、设计相关规范、验收规范等为标准，以发生图纸设计错误的严重性为考核依据。	月	扣分项：每出现1次严重设计错误扣5分以上，出现重大设计错误扣10分以上。	2	10%	设计合同、设计规范、验收规范	
	4	图纸设计成本控制	专业工程设计图纸成本控制，以施工图预算成本和工程概算成本的对比为考核依据。	月	本项得分=[1－（预算成本－概算成本）÷概算成本]×100分。	2	10%	成本统计数据	
	5	规划设计资料库建设	相关规划设计资料的更新、完善、保管，为项目决策及思维提供参考依据。	月	扣分项：每出现1次未按规范要求扣5分。	2	10%	检查记录、典型事件记录	
	6	上级指派任务完成情况	考核上级指派工作任务完成的及时性与质量。	月	本项得分=实际完成件数÷月总指派任务件数×100分。	2	10%	上级评价	
招商经理	1	主力店招商率	在项目开始工程设计之前就提前与主力商户沟通，在选址时候就确定了主力店并进行合作，并将其意见和建议反馈至选址论证和规划设计。主力店招商率=实际签约数÷目标签约数×100%。	月、年	1.本项得分=实际签约数÷目标签约数×100分，封顶120分；2.当实际签约数＜目标签约数的60%时，本项不得分。	4	20%	主力商户合作协议	
	2	商业策略联盟商户签约率	根据MALL的业态组合规范，与潜在主力店、次主力店及重点商户建立商业策略联盟，为异地项目拓展准备。签约率=本年度已签约商户数÷本年度目标签约商户数×100%。	月、年	1.本项得分=实际签约数÷目标签约数×100分，封顶120分；2.当实际签约数＜目标签约数的60%时，本项不得分。	4	20%	合作协议	
	3	商户资源统筹管理	由上级按良好（100~81分）、一般（80~60分）、不合格（59~0分）三级评价要求，进行综合打分。 1. 商户信息库的建立与更新； 2. 管理有效性。	月、年	本项得分取上级综合评价的算术平均分。	2	10%	上级评价	

续 表

岗位	序号	绩效指标 (KPI/CPI)	指标说明与计算公式	衡量周期	衡量标准与评分方法	级别	权重	数据来源	备注
招商经理	4	重点商户流失率	重点商户包括主力店、次主力店及关键商户，维持日常工作良好的沟通关系。	月、年	1.本项得分=（1－流失商户数÷现有商户数）×100分； 2.当流失率>40%时，本项不得分。	5	25%	合作协议	
	5	重点商户关系维护	重点商户为主力店、次主力店和重要商户。流失率=流失商户数÷现有商户数×100%。	月、年	扣分项：每出现1次关系处理不当造成不良影响扣5分。	2	10%	典型事件记录	
	6	招商策略制定及时性	根据前期有效合理的商业规划，及时制定招商策略，及时性的界定以上级要求的时间为衡量标准。	月、年	扣分项：每出现1次未及时提交扣5分。	2	10%	招商计划书	
（市场拓展）运营管理经理	1	项目可行性研究报告质量	上级对要求提交的每项目可行性研究报告，按良好（100~81分）、一般（80~60分）、不合格（59~0分）三级评价要求进行打分。	月、年	本项得分为上级对每报告质量评价打分的算术平均分。	2	10%	上级评价	
	2	项目可行性研究报告完成及时性	及时性的界定以上级要求的时间为衡量标准。	月、年	扣分项：未能及时提交，导致投资项目进程拖延，每出现1次扣5分。	2	10%	典型事件记录	
	3	主力店商场规划布局标准制定	准确把握、获取主力店对商场规划布局要求，制定主力店布局标准，并动态更新。	月、年	本项得分=已完成标准制定主力店数÷主力店数×100分。	2	10%	主力店布局标准	
	4	运营经验案例总结	对商业运营管理实施中的经验案例及时进行总结，每季度提交经验总结报告，由上级按良好（100~81分）、一般（80~60分）、不合格（59~0分）进行综合评价打分。	月、年	本项得分为季度总结报告得分的算术平均分。	2	10%	上级评价	

续 表

岗位	序号	绩效指标(KPI/CPI)	指标说明与计算公式	衡量周期	衡量标准与评分方法	级别	权重	数据来源	备注
（市场拓展）运营管理经理	5	市场调研信息和投资信息的准确性	对公司投资的项目进行市场调研、数据收集的准确性，为上级的决策和分析提供基础支持。	月、年	扣分项：提供的信息有重大错误，导致上级做出错误决策的，每出现1次扣5分。	2	10%	典型事件记录	
	6	项目资料管理	保证项目资料：完整性；保密性。	月	扣分项：每出现1次未按规范要求扣5分。	2	10%	检查记录、典型事件记录	
技术文员	1	项目方案设计工作督促落实	根据项目施工图设计进度计划，督促落实进度事项。	月	扣分项：每出现1次未及时、准确督促、落实进度工作扣5分。	2	10%	方案设计进度计划	
	2	信息的上传下达	考核上传下达的及时性、准确性。	月	扣分项：每出现1次传达未及时或传达不准确扣5分。	2	10%	典型事件记录	
	3	技术资料收发及时性	考核收发及时性，不延误。	月	要求：收发资料当天处理完毕。扣分项：每延迟1个工作日扣5分。	2	10%	典型事件记录	
	4	技术资料保管	技术资料保管要求：完整性；保密；及时有序归档。	月	扣分项：每出现1次未按规范要求扣5分。	2	10%	检查记录、典型事件记录	
	5	上级指派任务完成情况	考核上级指派工作任务完成的及时性与质量。	月	本项得分=实际完成件数÷月总指派任务件数×100分。	2	10%	上级评价	

企划部KPI关键绩效指标库

岗位	序号	绩效指标（KPI/CPI）	指标说明与计算公式	衡量周期	衡量标准与评分方法	级别	权重	数据来源	备注
企划部总监	1	企划费用控制	考核实际企划费用与预算费用的对比。	月、年	实际值在±5%范围外为0分。	5	25%	集团财务部	
	2	部门费用控制	保证本部门费用按预算进行控制；部门费用按财务统一计算口径；部门费用控制率=100%+节约率=100%+（目标费用－实际费用）÷目标费用×100%。	月、年	1.本项得分=控制率×100分，120分封顶；2.若控制率≤60%，本项得0分。	5	25%	财务部	
	3	品牌整合的总体评价	由董事会成员分别对品牌整合项目进行总体评价。	年	按照三级评价标准进行打分：良好（100~81分）、一般（80~60分）、不合格（59~0分），得分为董事会成员总体评价平均分。	2	10%	董事会评价	
	4	子公司企划部门业务指导	积极配合各子公司企划部门的业务开展，并提供指导。	月、年	没有有效配合受到子公司企划部或总经理的投诉每次扣10分。	2	10%	典型事件记录	
	5	工作计划和完成情况	每月初提交工作计划，经上级领导批准后交由人力资源部门提炼考核指标，在本绩效指标库中有对应考核指标的常规工作项目直接列入当月考核表中，阶段性或临时性工作由人力资源部根据工作计划提炼考核指标并注明考核方法后作为考核项目列入当月考核表中。	月	1.常规工作项目以绩效指标库中的衡量标准评分；2.阶段性或临时性工作项目以人力资源部门设定的衡量标准评分。	2	10%	人力资源部、工作总结报告、直接上级领导评价	
	6	企业文化建设	由所有高层领导对于月度组织的企业文化活动进行评价，并对年度企业文化建设的效果进行评价。	月、年	按照三级评价标准进行打分：良好（100~81分）、一般（80~60分）、不合格（59~0分），得分为参与评价的成员总体评价平均分。	2	10%	高管评价	
	7	CIS/VI使用规范	经企划中心设计、制作、审核确认后发布的内容，如违反VI的使用原则，责任归企划中心。	月、年	扣分项：每发现1次违反VI使用规范扣5分。	2	10%	CIS系统、VI手册	

续表

岗位	序号	绩效指标（KPI/CPI）	指标说明与计算公式	衡量周期	衡量标准与评分方法	级别	权重	数据来源	备注
企划部总监	8	制度及流程的制定	符合营销企划、品牌推广规范运作要求的关键业务流程与制度化建设，考核已书面化的流程与制度与需要书面化的流程与制度的数量对比。	月、年	已书面化的流程与制度比需要书面化的流程与制度每少一份扣10分。	3	15%	已公布实施的制度	
	9	各子公司及集团年度营销企划费用预算完成的及时性	在一月份确定各子公司及集团营销企划费用的总额预算，以上级领导审批通过为完成的时间节点。	月	比预计时间延期每天扣5分，超过10天此项得0分。	2	10%	年度企划费用预算表	
	10	集团年度企划工作规划	在一月份高管年会前一周提交集团年度企划工作规划方案，并经总裁办审核通过为完成标准。	月	比预计时间延期每天扣10分，超过5天此项得0分。	2	10%	总裁评价	
	11	城市论坛项目运作	由参与论坛的集团高管对论坛的策划、组织进行整体效果评价；此项为阶段性绩效指标。	月	按照三级评价标准进行打分：良好（100~81分）、一般（80~60分）、不合格（59~0分），得分为参与评价的成员总体评价平均分。	2	10%	高管评价	
	12	网站更新的及时性与规范性	按照网站更新的操作规范在规定的期限内完成网站更新，确保信息的准确性与发布的规范性。	月、年	1.未按规范在规定的期限内更新，每次扣10分；2.网站出现信息错误或未按规范发布，每次扣10分。	2	10%	网站	
	13	集团期刊的整体评价	由分管副总裁针对每期期刊从出版的及时性、设计的质量、内容的编排等方面进行评价。	月、年	按照三级评价标准进行打分：良好（100~81分）、一般（80~60分）、不合格（59~0分）。	2	10%	副总裁评价	
	14	网站的评价	由分管副总裁针对网站的排版设计、信息维护、传播效果等方面进行评价。	月、年	按照三级评价标准进行打分：良好（100~81分）、一般（80~60分）、不合格（59~1分）。	2	10%	副总裁评价	

续 表

岗位	序号	绩效指标（KPI/CPI）	指标说明与计算公式	衡量周期	衡量标准与评分方法	级别	权重	数据来源	备注
企划部总监	15	其他重要工作的配合及完成情况	指阶段性的重要工作配合，如配合顾问公司咨询项目的开展、配合闪耀项目的开展、配合OA项目的开展等工作。	月、年	对需要配合的重要工作完成的及时性与完成情况进行评估，由被配合方或项目主导部门负责人进行评估。	1	5%	被配合方或项目主导部门负责人评价	
	16	开业活动策划	由参与开业活动的集团高管领导对开业活动的策划、组织进行整体效果评价；此项为阶段性绩效指标。	月、年	按照三级评价标准进行打分：良好（100～81分）、一般（80～60分）、不合格（59～0分），得分为参与评价的成员总体评价平均分。	2	15%	高管评价	
	17	危机公关出现次数及处理	本项为加分项：因为危机的发生主要在分公司，分公司的产品质量、管理力度对危机事件的产生起着关键作用。危机主要指媒体的负面报道、重大上访或投诉事件等。	月、年	加分项：出现危机事件，妥善处理1次加10分，封顶150分。	2	10%	典型事件记录	
	18	营销方案审核	及时审核集团、各子公司年度/月度营销方案，并提供合理化建议。	月、年	未及时审核每次扣10分，每提供一项合理化建议加5分。	2	10%	营销方案	
	19	软文、通稿发表数量	按照月度、年度企划工作规划，在各大媒体发表软文及通稿。	月、年	加分项：每发表一篇1500字以上软文或通稿可加分，市级媒体加5分，省级媒体加10分，国家级媒体加20分，150分封顶。	2	10%	刊登有软文、通稿的媒体	
	20	培训计划及执行	在人力资源部门的协助下制订企划系统人员的培训计划并组织实施，考核培训课时的执行情况及培训满意率的统计，如果培训满意率低于65%，当次培训课时视为无效；培训执行率=实际培训课时÷培训计划课时×100%。	月、年	1.=100%，得100分；2.超出100%不加分；3.小于60%，本项不得分；4.介于100%与60%之间的，本项得分=执行率×100分。	2	10%	人力资源部门培训记录	
	21	营销活动效果评估标准的制定	在计划时间内完成并经分管副总裁审核通过为完成标准。	月	比预计时间延期每天扣10分，超过5天此项得0分。	2	10%	营销活动效果评估表	

续 表

岗位	序号	绩效指标（KPI/CPI）	指标说明与计算公式	衡量周期	衡量标准与评分方法	级别	权重	数据来源	备注
企划部总监	22	网站更新操作规范的制定	在计划时间内完成并经分管副总裁审核通过为完成标准。	月	比预计时间延期每天扣10分，超过5天此项得0分。	2	10%	网站更新操作规范	
	23	下属培养	本部门下属培养胜任人数为经人力资源部与下属新从事岗位的直接上级确认胜任的人数。	年	1.胜任人数超出目标人数每人加5分，120分封顶；2.胜任人数低于目标人数每人扣5分。	2	10%	人力资源部门胜任能力评估	
	24	内部客户满意度	对企划部为集团各部门/各子公司提供服务情况进行每年一次抽样问卷调查，问卷由人力资源部门主导，采用百分制。满意度=满意人数÷调查人数×100%。	年	1.=目标值，得100分；2.比目标每提高5%，加10分，最高120分；3.小于目标值的70%，本项不得分；4.介于100%与70%之间的，本项得分=满意度×100分。	2	10%	抽样调查问卷（集团人力资源部门负责）	
	25	公共关系维护	要求：做好社会关系的开发与维护，妥善处理各种危机事件。	月、年	1.扣分项：出现媒体负面报道，外部投诉等事件一次扣20分；2.加分项：出现危机事件，妥善处理1次加10分，封顶120分。	2	10%	典型事件记录评估表	
品牌发展经理	1	广告投放效果	对每项重大的媒体投放效果，由直接上级按良好［100~81分］、一般［80~60分］、不合格［59~0分］三级评价要求进行打分。	月、年	本项得分为每项重大投放效果评价分的算术平均。	2	10%	上级评价	
	2	品牌整合项目服务支持	由直接上级按良好［100~81分］、一般［80~60分］、不合格［59~0分］三级评价要求对品牌整合项目过程的各项配合工作进行综合打分。	月、年	本项得分取上级综合评价的算术平均分。	2	10%	上级评价	
	3	广告投放费用控制率	控制率=实际投放费用÷预算投放费用×100%。实际费用与预算投放费用按财务部统一计算口径。	月、年	费用控制率在+5%范围以上（含）为0分。	5	25%	财务部部门费用台账	

续 表

岗位	序号	绩效指标（KPI/CPI）	指标说明与计算公式	衡量周期	衡量标准与评分方法	级别	权重	数据来源	备注
品牌发展经理	4	内部刊物编辑、出版、发行	内刊《家天下》、《红太阳视线》中所负责的商业板块内容出现较大错误界定标准：1.有损企业或企业领导人的社会/政治形象；2.错误信息的发布，误导消费者做出选择，且给消费者和公司带来经济损失。	月、年	1.加分项：《家天下》每季获好评加5分，《红太阳视线》每期获好评加1分，最高120分；2.扣分项：《家天下》季刊出现1次较大错误扣10分，《红太阳视线》每出现1次较大错误扣1分。	2	10%	典型事件记录	
	5	网站建设与内容维护	集团网站内容的定期更新，每周更新一次，并做好更新记录。	月、年	1.扣分项：每出现1次未进行信息更新维护，扣5分；2.加分项：网站建设（框架搭建、页面设计等）每获得好评1次加5分，最高120分。	2	10%	网站建设与更新记录	
	6	广告投放效果评估报告	每季度定期提交主流媒体广告投放价值分析报告，由上级按良好（100~81分）、一般（80~60分）、不合格（59~0分）三级评价要求进行打分。	月、年	本项得分为每季度分析报告得分的算术平均分。	2	10%	上级评价	
	7	媒体关系维护与品牌危机管理	与省市当地媒体建立良好的关系，避免出现或妥善处理各种负面事件；做好品牌管理工作，临近和预防品牌危机事件发生。	月、年	加分项：经妥善处理，避免了媒体负面报道的，每次加10分，封顶120分；出现1次品牌危机事件本项不得分。	2	10%	典型事件记录	
	8	下属培养	下属培养胜任人数为经人力资源部与下属新从事岗位的直接上级确认胜任的人数。	年	1.胜任人数超出目标人数每人加5分，120分封顶；2.胜任人数低于目标人数每人扣5分。	2	10%	人力资源部门胜任能力评估	
媒介专员	1	广告发布规范性	考核广告发布时间、频次、费用是否严格按照计划单执行。	月	扣分项：出现1次差错扣5分。	2	10%	广告发布计划单	二级表单
	2	广告投放费用控制率	控制率=实际投放费用÷预算投放费用×100%。实际费用与预算投放费用按财务部统一计算口径。	月	费用控制率在+5%范围以上（含）为0分。	2	10%	财务部部门费用台账	

续 表

岗位	序号	绩效指标（KPI/CPI）	指标说明与计算公式	衡量周期	衡量标准与评分方法	级别	权重	数据来源	备注
媒介专员	3	媒体关系维护与品牌危机管理	与省（市）当地媒体建立良好的关系，避免出现或妥善处理各种负面事件；做好品牌管理工作，临近和预防品牌危机事件发生。	月	加分项：经妥善处理，避免媒体的负面报道，每次加10分，封顶120分；出现1次品牌危机事件本项不得分。	2	10%	典型事件记录	
	4	广告资料保管	广告方案及内外宣传资料保管要求：完整性；保密；及时有序归档。	月	扣分项：每出现1次未按规范要求扣5分。	2	10%	检查记录、典型事件记录	
	5	上级指派任务完成情况	考核上级指派工作任务完成的及时性与质量。	月	本项得分=实际完成件数÷月总指派任务件数×100分。	2	10%	上级评价	
策划专员	1	策划方案编写	考核前提，在要求的时间内完成，考核方案编写的质量。	月	加分项：活动方案策划成功获好评，每次加5分；扣分项：活动策划方案有效性差，每次扣5分。	2	10%	上级评价	
	2	各类宣传性文字资料的撰写与初审	考核宣传文字资料撰写与初审的准确性，不出错。	月	扣分项：每出现1次内容错误扣2分。	2	10%	典型事件记录	
	3	内刊素材收集达成率	《红太阳视线》、《家天下》前期素材收集，按照编辑计划在规定的时间内收集完整。	月	本项得分=素材实际收集篇数÷计划收集篇数×100分。	2	10%	编辑计划	
	4	新闻发稿率	考核见报次数，含硬广告和付费软文的见报不计算。	月	1.扣分项：未按领导要求在指定媒体发表1次扣5~10分；2.加分项：争取好的版面/栏目报道，每1次加5~10分；3.加分项：在中央或省级媒体宣传每1次加10~20分，封顶150分。	2	10%	报样	
	5	营销活动资料提供	各营销活动有关文字、图片、视频等资料的收集，并及时提供给营销督导岗位归档。考核要求：完整性；及时性；分类有序性。	月	扣分项：每出现1次未按规范要求扣5分。	2	10%	营销手册	二级表单

续 表

岗位	序号	绩效指标（KPI/CPI）	指标说明与计算公式	衡量周期	衡量标准与评分方法	级别	权重	数据来源	备注
策划专员	6	内部刊物编辑、出版、发行	内刊包括《家天下》、《红太阳视线》中所负责的商业板块内容出现较大错误界定标准：1. 有损企业或企业领导人的社会/政治形象；2. 错误信息的发布，误导消费者做出选择，且给消费者和公司带来经济损失。	月、季	1.加分项：《家天下》每季获好评加5分，《红太阳视线》每期获好评加1分，最高120分；2.扣分项：《家天下》季刊出现1次较大错误扣10分，《红太阳视线》每出现1次较大错误扣1分。	2	10%	典型事件记录	
策划专员	7	上级指派任务完成情况	考核上级指派工作任务完成的及时性与质量。	月	本项得分=实际完成件数÷月总指派任务件数×100分。	2	10%	上级评价	
平面设计专员	1	集团各部门宣传品设计规范性	负责集团各部门所有宣传品的设计，如OA签名、名片模板、内外部公告等。考核规范性，不出现差错。	月	扣分项：每出现一次错误扣1分。	2	10%	上级评价、典型事件记录	
平面设计专员	2	各项目所有广告设计稿件审核	对集团所有设计稿件的规范（算式、风格、创意手法、主题表现）进行把控，并审核。考核经审核后的差错情况。	月	扣分项：经审核后的稿件，每出现一次错误扣10分。	2	10%	上级评价、典型事件记录	
平面设计专员	3	内刊排版	《红太阳视线》内刊排版。	月	加分项：每获好评加2分；扣分项：排版失误，不美观，印刷失误扣2分；	2	10%	上级评价、典型事件记录	
平面设计专员	4	各项目现场商业氛围布置和导视系统督查	1. 考核行为，是否及时检查；2. 考核督查效果，是否到位。	月	扣分项：每出现1次未及时检查或督查不到位扣10分。	2	10%	商业氛围布置规范、导视系统规范、典型事件记录	二级表单

续表

岗位	序号	绩效指标（KPI/CPI）	指标说明与计算公式	衡量周期	衡量标准与评分方法	级别	权重	数据来源	备注
平面设计专员	5	专业计划培训次数	组织各子公司企划部提供平面设计的指导培训，每月1次，形式不限。要求：在行政人事部协助下，拟订培训计划，根据培训计划组织各子公司的培训指导工作。（先考核行为，未来条件成熟后可考核培训效果）	月	开展培训，得100分，未开展，为0分。	2	10%	培训记录	
平面设计专员	6	上级指派任务完成情况	考核上级指派工作任务完成的及时性与质量。	月	本项得分=实际完成件数÷月总指派任务件数×100分。	2	10%	上级评价	
网站管理员	1	集团网站和OA系统的新闻发布	考核发布的及时性和差错性，要求：在新闻稿件提交的一个工作日内发布完成。	月	扣分项：每延迟1个工作日扣5分，发布信息渠道错误一次扣10分。	2	10%	上级评价、网站记录、典型事件记录	
网站管理员	2	集团网站各项目营销广告发布	考核发布的及时性和差错性，要求：在新闻稿件提交的一个工作日内发布完成。	月	扣分项：每延迟1个工作日扣10分，发布信息渠道错误一次扣20分。	2	10%	上级评价、网站记录、典型事件记录	
网站管理员	3	集团网站技术维护	定期检查网站、短信平台、电子邮件运行情况，并及时维护，保障正常运行。考核网站故障次数。	月	扣分项：每出现1次网站故障扣5分（不可抗力除外）。	2	10%	典型事件记录	
网站管理员	4	集团网站推广	网站的点击率能够很大程度反映网站推广的程度，点击率可以通过全球权威的网站排名数据来体现。通过Alexa网站排名作为集团网站推广的力度。考核网站排名的提高（未来若网站推广条件成熟后，还可以考核点击次数的增长）。	月	加分项：每比上月排名提高1%，加5分，120分封顶；排名每下降1%，扣5分。	2	10%	Alexa数据	
网站管理员	5	上级指派任务完成情况	考核上级指派工作任务完成的及时性与质量。	月	本项得分=实际完成件数÷月总指派任务件数×100分。	2	10%	上级评价	

续 表

岗位	序号	绩效指标（KPI/CPI）	指标说明与计算公式	衡量周期	衡量标准与评分方法	级别	权重	数据来源	备注
营销督导经理	1	集团营销企划活动效果	从各子公司营销企划活动开展的效果来评估该岗位对子公司企划部营销企划活动的指导、监督力度。	月、年	本项得分为各子公司企划部经理该项指标年度得分的算术平均分。	2	10%	各子公司企划部该指标年度得分	
	2	对各公司营销活动的支持	对各子公司营销企划活动提供必需的技术支持，由各子公司企划部经理从是否及时与是否有效两个方面按良好（100～81分）、一般（80～60分）、不合格（59～0分）三级评价要求进行打分，得分需算术平均分。	月、年	本项得分为各子公司企划部经理对该岗位工作支持的综合评价分的算术平均分。	2	10%	各公司企划部经理评价	
	3	月度营销活动评估报告编制	从报告提交的及时性和质量两个方面进行评估。	月、年	扣分项：每出现1次未及时提交扣5分，质量不合格扣10分。	2	10%	上级评价	
	4	营销活动效果评估体系建设	由上级按良好（100～81分）、一般（80～60分）、不合格（59～0分）三级评价要求对营销活动效果评估体系的建设情况进行打分。	月、年	本项得分为上级对营销活动效果评估体系建设的综合评价。	2	10%	上级评价	
	5	专业计划培训次数	为各子公司企划部提供营销企划活动指导培训，要求：在行政人事部协助下，拟订培训计划，根据培训计划组织各子公司的培训指导工作。	月、年	1.=目标次数，得100分； 2.扣分项：比目标次数每少1次扣20分； 3.全年培训次数少于2次，本项0分。	2	10%	培训记录	
	6	下属培养	下属培养胜任人数为经人力资源部与下属新从事岗位的直接上级确认胜任的人数。	年	1.胜任人数超出目标人数每人加5分，120分封顶； 2.胜任人数低于目标人数每人扣5分。	2	10%	人力资源部门胜任能力评估	

续 表

岗位	序号	绩效指标（KPI/CPI）	指标说明与计算公式	衡量周期	衡量标准与评分方法	级别	权重	数据来源	备注
统计分析专员/行政专员	1	行业营销活动市调信息报告编制	每月按时完成并提交市调信息报告，确保市调数据准确性和价值。	月	1.扣分项：每延迟1个工作日完成扣2分，每发现1处重要数据差错扣5分；2.加分项：每提供1条有重大价值的市调信息加5分，120分封顶。	2	10%	行业营销活动市调信息报告、上级评价	
	2	对营销活动方案的统计分析	每月定期完成各子公司营销活动方案的统计分析工作，确保统计数据准确性和合理化建议。	月	扣分项：每出现1处统计错误扣5分；加分项：每提出1项获上级好评的合理化建议加5分。	2	10%	上级评价、典型事件记录	
	3	相关制作与营销活动资料保管	资料保管要求：完整性；保密；及时有序归档。	月	扣分项：每出现1次未按规范要求扣5分。	2	10%	营销手册	二级表单
	4	营销活动会议指令跟踪督办	营销活动会议记录在会议结束的一个工作日内提交，跟踪并督办营销活动会议决定事项。	月	扣分项：营销活动会议纪要每延迟1个工作日提交扣5分；会议指标未督办或跟踪扣10分。	2	10%	会议经要、上级评价	
	5	营销手册编写	要求：1.及时性，每月5号前完成编写；2.完整性，营销手册包括营销方案、数据，平面稿、文字稿、活动照片等内容。	月	扣分项：出现1次未按时完成扣10分，出现资料不完整扣10分。	2	10%	营销手册、上级评价	
	6	上级指派任务完成情况	考核上级指派工作任务完成的及时性与质量。	月	本项得分=实际完成件数÷月总指派任务件数×100分。	2	10%	上级评价	

审计监察部KPI关键绩效指标库

岗位	序号	绩效指标（KPI/CPI）	指标说明与计算公式	衡量周期	衡量标准与评分方法	级别	权重	数据来源	备注
审计监察部总监	1	部门费用控制	保证本部门费用按预算进行控制，部门费用按财务统一计算口径；部门费用控制率＝100%＋节约率＝100%＋（目标费用－实际费用）÷目标费用×100%。	月、年	1.本项得分=控制率×100分，120分封顶；2.若控制率≤60%，本项得0分。	5	25%	财务部	
	2	工程项目审计	工程项目全过程审计，监督、评价其投资活动的合法性、真实性和效益性。	月、年	每项为公司挽回经济损失10万元以上，加5分；上不封顶。	4	20%	审计报告	
	3	财务审计	集团与子分公司的财务审计（会计核算、财务管理、内控制度、财务机构设置和财会人员情况等），对财务活动的真实、合法和效益进行审计监督。	月、年	每项为公司挽回经济损失5万元以上，加5分；上不封顶。	4	20%	审计报告	
	4	经营管理审计	负责对集团总部与子公司的重要经营管理活动进行审计，包括风险控制审计、比价审计、预算审计、管理与服务审计及其他审计，并对涉及经济的各项业务在内部控制上存在的缺陷提出改进意见。	月、年	加分项：每次发现重大管理问题并提出管理建议，经后期跟进并有效实施的，加10分。	4	20%	审计报告	
	5	审计计划完成率	经总裁批准的月、年度审计计划完成情况；审计计划完成率=实际完成的审计数量÷计划完成的审计总量×100%。	月、年	比计划每少完成一项审计任务扣10分。	2	10%	工作总结报告、审计报告	
	6	工作计划和完成情况	每月初提交工作计划，经上级领导批准后交由人力资源部门提炼考核指标，在本绩效指标库中有对应考核指标的常规工作项目直接列入当月考核表中。阶段性或临时性工作由人力资源部根据工作计划提炼考核指标并注明考核方法后作为考核项目列入当月考核表中。	月	1.常规工作项目以绩效指标库中的衡量标准评分；2.阶段性或临时性工作项目以人力资源部门设定的衡量标准评分。	2	10%	人力资源部、工作总结报告、直接上级领导评价	

续 表

岗位	序号	绩效指标（KPI/CPI）	指标说明与计算公式	衡量周期	衡量标准与评分方法	级别	权重	数据来源	备注
审计监察部总监	7	流程制度化建设	考核已书面化的流程与制度与需要书面化的流程与制度的数量对比。	月、年	已书面化的流程与制度比需要书面化的流程与制度每少一份扣10分。	3	15%	已公布实施的制度	
	8	审计计划提交	在规定的时间内拟订月/年度审计规划及各阶段审计工作细部计划。	月、年	扣分项：按时提交审计计划，每延迟1天扣5分，直至0分为止。	2	10%	审计计划	
	9	审计实施	考核对内部审计程序遵守情况。	月	扣分项：每发现1次未遵守内部审计程序扣10分，直至0分为止。	2	10%	审计底稿	
	10	审计报告编制	按内部审计程序，依据审计证据出具审计报告，考核审计报告出具的及时性和质量。	月	上级对审计报告质量综合评价。	2	10%	审计计划、上级评价	
	11	审计建议后期跟进情况	跟进相关单位对审计中发现的各种问题的改进建议执行情况，并制订跟进计划	月、年	扣分项：每出现未按计划按时跟进1次扣10分，直至0分为止。	2	10%	典型事件记录、董事会评价	
	12	其他重要工作的配合及完成情况	指阶段性的重要工作配合，如配合顾问公司咨询项目的开展、配合闪耀项目的开展、配合OA项目的开展等工作。	月、年	对需要配合的重要工作完成的及时性与完成情况进行评估，由被配合方或项目主导部门负责人进行评估。	1	5%	被配合方或项目主导部门负责人评价	
	13	下属培养	本部门下属培养胜任人数为经人力资源部与下属新从事岗位的直接上级确认胜任的人数。	年	1.胜任人数超出目标人数每人加5分，120分封顶；2.胜任人数低于目标人数每人扣5分。	2	10%	人力资源部门胜任能力评估	

岗位	序号	绩效指标（KPI/CPI）	指标说明与计算公式	衡量周期	衡量标准与评分方法	级别	权重	数据来源	备注
审计监察部总监	14	培训计划及执行	在人力资源部门的协助下制订审计监察人员的培训计划并组织实施，考核培训课时的执行情况及培训满意率的统计，如果培训满意率低于65%，当次培训课时视为无效；培训执行率=实际培训课时÷培训计划课时×100%。	月、年	1.=100%，得100分； 2.超出100%不加分； 3.小于60%，本项不得分； 4.介于100%与60%之间的，本项得分=执行率×100分。	2	10%	人力资源部门培训记录	
审计监察部总监	15	内部客户满意度	对审计监察部为集团各部门/各子公司提供服务情况进行每年一次抽样问卷调查，问卷由人力资源部门主导，采用百分制。 满意度=满意人数÷被调查人数×100%。	年	1.=目标值，得100分； 2.比目标每提高5%，加10分，最高120分； 3.小于目标值的70%，本项不得分； 4.介于100%与70%之间的，本项得分=满意度×100分。	2	10%	抽样调查问卷（集团人力资源部门负责）	
审计监察部总监	16	公共关系维护	要求：做好社会关系的开发与维护，妥善处理各种危机事件。	月、年	1.扣分项：出现媒体负面报道，外部投诉等事件一次扣20分； 2.加分项：出现危机事件，妥善处理1次加10分，120分封顶。	2	10%	典型事件记录、评估表	
审计经理/监察经理	1	审计报告编制质量	提交每审计项目的审计报告，由董事会对审计报告中审计出来的情况进行评价。	月、年	1.加分项（150分封顶）： （1）每发现一次重大的财务问题（包括但不限于：腐败、严重违规、严重浪费、数据重大出入、隐瞒该上报的重大事项等）并提出改善建议，加10~20分，一般性问题加1~3分； （2）每发现或受理并正确处理1次工程贪污腐败事件加5分； （3）全年无重大职务犯罪（贪污、腐败）和严重浪费事件发生，加20分。 2.扣分项： （1）故意隐瞒或淡化审计中发现的重大财务问题，被发现一次扣30分； （2）每发现上报案件未进行查处1次扣10分。	2	10%	上级评价	

续 表

岗位	序号	绩效指标(KPI/CPI)	指标说明与计算公式	衡量周期	衡量标准与评分方法	级别	权重	数据来源	备注
审计经理／监察经理	2	审计计划完成率	拟订年度审计计划，审计工作的完成项以董事会确认为准，审计监察部应将本年度所完成的审计项目进行汇总，提供相关信息给上级领导作评价参考。	月、年	本项得分=完成率＝实际完成审计数÷目标审计数×100分。	2	10%	根据提供的月度计划，由上级评价	
	3	审计发现问题及建议与后期跟进处理情况	要求：审计监察部必须对年度中审计出来的问题及建议列出清单提交供董事会作评价依据。审计监察部根据清单跟进相关单位对审计中发现的各种问题的整改措施的执行情况。	月、年	扣分项：每出现未按时跟进1次扣10。	2	10%	上级评价、典型事件记录	
	4	审计实施规范性	根据审计底稿与审计计划，考核对内部审计程序规范的遵守情况。	月、年	扣分项：每发现1次未遵守内部审计程序扣5分。	2	10%	审计底稿、审计计划	
	5	流程制度化建设	与内审相关的流程与制度的建立、完善：审计总则、内部审计制度、内部审计细则等。	年	扣分项：每未完成1项，扣20分（完成与否以是否正式发文为准）。	3	15%	已发文制度	
	6	审计发现问题项	统计各审计项目审计报告中经审计发现的问题数量，列出审计问题清单，由上级作评价参考。	月、年	加分项：每发现1项重大管理问题并提出管理建议，经上级认可后加5分，120分封顶。	2	10%	审计报告、上级评价	
	7	法纪教育培训	开展安全生产、法律法规、廉洁自律、外部参观等教育培训课时数，列入集团人力资源部年度培训计划中，提高员工信息化系统与计算机操作技能，做好每次培训信息记录。	月、年	方法一（适用于年度考）：本项得分＝实际次÷计划次数×100%。方法二（适用于月度考）：扣分项：未完成为0分。	2	10%	培训记录	

续表

岗位	序号	绩效指标（KPI/CPI）	指标说明与计算公式	衡量周期	衡量标准与评分方法	级别	权重	数据来源	备注
审计专员／监察专员	1	审计程序的实施情况	考核是否按审计程序执行项目审计以及执行程度。	月	扣分项：每发现一次审计程序未执行到位扣5分。	2	10%	审计计划	
	2	审计工作底稿的编制	考核是否按时按质按量编制审计工作底稿。	月	扣分项：每发现一次未能按时或未能按质或未能保量完成审计工作底稿编制扣5分。	2	10%	审计工作底稿、上级评价	
	3	审计发现问题及建议与后期跟进处理情况	善于发现问题并提出可行性建议；及时跟进审计问题的处理情况。	月	1.加分项（150分封顶）：每发现一次重大的财务问题（包括但不限于：腐败、严重违规、严重浪费、数据重大出入、隐瞒该上报的重大事项等）并提出改善建议，加10~20分，一般性问题加1~3分。2.扣分项：故意隐瞒或淡化审计中发现的重大财务问题，被发现一次扣10分；每出现1次未按时跟进处理扣5分。	2	10%	上级评价	
	4	审计档案保管	装订保管要求：完整性；保密；及时有序归档。	月	扣分项：每出现1次未按规范要求扣5分。	2	10%	检查记录、典型事件记录	
	5	审计计划完成率	拟订年度审计计划，审计工作的完成项以董事会确认为准，审计监察部应将本年度所完成的审计项目进行汇总，提供相关信息给上级领导作评价参考。	月	本项得分=完成率＝实际完成审计数÷目标审计数×100分。	2	10%	根据提供的月度计划，由上级评价	
	6	上级指派任务完成情况	考核上级指派工作任务完成的及时性与质量。	月	本项得分=实际完成件数÷月总指派任务件数×100分。	2	10%	上级评价	

某房地产公司关键绩效指标库

行政人事部KPI关键绩效指标库

岗位	序号	绩效指标(KPI/CPI)	指标说明与计算公式	衡量周期	衡量标准与评分方法	级别	权重	数据来源	备注
行政人事部经理	1	绩效管理体系推行	由上级（总经理、集团人力资源部）对其本年度绩效管理体系在公司中的实施推进情况，按良好（100~81分）、一般（80~60分）、不合格（59~0分）三级评价要求进行综合评价打分。	月、年	本项得分取总经理、集团人力资源部评价的算术平均分。	3	15%	上级评价	
	2	内部客户满意度	每年由公司统一组织开展满意度调查，由各部门负责人及关键人员为被调查对象。满意度=满意人数÷被调查人数×100%。	年	本项得分=满意人数÷被调查人数×100分。	2	10%	满意度调查问卷统计结果	
	3	物业资质升级	本年度物业管理资质从三级资质升为二级。	年	实现升级本项得100分，否则本项为0分。	1	5%	资质证书	
	4	公共关系维护	做好社会关系的开发与维护，妥善处理各种危机事件。	月、年	1.扣分项：出现媒体负面报道，外部投诉等事件扣20分；2.加分项：危机事件妥善处理，每次加10分，封顶120分。	2	10%	典型事件记录	
	5	人员到岗率	到岗率=实际引进人数÷上级需求招聘人数×100%。"实际引进人数"的计算以员工正式录用为准，"上级需求招聘人数"为年度需求招聘总人数，以上级批准后的招聘需求计划为准。	月、年	本项得分=实际引进人才数÷上级需求人才数×100分。由集团招聘的人数不在此列。	2	10%	招聘记录	
	6	固定资产管理	要求：1.完成资产的盘点，形成清晰的资产台账；2.制定资产管理制度并得到有效执行；3.保障资产的安全、账实相符。	月、年	扣分项：未完成资产的盘点并建立资产台账为0分，账实不符一项扣5分，发生因自身管理问题而导致资产遗失1万元以内的，每次扣20分。	4	20%	资产台账	
	7	关键岗位后备人才培养	要求：本年度后备人才培养的岗位和人数由集团人力资源部与总经理共同确认。	年	本项得分=胜任人数÷目标培养人数×100分。	4	20%	人力资源部胜任能力评估	
	8	流程制度化建设	关键性的流程与制度包括人力资源管理制度、行政办公管理制度。	年	扣分项：每未完成1项，扣20分（完成与否以是否正式发文为准）。	3	15%	已发文制度	

续 表

岗位	序号	绩效指标(KPI/CPI)	指标说明与计算公式	衡量周期	衡量标准与评分方法	级别	权重	数据来源	备注
行政专员	1	文书管理	根据公文管理实施办法规定,本指标主要从3大方面考核文书管理的规范性:公文格式规范;公文处理程序规范;文书保管规范。	月	扣分项:每出现1次不符规范扣5分。	2	10%	典型事件记录	
	2	后勤事务服务	前台接待、办公环境、员工宿舍管理、车辆管理等事务,为公司各部门提供后勤支持。	月	1.扣分项:每出现1次工作失误或投诉扣10分; 2.加分项:每获得1次表扬加5分,封顶150分。	2	10%	典型事件记录	
	3	会务组织管理	主要包括:会议通知及时性;会议资料准备的完整性;会务安排合理性;会议纪要的完整性。	月	扣分项:每出现1次工作失误或投诉扣5分。	2	10%	典型事件记录	
	4	固定资产管理	要求:完成资产的盘点,形成清晰的资产台账;制定资产管理制度并得到有效执行;保障资产的安全、账实相符。	月	扣分项:未完成资产的盘点并建立资产台账为0分,账实不符一项扣10分,发生因自身管理问题而导致资产遗失1万元以内的,每次扣10分。	4	20%	财务部	
	5	物资采购管理	要求: 1.完成后勤采购任务,形成清晰的采购台账; 2.制订物资采购管理制度并确保得到有效执行; 3.保障采购物资安全、账实相符。	月	扣分项:未形成资产的盘点并建立资产台账为0分;账实不符1项扣5分,发生因自身管理问题而导致采购延期的,每次扣1分。	2	10%	抽查记录、财务部盘点表	
	6	上级指派任务完成情况	考核上级指派工作任务完成的及时性与质量。	月	本项得分=实际完成件数÷月总指派任务件数×100分。	1	5%	上级评价	

续 表

岗位	序号	绩效指标(KPI/CPI)	指标说明与计算公式	衡量周期	衡量标准与评分方法	级别	权重	数据来源	备注
人力资源专员	1	人力资源各项报表编写	每月编写、更新人力资源各项报表数据，考核按时提交与报表数据的准确性，每月5日前提交。	月	扣分项：每延迟1天扣5分，每出现1处差错扣5分。	2	10%	典型事件记录	
	2	基层岗位到岗及时性	按照人员增补需求，保障基层岗位人员的到岗及时性。及时性要求：基层1.5个月内到岗，中层3个月内到岗，高层4个月内到岗，从接收到人员需求日起计。	月	1.目标招聘人数均在要求的时间内到岗，本项为100分；2.部分到岗，本项得分=实际到岗数÷目标到岗数×100分。	2	10%	招聘记录	
	3	绩效考核体系实施	按时完成季度绩效计划的拟订与考核，绩效考核数据统计准确性，绩效体系推行的辅导。	年、月	扣分项：1.每月度未能按时组织完成绩效计划的拟订扣5分；2.未按时完成绩效考核扣10分；3.绩效考核数据统计每出现1次差错扣5分；4.未能及时妥善处理其他部门的绩效投诉每次扣5分；5.每季度完成绩效考核后10天内未按时提交绩效体系运行总结分析报告，扣5分。	3	15%	典型事件记录	
	4	薪酬核算及时性与准确性	按时完成集团总部员工工资表核算，保证所有员工工资计算准确无误。	年、月	扣分项：每出现1人次核算差错（或投诉）扣5分。	2	10%	工资表、员工反馈	
	5	基层新进岗位适任率	考核招聘工作的质量，从人岗匹配角度衡量，新员工在试用期内转正即为适任。	季	本项得分=正式录用人数÷试用人数×100分。	2	10%	新员转正记录	
	6	计划培训次数	要求：拟订年度培训计划，根据培训计划组织培训工作。	年、月	1.=目标次数，得100分；2.扣分项：比目标次数每少1次扣10分；3.全年培训次数少于5次，本项得0分。	2	10%	培训记录	
	7	上级指派任务完成情况	考核上级指派工作任务完成的及时性与质量。	月	本项得分=实际完成件数÷月总指派任务件数×100分。	2	10%	上级评价	

续表

岗位	序号	绩效指标(KPI/CPI)	指标说明与计算公式	衡量周期	衡量标准与评分方法	级别	权重	数据来源	备注
物资管理员	1	月度计划物资的审核	结合仓库库存，审核集团月度物资计划，避免库存超出规定数量。	月	每出现一类库存超出规定库存数量，扣10分。	2	10%	物资计划	
	2	物资验收入库	考核验收质量把关，杜绝不合格物资入库，数量清点准确。	月	每出现一种不合格物资扣10分。	4	20%	物资入库单	
	3	领用物资审核	严格按照流程办理物资领用手续，对所有公司的领用物资进行审核，并填上采购价格。	月	出现未按流程办理物资领用手续每次扣10分，未填采购价格或出现差错每次扣10分。	4	20%	物资领用单	
	4	物资账实相符	建立物资台账，并确保与实物相符。	月	台账有遗漏或与实物不符，每次扣10分。	2	10%	台账	
	5	物资的保管	确保无物资在保管期间出现损坏、遗失现象发生。	月	发生物资遗失或损坏，价值在1000元以下扣10分，价值在1000～2000元扣20分，以此类推。	4	20%	典型事件记录	
	6	月度盘点	每月对所有库存进行盘点，并把盘点表交财务，每月入库的材料进行金额统计，统计的金额与各公司的财务一致。	月	盘点数量出现一次差错扣5分，统计的金额出现一次差错扣5分。	3	15%	盘点表、统计表	
	7	上级指派任务完成情况	考核上级指派工作任务完成的及时性与质量。	月	本项得分=实际完成件数÷月总指派任务件数×100分。	1	5%	上级评价	

续 表

岗位	序号	绩效指标(KPI/CPI)	指标说明与计算公式	衡量周期	衡量标准与评分方法	级别	权重	数据来源	备注
网络管理员	1	信息技术服务	要求：保障信息系统连续无故障运行，及时做好系统备份恢复管理。	月	扣分项：每出现未及时或未妥善解决故障遭重大投诉1次（经核实的）扣5分。	2	10%	典型事件记录	
	2	信息系统重大故障数	因日常管理不到位产生的重大信息系统故障包括：信息系统；集团局域网络；集团网站技术故障；服务器数据安全。	月	扣分项：发生因自身管理问题而导致系统连续宕机在4小时以上，每次扣10分。	2	10%	典型事件记录	
	3	信息化培训	为各部门开展IT培训，提高员工信息化系统与计算机操作技能，做好每次培训信息记录。	月	本项得分＝实际小时数÷计划小时数×100%。	2	10%	培训记录	
	4	信息化建设与推广	本年度的信息化建设重点为信息系统在集团全范围的使用推广。由总裁办拟订问卷的，报上级审核，问卷的发放、回收、统计由集团人力资源主管部门负责，最终得分取算术平均分。	年	每年由公司统一组织开展问卷调查，本项得分即为满意人数÷被调查人数×100分。	3	15%	问卷调查结果	
	5	网络资料的整理和归档	根据信息系统规范，及时将网络相关资料进行整理并归档，确保资料的完整性。	月	每遗漏一项扣10分，未及时整理归档每次扣5分。	2	10%	网络资料	
	6	上级指派任务完成情况	考核上级指派工作任务完成的及时性与质量。	月	本项得分＝实际完成件数÷月总指派任务件数×100分。	1	5%	上级评价	

续表

岗位	序号	绩效指标(KPI/CPI)	指标说明与计算公式	衡量周期	衡量标准与评分方法	级别	权重	数据来源	备注
档案管理员	1	立卷归档率	及时完成文件材料的立卷归档工作；归档率＝实际归档项目数÷应归档项目数×100%。	月	每低于目标1%扣5分。	2	10%	总裁办统计结果	
	2	档案管理	按照档案管理制度进行档案管理，考核操作的规范性和差错率。	月	出现未按档案管理制度规范操作一次扣5分，出现一次差错扣10分。	2	10%	总裁办检查结果	
	3	"八防"措施管理	按照档案库房管理的要求，坚持防火、防盗、防潮、防灾、防虫、防鼠、防霉、防光等"八防"措施，确保档案的完好无损。	月	未能做好使资料受损的每次扣10分。	2	10%	总裁办检查结果	
	4	档案的借阅	提供档案查阅、借阅工作，根据制度办理借阅手续，同时督促借阅人不得泄露所借资料内容，及时督促借阅人归还资料并检查资料完好性，借阅档案发挥重大利用价值的在归还时须填写好档案利用效果登记簿。	月	未按规定流程办理每次扣10分，借阅未登记每次扣10分，未及时督促借阅人按规定时间归还的每次扣5分。	2	10%	借阅记录	
	5	档案的鉴定、销毁工作	根据档案的保管期限，定期评估案卷的保存价值，对没有保存价值的资料提请鉴定小组进行鉴定，对鉴定需销毁的案卷做好销毁清册和监销工作。	月	手续不齐全完整而销毁档案的有一次扣10分。	2	10%	档案销毁清册	
	6	上级指派任务完成情况	考核上级指派工作任务完成的及时性与质量。	月	本项得分＝实际完成件数÷月总指派任务件数×100分。	2	10%	上级评价	

续 表

岗位	序号	绩效指标(KPI/CPI)	指标说明与计算公式	衡量周期	衡量标准与评分方法	级别	权重	数据来源	备注
技术文员	1	部门例会工作指令督办	及时做好部门会议纪要（会议结束1个工作日内完成），跟进、督办会议中的重要工作指令的执行情况，并反馈给上级。	月	扣分项：每出现1次未按时完成会议纪要扣5分，未跟进、督办扣10分，未反馈上级扣5分。	2	10%	上级评价、典型事件记录	
	2	技术资料收发及时性	考核收发及时性，不延误。	月	要求：收发资料当天处理完毕。扣分项：每延迟1个工作日扣5分。	2	10%	典型事件记录	
	3	信息的上传下达	考核上传下达的及时性、准确性。	月	扣分项：每出现1次传达未及时或传达不准确扣5分。	2	10%	典型事件记录	
	4	技术资料保管	技术资料保管要求：完整性；保密；及时有序归档。	月	扣分项：每出现1次未按规范要求扣5分。	2	10%	检查记录、典型事件记录	
	5	行政后勤事务服务	为部门各同事做好相关行政后勤保障工作。	月	1.扣分项：每出现1次工作失误或投诉扣10分；2.加分项：每获得1次表扬加5分，150分封顶。	2	10%	典型事件记录、同事反馈	
	6	上级指派任务完成情况	考核上级指派工作任务完成的及时性与质量。	月	本项得分=实际完成件数÷月总指派任务件数×100分。	2	10%	上级评价	

前期开发部KPI关键绩效指标库

岗位	序号	绩效指标(KPI/CPI)	指标说明与计算公式	衡量周期	衡量标准与评分方法	级别	权重	数据来源	备注
前期开发部经理	1	前期手续报审报批办理完成及时性	考核手续办理完成的及时性,包括办理资料准备的一次性通过。及时性的衡量标准:满足项目施工需要;满足销售开盘需要;满足总工办图纸设计需要。只要不影响上述3方面的工作均视为及时完成,以保持前期工作时间安排的弹性。	月	扣分项:前期手续的办理影响施工需要、销售开盘需要或图纸设计需要任一方面,每延迟1个工作日扣1分。	2	10%	报审报批记录	
	2	项目销售手续办理及时性	满足项目销售、融资、交房办理"两证"的需要,按时办理相关手续。及时性的界定是以不影响项目销售和交房进度为标准。	月、年	扣分项:每出现1次因手续办理影响项目销售或交房进度扣5分。	2	10%	上级评价	
	3	公共关系维护	建立、保持与房地产开发相关的政府部门的良好关系,确保各项工作与手续办理的顺利。及时性的界定是以不影响销售和不影响交房为标准(非前期工作原因导致的不及时除外,视为及时完成)。	月、年	扣分项:因关系处理不当而使公司受到政府限制,每出现1次扣5分。	2	10%	典型事件记录	
	4	信息搜集	及时跟踪、搜集政府有关房地产政策和最新信息,整理成文并及时发公司相关部门,为项目设计和实施提供重要参考。	月、年	扣分项:出现手续办理未及时(重大客观因素除外)导致影响施工进度,每出现1次扣5分。	2	10%	典型事件记录	
	5	政策风险规避	正确传达上级设计意图,并向政府部门恰当地传达公司情况,以最大可能争取获得政府政策支持,通过政府部门的报审报批,为公司争取合理规避政策风险,降低公司成本。由总经理按良好(100~81分)、一般(80~60分)、不合格(59~0分)三级评价进行打分。	月、年	本项得分为总经理综合评价分。	2	10%	典型事件记录、上级评价	
	6	政策信息分析与反馈的及时性	关注房地产行业政策和动态信息,了解、掌握政府部门政策的变化(包括政府人员变化等)并多方求证信息的准确性,要求:在第一时间向上级反馈。	月	扣分项:每出现1次未及时向上级反馈扣10分。	2	10%	信息分析与反馈、上级评价	

续 表

岗位	序号	绩效指标(KPI/CPI)	指标说明与计算公式	衡量周期	衡量标准与评分方法	级别	权重	数据来源	备注
前期开发部经理	7	内部客户满意度	本满意度指标调查内容包含：项目前期开发服务；人力资源服务；行政服务。每年由公司统一组织开展满意度调查，由各部门负责人及关键人员为被调查对象，满意度＝满意人数÷被调查人数×100%。	年	本项得分＝满意人数÷被调查人数×100分。	2	10%	满意度调查问卷	
	8	流程与制度化建设	与房地产开发项目有关的前期事务操作规程的建立、完善。	年	扣分项：每未完成1项，扣20分（完成与否以是否正式发文为准）。	3	15%	已公布制度	
	9	下属培养	本年度下属培养的岗位和人数由集团人力资源部与总经理共同确认。	月、年	本项得分＝胜任人数÷目标培养人数×100分。	2	10%	人力资源部胜任能力评估	
开发主管	1	前期手续报审报批办理完成及时性	考核手续办理完成的及时性，包括办理资料准备的一次性通过。及时性的衡量标准有：满足项目施工需要；满足销售开盘需要；满足总工办图纸设计需要。只要不影响上述3方面的工作均视为及时完成，以保持前期工作时间安排的弹性。	月	扣分项：前期手续的办理影响施工需要、销售开盘需要或图纸设计需要任一方面，每延迟1个工作日扣1分。	2	10%	报审报批记录	
	2	政策信息收集与反馈的及时性	关注房地产行业政策和动态信息，了解、掌握政府部门政策的变化（包括政府人员变化等）并多方求证信息的准确性，要求：在第一时间向上级反馈，至少每周一例会须有反馈1次。	月	扣分项：每周末进行信息收集或未向上级反馈1次以上扣10分。	2	10%	上级评价	
	3	前期工作台账建立	收集各部门规定和前期工作的办理要求，及时做好台账。考核台账记录的完整性、准确性、归档有序性。台账记录主要包括：前期工作付款明细；规划审计备忘；土地出让金支付明细。	月	扣分项：每发现1次不符合台账建设要求扣5分。	2	10%	台账、上级检查记录	

续 表

岗位	序号	绩效指标 (KPI/CPI)	指标说明与计算公式	衡量周期	衡量标准与评分方法	级别	权重	数据来源	备注
开发主管	4	对外基础商务礼仪遵守情况	考核对外办理各项手续中对基础商务礼仪的遵守情况（如行为举止、语言表达规范、不传递负面信息等）。	月	扣分项：每发现1次不符合对外基础商务礼仪规范要求扣5分。	2	10%	典型事件记录、上级评价	
	5	前期资料管理	考核前期工作相关资料的管理，要求：完整性（包括所有过程的资料信息）；保密性；归档交接须有签字。	月	扣分项：每出现1次不符合资料管理规范的扣5分以上。	2	10%	检查记录、上级评价	
	6	公共关系维护	建立、保持与房地产开发相关政府部门的良好关系，确保各项工作与手续办理的顺利。及时性的界定是以不影响销售和不影响交房为标准（非前期工作原因导致的不及时除外，视为及时完成）。	月、年	扣分项：因关系处理不当而使公司受到政府限制，每出现1次扣5分。	2	10%	典型事件记录	
	7	各项报审报批手续督办	及时、合理安排工程项目各项手续办理工作；各办理事项衔接点工作的跟进和督办。	月	扣分项：未及时、合理安排手续办理，每次扣5分；各办理事项工作衔接点跟进不及时或督办不力扣5分。	2	10%	典型事件记录	
	8	各项报表完成的及时性	考核各项日常和临时性要求的相关报表编制完成的及时性，及时性以上级要求的时间为节点。	月	扣分项：每出现1次未按时提交扣5分。	2	10%	上级评价	
	9	上级指派任务完成情况	考核上级指派工作任务完成的及时性与质量。	月	本项得分=实际完成件数÷月总指派任务件数×100分。	1	5%	上级评价	

续 表

岗位	序号	绩效指标(KPI/CPI)	指标说明与计算公式	衡量周期	衡量标准与评分方法	级别	权重	数据来源	备注
房产土地专员	1	前期手续报审报批办理完成及时性	考核手续办理完成的及时性,包括办理资料准备的一次性通过。及时性的衡量标准有:满足项目施工需要;满足销售开盘需要;满足总工办图纸设计需要。只要不影响上述3方面的工作均视为及时完成,以保持前期工作时间安排的弹性。	月	扣分项:前期手续的办理影响施工需要、销售开盘需要或图纸设计需要任一方面,每延迟1个工作日扣5分。	4	20%	报审报批记录	
	2	政策信息收集与反馈的及时性	关注房地产行业政策和动态信息,了解、掌握政府部门政策的变化(包括政府人员变化等)并多方求证信息的准确性,要求:在第一时间向上级反馈,至少每周一例会须有反馈1次。	月	扣分项:每周末进行信息收集或未向上级反馈1次以上扣10分。	2	10%	信息收集与反馈	
	3	前期工作台账建立	收集各部门规定和前期工作的办理要求,及时做好台账。考核台账记录的完整性、准确性、归档有序性。台账记录主要包括:前期工作付款明细;规划审计备忘;土地出让金支付明细。	月	扣分项:每发现1次不符合台账建设要求扣5分。	4	20%	台账、上级检查记录	
	4	对外基础商务礼仪遵守情况	考核对外办理各项手续中对基础商务礼仪的遵守情况(如行为举止、语言表达规范、不传递负面信息等)。	月	扣分项:每发现1次不符合对外基础商务礼仪规范要求扣5分。	2	10%	典型事件记录、上级评价	
	5	前期资料管理	考核前期工作相关资料的管理,要求:完整性(包括所有过程的资料信息);保密性;归档交接须有签字。	月	扣分项:每出现1次不符合资料管理规范的扣5分以上。	2	10%	检查记录、上级评价	
	6	各项报表完成的及时性	考核各项日常和临时性要求的相关报表编制完成的及时性,及时性以上级要求的时间为节点。	月	扣分项:每出现1次未按时提交扣5分。	2	10%	上级评价	
	7	上级指派任务完成情况	考核上级指派工作任务完成的及时性与质量。	月	本项得分=实际完成件数÷月总指派任务件数×100分。	1	5%	上级评价	

续 表

岗位	序号	绩效指标(KPI/CPI)	指标说明与计算公式	衡量周期	衡量标准与评分方法	级别	权重	数据来源	备注
规划建设专员	1	前期手续报审报批办理完成及时性	考核手续办理完成的及时性，包括办理资料准备的一次性通过。及时性的衡量标准有：满足项目施工需要；满足销售开盘需要；满足总工办图纸设计需要。只要不影响上述3方面的工作均视为及时完成，以保持前期工作时间安排的弹性。	月	扣分项：前期手续的办理影响施工需要、销售开盘需要或图纸设计需要任一方面，每延迟1个工作日扣5分。	4	20%	报审报批记录	
	2	政策信息收集与反馈的及时性	关注房地产行业政策和动态信息，了解、掌握政府部门政策的变化（包括政府人员变化等）并多方求证信息的准确性。要求：在第一时间向上级反馈，至少每周一例会须有反馈1次。	月	扣分项：每周末进行信息收集或未向上级反馈1次以上扣10分。	2	10%	信息收集与反馈	
	3	前期工作台账建立	收集各部门规定和前期工作的办理要求，及时做好台账。考核台账记录的完整性、准确性、归档有序性。台账记录主要包括：前期工作付款明细；规划审计备忘；土地出让金支付明细。	月	扣分项：每发现1次不符合台账建设要求扣5分。	2	10%	台账、上级检查记录	
	4	对外基础商务礼仪遵守情况	考核对外办理各项手续中对基础商务礼仪的遵守情况（如行为举止、语言表达规范、不传递负面信息等）。	月	扣分项：每发现1次不符合对外基础商务礼仪规范要求扣5分。	2	10%	典型事件记录、上级评价	
	5	前期资料管理	考核前期工作相关资料的管理，要求：完整性（包括所有过程的资料信息）；保密性；归档交接须有签字。	月	扣分项：每出现1次不符合资料管理规范的扣5分以上。	2	10%	检查记录、上级评价	
	6	各项报表完成的及时性	考核各项日常和临时性要求的相关报表编制完成的及时性，及时性以上级要求的时间为节点。	月	扣分项：每出现1次未按时提交扣5分。	2	10%	上级评价	
	7	上级指派任务完成情况	考核上级指派工作任务完成的及时性与质量。	月	本项得分=实际完成件数÷月总指派任务件数×100分。	1	5%	上级评价	

续表

岗位	序号	绩效指标(KPI/CPI)	指标说明与计算公式	衡量周期	衡量标准与评分方法	级别	权重	数据来源	备注
综合审查专员	1	前期手续报审报批办理完成及时性	考核手续办理完成的及时性，包括办理资料准备的一次性通过。及时性的衡量标准有：满足项目施工需要；满足销售开盘需要；满足总工办图纸设计需要。只要不影响上述3方面的工作均视为及时完成，以保持前期工作时间安排的弹性。	月	扣分项：前期手续的办理影响施工需要、销售开盘需要或图纸设计需要任一方面，每延迟1个工作日扣5分。	4	20%	报审报批记录	
	2	政策信息收集与反馈的及时性	关注房地产行业政策和动态信息，了解、掌握政府部门政策的变化（包括政府人员变化等）并多方求证信息的准确性。要求：在第一时间向上级反馈，至少每周一例会须有反馈1次。	月	扣分项：每周末进行信息收集或未向上级反馈1次以上扣10分。	2	10%	信息收集与反馈	
	3	前期工作台账建立	收集各部门规定和前期工作的办理要求，及时做好台账。考核台账记录的完整性、准确性、归档有序性。台账记录主要包括：前期工作付款明细；规划审计备忘；土地出让金支付明细。	月	扣分项：每发现1次不符合台账建设要求扣5分。	2	10%	台账、上级检查记录	
	4	对外基础商务礼仪遵守情况	考核对外办理各项手续中对基础商务礼仪的遵守情况（如行为举止、语言表达规范、不传递负面信息等）。	月	扣分项：每发现1次不符合对外基础商务礼仪规范要求扣5分。	2	15%	典型事件记录、上级评价	
	5	前期资料管理	考核前期工作相关资料的管理，要求：完整性（包括所有过程的资料信息）；保密性；归档交接须有签字。	月	扣分项：每出现1次不符合资料管理规范的扣5分以上。	2	10%	检查记录、上级评价	
	6	各项报表完成的及时性	考核各项日常和临时性要求的相关报表编制完成的及时性，及时性以上级要求的时间为节点。	月	扣分项：每出现1次未按时提交扣5分。	2	10%	上级评价	
	7	上级指派任务完成情况	考核上级指派工作任务完成的及时性与质量。	月	本项得分=实际完成件数÷月总指派任务件数×100分。	1	5%	上级评价	

续 表

岗位	序号	绩效指标(KPI/CPI)	指标说明与计算公式	衡量周期	衡量标准与评分方法	级别	权重	数据来源	备注
管线专员	1	前期手续报审报批办理完成及时性	考核手续办理完成的及时性,包括办理资料准备的一次性通过。及时性的衡量标准有:满足项目施工需要;满足销售开盘需要;满足总工办图纸设计需要。只要不影响上述3方面的工作均视为及时完成,以保持前期工作时间安排的弹性。	月	扣分项:前期手续的办理影响施工需要、销售开盘需要或图纸设计需要任一方面,每延迟1个工作日扣5分。	4	25%	报审报批记录	
	2	政策信息收集与反馈的及时性	关注房地产行业政策和动态信息,了解、掌握政府部门政策的变化(包括政府人员变化等)并多方求证信息的准确性。要求:在第一时间向上级反馈,至少每周一例会须有反馈1次。	月	扣分项:每周末进行信息收集或未向上级反馈1次以上扣10分。	2	10%	信息收集与反馈	
	3	前期工作台账建立	收集各部门规定和前期工作的办理要求,及时做好台账。考核台账记录的完整性、准确性、归档有序性。台账记录主要包括:前期工作付款明细;规划审计备忘;土地出让金支付明细。	月	扣分项:每发现1次不符合台账建设要求扣5分。	2	10%	台账、上级检查记录	
	4	对外基础商务礼仪遵守情况	考核对外办理各项手续中对基础商务礼仪的遵守情况(如行为举止、语言表达规范、不传递负面信息等)。	月	扣分项:每发现1次不符合对外基础商务礼仪规范要求扣5分。	2	10%	典型事件记录、上级评价	
	5	前期资料管理	考核前期工作相关资料的管理,要求:完整性(包括所有过程的资料信息);保密性;归档交接须有签字。	月	扣分项:每出现1次不符合资料管理规范的扣5分以上。	2	10%	检查记录、上级评价	
	6	各项报表完成的及时性	考核各项日常和临时性要求的相关报表编制完成的及时性,及时性以上级要求的时间为节点。	月	扣分项:每出现1次未按时提交扣5分。	2	10%	上级评价	
	7	上级指派任务完成情况	考核上级指派工作任务完成的及时性与质量。	月	本项得分=实际完成件数÷月总指派任务件数×100分。	1	5%	上级评价	

计划管理部KPI关键绩效指标库

岗位	序号	绩效指标(KPI/CPI)	指标说明与计算公式	衡量周期	衡量标准与评分方法	级别	权重	数据来源	备注
计划管理部经理	1	计划编制组织与督办	根据上级领导思路与要求，召集相关部门制订总体项目工作计划并分解；协调、检查各相关部门月底计划编制情况，考核计划编制督办的及时性和有效性，以总经理确认为准。	月	扣分项：每出现1次未及时或有效完成计划编制，扣5分以上。	2	10%	报审报批记录	
	2	计划执行督办	监督、落实计划的执行情况，及时有效地协调计划执行过程中的各种问题。	月、年	扣分项：每出现1次督办不力导致计划执行偏差扣10分。	2	10%	典型事件记录	
	3	计划完成情况	计划管理部经理应将本年度所完成的项目计划工作结点进行汇总，提供相关信息给总经理作评价参考。	月、年	扣分项：每出现1次计划重大节点未完成，扣10分。	2	10%	典型事件记录	
	4	工程项目协调	公司各部门经理对本岗位在项目工程中的工作协调情况进行评价，年度评价按良好（100～81分）、一般（80～60分）、不合格（59～0分）三级评价要求进行打分。月度考核各部门经理投诉反馈。（本指标反映本岗位对各项目工作支持力度。）	月、年	1.年度考核得分为公司各部门经理的综合评价的算术平均分。2.月度考核得分：每出现1次协调不力或遭有效投诉扣10分。	2	10%	典型事件记录、上级评价、各部门经理反馈	
	5	工程质量安全巡查并记录	对各工程项目每周日至少巡查工程现场1次，并做好工程质量安全巡查记录。	月	扣分项：每发现未巡查1次或未详细记录扣5分。	2	10%	巡查记录、上级评价	
	6	房地产开发流程建设	建立健全房地产开发一整套流程与制度。	月、年	扣分项：每未完成1项，扣20分（完成与否以是否正式发文为准）。	3	15%	已发文制度	
	7	下属培养	本年度下属培养的岗位和人数由集团人力资源部与总经理共同确认。	年	本项得分=胜任人数÷目标培养人数×100分。	2	10%	人力资源部胜任能力评估	

续 表

岗位	序号	绩效指标(KPI/CPI)	指标说明与计算公式	衡量周期	衡量标准与评分方法	级别	权重	数据来源	备注
计划专员	1	计划编制组织与督办	根据上级领导思路与要求,召集相关部门制定总体项目工作计划并分解;协调、检查各相关部门月底计划编制情况,考核计划编制督办的及时性和有效性,以总经理确认为准。	月	扣分项:每出现1次未及时或有效完成计划编制,扣5分。	2	10%	典型事件记录	
	2	计划执行督办	监督、落实计划的执行情况,及时有效地协调计划执行过程中的各种问题。	月	扣分项:每出现1次督办不力导致计划执行偏差扣10分。	2	10%	典型事件记录	
	3	计划完成情况	计划管理部经理应将本年度所完成的项目计划工作结点进行汇总,提供相关信息给总经理作评价参考。	月	扣分项:每出现1次计划重大节点未完成,扣10分。	2	10%	典型事件记录	
	4	部门工作协调	及时、有效协调相关部门做好计划管理工作。	月	扣分项:未能及时或妥善协调部门开展工作,每出现1次扣5分。	2	10%	典型事件记录、上级评价	
	5	各项报表完成的及时性	考核各项日常和临时性要求的相关报表编制完成的及时性,及时性以上级要求的时间为节点。	月	扣分项:每出现1次未按时提交扣5分。	2	10%	上级评价	
	6	上级指派任务完成情况	考核上级指派工作任务完成的及时性与质量。	月	本项得分=实际完成件数÷月总指派任务件数×100分。	1	5%	上级评价	

续 表

岗位	序号	绩效指标(KPI/CPI)	指标说明与计算公式	衡量周期	衡量标准与评分方法	级别	权重	数据来源	备注
进度专员	1	工程进度巡查并记录	每工作日至少巡查工程现场1次，并做好工程进度巡查记录。	月	扣分项：每发现未巡查1次或未详细记录扣5分。	2	10%	巡查记录、上级评价	
	2	工程进度督办	监督工程项目进度，及时有效地协调影响正常工程进度中的各种问题。	月	扣分项：每出现1次督办不力导致影响工程进度的扣10分。	2	10%	典型事件记录	
	3	部门工作协调	及时、有效协调相关部门预防、处理工程项目进度问题。	月	扣分项：未能及时或妥善协调部门有关工程进度工作，每出现1次扣5分。	2	10%	典型事件记录、上级评价	
	4	各项报表完成的及时性	考核各项日常和临时性要求的相关报表编制完成的及时性，及时性以上级要求的时间为节点。	月	扣分项：每出现1次未按时提交扣5分。	2	10%	上级评价	
	5	问题事项反馈及时性	对工程项目中的进度问题及时上报并记录。	月	扣分项：对存在的问题事项未能及时上报的每次扣10分。	2	10%	典型事件记录、上级评价	
	6	上级指派任务完成情况	考核上级指派工作任务完成的及时性与质量。	月	本项得分=实际完成件数÷月总指派任务件数×100分。	2	10%	上级评价	

续 表

岗位	序号	绩效指标(KPI/CPI)	指标说明与计算公式	衡量周期	衡量标准与评分方法	级别	权重	数据来源	备注
质量安全专员	1	工程质量安全巡查并记录	每工作日至少巡查工程现场1次，并做好工程质量安全巡查记录。	月	扣分项：每发现未巡查1次或未详细记录扣5分。	2	10%	巡查记录、上级评价	
	2	部门工作协调	及时、有效协调相关部门预防、处理工程项目质量安全问题。	月	扣分项：未能及时或妥善协调部门开展质量安全工作，每出现1次扣5分。	2	10%	典型事件记录、上级评价	
	3	质量安全事故预防	监督项目施工情况，及时对可能出现的质量安全提出预警，避免质量事故发生。质量事故界定：按国家法律法规列为质量安全事故的，或公司上级认定为质量安全事故的。	月	加分项：对可能出现的安全事故事先提出预警，并规避事故发生的，每次加10分以上，150分封顶；扣分项：出现1次质量安全事故本项为0分。	2	10%	典型事件记录	
	4	各项报表完成的及时性	考核各项日常和临时性要求的相关报表编制完成的及时性，及时性以上级要求的时间为节点。	月	扣分项：每出现1次未按时提交扣5分。	2	10%	上级评价	
	5	问题事项反馈及时性	对工程项目中发现的质量安全问题及时上报并记录。	月	扣分项：对存在的问题事项未能及时上报的每次扣10分。	2	10%	典型事件记录、上级评价	
	6	上级指派任务完成情况	考核上级指派工作任务完成的及时性与质量。	月	本项得分=实际完成件数÷月总指派任务件数×100分。	1	5%	上级评价	

总工办KPI关键绩效指标库

岗位	序号	绩效指标(KPI/CPI)	指标说明与计算公式	衡量周期	衡量标准与评分方法	级别	权重	数据来源	备注
总工程师/副总工程师	1	方案优化	从总设计方案到各单项设计方案,对每设计方案优化工作进行内部评审,从质量、进度、成本、可实施性四大方面,按良好(100~81分)、一般(80~60分)、不合格(59~0分)三级评价进行打分。	月、年	本项得分为上级对各方案优化综合评价分的算术平均分。	4	20%	上级评价(总经理、董事会)	
	2	对技术文件的审核与审批	保证审批与审核质量,避免技术上的风险,技术文件包括:项目规划设计;施工组织设计;监理大纲;招投标文件;设计与施工变更。本指标主要考核以上技术文件审核与审批的及时性(规定的时间完成技术审核)与正确性(不遗漏)。	月、年	扣分项:出现1次未能及时(客观因素除外)或审核后仍存在技术上风险扣5分。	2	10%	典型事件记录	
	3	对相关部门的技术支持	对合同部、各项目部提供必需的技术支持,由合同部、各项目部对总工办的技术支持工作从是否及时、是否有效两个方面按良好(100~81分)、一般(80~60分)、不合格(59~0分)三级评价要求进行打分,得分取算术平均分。	月、年	本项得分为前期开发(部)、合同部、各项目部综合评价分的算术平均分。	3	15%	前期(部)、合同部、各项目部评价	
	4	对公司投资决策的技术支持	提出技术方案的科学性、前瞻性、客观性、经济性;技术方案创造的经济价值分析。保证公司重大项目投资的科学化,规避技术风险。	月、年	由董事会按良好(100~81分)、一般(80~60分)、不合格(59~0分)三级评价要求进行打分,得分取算术平均分。	3	15%	董事会评价	
	5	下属培养	对本年度下属培养的岗位和人数由集团人力资源部与总经理共同确认。	年	本项得分=胜任人数÷目标培养人数×100分。	2	10%	人力资源部胜任能力评估	
	6	对建筑工程有关法定文件的理解与执行	及时跟踪、把握与建筑工程相关施工技术标准、相关法令、法规的变动趋势,并贯彻。	月、年	扣分项:每出现1次差错扣5分。	2	10%	典型事件记录	
	7	技术管理规章制度建设	对建筑工程相关的技术管理规章制度从系统性、合理性、规范性方面进行修订、完善。	月、年	扣分项:每未完成1项,扣20分(完成与否以是否正式发文为准)。	2	10%	已发文制度	

续 表

岗位	序号	绩效指标(KPI/CPI)	指标说明与计算公式	衡量周期	衡量标准与评分方法	级别	权重	数据来源	备注
总工程师/副总工程师	8	重大技术质量安全事故	界定：按国家法律法规列为重大技术质量安全事故的，或经董事会一致认定为重大技术质量安全事故的。	月、年	特别扣分项：出现1次事故扣60~100分。	4	20%	典型事件记录	
土建工程师	1	施工图设计进度	根据项目施工时间节点要求完成图纸设计工作，考核设计完成进度或设计完成量，设计完成率=实际完成设计数÷目标设计数×100%。	月	在要求的时间节点内完成为100分，否则本项得分=实际完成进度÷设计完成率×100分。	4	20%	施工图设计、上级评价	
	2	施工图设计质量	不出现设计错误和设计缺陷。	月	扣分项：每出现1次差错扣10分以上。	4	20%	上级评价	
	3	技术支持服务	为项目部和相关部门提供工程技术支持服务，考核技术服务支持响应的及时性和技术问题解决有效性。	月	扣分项：每出现1次未能及时提供技术支持响应或问题解决扣5分。	2	10%	同事反馈、上级评价	
	4	施工图审核	考核施工图审核的及时性和正确性。及时性指在上级要求的时间内完成，正确性考指经审核后不出现审核差错。	月	扣分项：每出现1次未在要求的时间内审核完成或审核后发现审核不严出现差错扣10分。	2	10%	典型事件记录、上级评价	
	5	资料保管	资料保管要求：完整性；保密；及时有序归档。	月	扣分项：每出现1次未按规范要求扣5分。	2	10%	检查记录、典型事件记录	
	6	上级指派任务完成情况	考核上级指派工作任务完成的及时性与质量。	月	本项得分=实际完成件数÷月总指派任务件数×100分。	2	10%	上级评价	

续 表

岗位	序号	绩效指标(KPI/CPI)	指标说明与计算公式	衡量周期	衡量标准与评分方法	级别	权重	数据来源	备注
结构工程师	1	施工图设计进度	根据项目施工时间节点要求完成图纸设计工作，考核设计完成进度或设计完成量，设计完成率=实际完成设计数÷目标设计数×100%。	月	在要求的时间节点内完成为100分，否则本项得分=实际完成进度÷设计完成率×100分。	4	20%	施工图设计、上级评价	
	2	施工图设计质量	不出现设计错误和设计缺陷。	月	扣分项：每出现1次差错扣10分以上。	2	10%	上级评价	
	3	技术支持服务	为项目部和相关部门提供工程技术支持服务，考核技术服务支持响应的及时性和技术问题解决有效性。	月	扣分项：每出现1次未能及时提供技术支持响应或问题解决扣5分。	2	10%	同事反馈、上级评价	
	4	施工图审核	考核施工图审核的及时性和正确性。及时性指在上级要求的时间内完成，正确性指经审核后不出现审核差错。	月	扣分项：每出现1次未在要求的时间内审核完成或审核后发现审核不严出现差错扣10分。	2	10%	典型事件记录、上级评价	
	5	资料保管	资料保管要求：完整性；保密；及时有序归档。	月	扣分项：每出现1次未按规范要求扣5分。	2	10%	检查记录、典型事件记录	
	6	上级指派任务完成情况	考核上级指派工作任务完成的及时性与质量。	月	本项得分=实际完成件数÷月总指派任务件数×100分。	1	5%	上级评价	

续 表

岗位	序号	绩效指标(KPI/CPI)	指标说明与计算公式	衡量周期	衡量标准与评分方法	级别	权重	数据来源	备注
景观工程师	1	施工图设计进度	根据项目施工时间节点要求完成图纸设计工作，考核设计完成进度或设计完成量，设计完成率=实际完成设计数÷目标设计数×100%。	月	在要求的时间节点内完成为100分，否则本项得分=实际完成进度÷设计完成率×100分。	2	10%	施工图设计、上级评价	
	2	施工图设计质量	不出现设计错误和设计缺陷。	月	扣分项：每出现1次差错扣10分以上。	2	10%	上级评价	
	3	技术支持服务	为项目部和相关部门提供工程技术支持服务，考核技术服务支持响应的及时性和技术问题解决有效性。	月	扣分项：每出现1次未能及时提供技术支持响应或问题解决扣5分。	2	10%	同事反馈、上级评价	
	4	施工图审核	考核施工图审核的及时性和正确性。及时性指在上级要求的时间内完成，正确性指经审核后不出现审核差错。	月	扣分项：每出现1次未在要求的时间内审核完成或审核后发现审核不严出现差错扣10分。	2	10%	典型事件记录、上级评价	
	5	资料保管	资料保管要求：完整性；保密；及时有序归档。	月	扣分项：每出现1次未按规范要求扣5分。	2	10%	检查记录、典型事件记录	
	6	上级指派任务完成情况	考核上级指派工作任务完成的及时性与质量。	月	本项得分=实际完成件数÷月总指派任务件数×100分。	1	5%	上级评价	

续 表

岗位	序号	绩效指标(KPI/CPI)	指标说明与计算公式	衡量周期	衡量标准与评分方法	级别	权重	数据来源	备注
水暖工程师	1	施工图设计进度	根据项目施工时间节点要求完成图纸设计工作,考核设计完成进度或设计完成量,设计完成率=实际完成设计数÷目标设计数×100%。	月	在要求的时间节点内完成为100分,否则本项得分=实际完成进度÷设计完成率×100分。	2	10%	施工图设计、上级评价	
	2	施工图设计质量	不出现设计错误和设计缺陷。	月	扣分项:每出现1次差错扣10分以上。	2	10%	上级评价	
	3	技术支持服务	为项目部和相关部门提供工程技术支持服务,考核技术服务支持响应的及时性和技术问题解决有效性。	月	扣分项:每出现1次未能及时提供技术支持响应或问题解决扣5分。	2	10%	同事反馈、上级评价	
	4	施工图审核	考核施工图审核的及时性和正确性。及时性指在上级要求的时间内完成,正确性指经审核后不出现审核差错。	月	扣分项:每出现1次未在要求的时间内审核完成或审核后发现审核不严出现差错扣10分。	2	10%	典型事件记录、上级评价	
	5	资料保管	料保管要求:完整性;保密;及时有序归档。	月	扣分项:每出现1次未按规范要求扣5分。	2	10%	检查记录、典型事件记录	
	6	上级指派任务完成情况	考核上级指派工作任务完成的及时性与质量。	月	本项得分=实际完成件数÷月总指派任务件数×100分。	1	5%	上级评价	

续 表

岗位	序号	绩效指标(KPI/CPI)	指标说明与计算公式	衡量周期	衡量标准与评分方法	级别	权重	数据来源	备注
强电工程师	1	施工图设计进度	根据项目施工时间节点要求完成图纸设计工作,考核设计完成进度或设计完成量,设计完成率=实际完成设计数÷目标设计数×100%。	月	在要求的时间节点内完成为100分,否则本项得分=实际完成进度÷设计完成率×100分。	2	10%	施工图设计、上级评价	
	2	施工图设计质量	不出现设计错误和设计缺陷。	月	扣分项:每出现1次差错扣10分以上。	2	10%	上级评价	
	3	技术支持服务	为项目部和相关部门提供工程技术支持服务,考核技术服务支持响应的及时性和技术问题解决的有效性。	月	扣分项:每出现1次未能及时提供技术支持响应或问题解决扣5分。	2	10%	同事反馈、上级评价	
	4	施工图审核	考核施工图审核的及时性和正确性。及时性指在上级要求的时间内完成,正确性指经审核后不出现审核差错。	月	扣分项:每出现1次未在要求的时间内审核完成或审核后发现审核不严出现差错扣10分。	2	10%	典型事件记录、上级评价	
	5	资料保管	资料保管要求:完整性;保密;及时有序归档。	月	扣分项:每出现1次未按规范要求扣5分。	2	10%	检查记录、典型事件记录	
	6	上级指派任务完成情况	考核上级指派工作任务完成的及时性与质量。	月	本项得分=实际完成件数÷月总指派任务件数×100分。	1	5%	上级评价	

续 表

岗位	序号	绩效指标(KPI/CPI)	指标说明与计算公式	衡量周期	衡量标准与评分方法	级别	权重	数据来源	备注
弱电工程师	1	施工图设计进度	根据项目施工时间节点要求完成图纸设计工作，考核设计完成进度或设计完成量，设计完成率=实际完成设计数÷目标设计数×100%。	月	在要求的时间节点内完成为100分，否则本项得分=实际完成进度÷设计完成率×100分。	2	10%	施工图设计、上级评价	
	2	施工图设计质量	不出现设计错误和设计缺陷。	月	扣分项：每出现1次差错扣10分以上。	2	10%	上级评价	
	3	技术支持服务	为项目部和相关部门提供工程技术支持服务，考核技术服务支持响应的及时性和技术问题解决的有效性。	月	扣分项：每出现1次未能及时提供技术支持响应或问题解决扣5分。	2	10%	同事反馈、上级评价	
	4	施工图审核	考核施工图审核的及时性和正确性。及时性指在上级要求的时间内完成，正确性指经审核后不出现审核差错。	月	扣分项：每出现1次未在要求的时间内审核完成或审核后发现审核不严出现差错扣10分。	2	10%	典型事件记录、上级评价	
	5	资料保管	资料保管要求：完整性；保密；及时有序归档。	月	扣分项：每出现1次未按规范要求扣5分。	2	10%	检查记录、典型事件记录	
	6	上级指派任务完成情况	考核上级指派工作任务完成的及时性与质量。	月	本项得分=实际完成件数÷月总指派任务件数×100分。	2	10%	上级评价	

续 表

岗位	序号	绩效指标 (KPI/CPI)	指标说明与计算公式	衡量周期	衡量标准与评分方法	级别	权重	数据来源	备注
技术文员	1	部门例会工作指令督办	及时做好部门会议纪要（会议结束1个工作日内完成），跟进、督办会议中的重要工作指令的执行情况，并反馈给上级。	月	扣分项：每出现1次未按时完成会议纪要扣5分，未跟进、督办扣10分，未反馈上级扣5分。	2	10%	上级评价、典型事件记录	
	2	技术资料收发及时性	考核收发及时性，不延误。	月	要求：收发资料当天处理完毕。扣分项：每延迟1个工作日扣5分。	2	10%	典型事件记录	
	3	信息的上传下达	考核上传下达的及时性、准确性。	月	扣分项：每出现1次传达未及时或传达不准确扣5分。	2	10%	典型事件记录	
	4	技术资料保管	技术资料保管要求：完整性；保密；及时有序归档。	月	扣分项：每出现1次未按规范要求扣5分。	2	10%	检查记录、典型事件记录	
	5	行政后勤事务服务	为部门各同事做好相关行政后勤保障工作。	月	1.扣分项：每出现1次工作失误或投诉扣10分； 2.加分项：每获得1次表扬加5分，150分封顶。	2	10%	典型事件记录	
	6	上级指派任务完成情况	考核上级指派工作任务完成的及时性与质量。	月	本项得分=实际完成件数÷月总指派任务件数×100分。	1	5%	上级评价	

财务部KPI关键绩效指标库

岗位	序号	绩效指标(KPI/CPI)	指标说明与计算公式	衡量周期	衡量标准与评分方法	级别	权重	数据来源	备注
财务部经理	1	财务信息准确性	主要包括：各种会计报表。	月	扣分项：每出现一次重大财务信息错误扣5分。	5	25%	典型事件记录	
	2	财务报表完成及时性	每月度对相关报表完成情况进行记录，月报表完成及时性＝按时完成的报表数÷需完成的报表总数×100%。 1.各项常规性会计报表提交时间以财务制度或约定俗成时间为标准； 2.上级临时需求的会计报表，以上级指定的时间为标准。	月	扣分项：每出现1项报表未按时完成扣10分。	4	20%	典型事件记录	
	3	财务分析质量	由集团财务部总监和公司总经理对每季度财务分析质量进行综评，按良好（100～81分）、一般（80～60分）、不合格（59～0分）三级评价要求进行打分，年度得分取每报告得分的算术平均分。 考核要求：分析的报告原因清晰；结论明确；对业务有指导性的意见。	月、年	本项得分＝集团财务部评价分×80%＋总经理×20%。	4	20%	上级评价	
	4	应收账款督办	及时督促与协助公司相关部门应收账款催收。应收账款范围界定：个人借款；单位往来欠款（含内外部）；"贷款"。	月、年	扣分项： 1.对"个人借款"和"单位往来欠款"负有"告之并协助清理"责任； 2.对"货款"负有"告之"责任。每出现1次遗漏/疏忽扣2分。	4	20%	典型事件记录	
	5	财务预算管理准确率	考核实际发生费用与预算的差异。	月、年	费用控制率在±5%范围以上（含）为0分。	4	20%	财务部	
	6	内部客户满意度	每年由公司统一组织开展满意度调查，由各部门负责人及关键人员为被调查对象。满意度＝满意人数÷被调查人数×100%。	月、年	本项得分＝满意人数÷被调查人数×100分。	2	10%	满意度调查问卷	
	7	下属培养	本年度下属培养的岗位和人数由集团人力资源部与集团财务部共同确认。	月、年	本项得分＝胜任人数÷目标培养人数×100分。	2	10%	人力资源部门胜任能力评估	

续 表

岗位	序号	绩效指标(KPI/CPI)	指标说明与计算公式	衡量周期	衡量标准与评分方法	级别	权重	数据来源	备注
总账会计	1	财务信息规范和准确性	主要包括：各种财务报表、账、凭证	月	出现遗漏、错误、不规范次数，每出现一次，扣5分。	5	20%	财务报表	
	2	财务报表编制及时性	考核月度报表完成的及时性，及时性的标准按约定俗成的时间要求或上级临时所需报表的时间节点要求。	月	本项得分=按时完成的报表数÷需完成的报表总数。	4	20%	财务报表	
	3	纳税申报及时和准确性	按税法要求申报纳税。	月	扣分项：未及时申报，每出现一次扣5分，申报不准确，每出现一次扣5分。	5	25%	纳税申报表	
	4	凭证审核和现金监督	审核原始凭证、记账凭证，现金监盘，编制银行余额调节表。	月	未审核出错误，发现一笔扣5分。	4	20%	审计监察部	
	5	财务档案保管	财务数据备份及维护，凭证、报表及其他会计资料、税务资料装订存档	月	数据备份不及时，导致数据，文件丢失，发现一笔扣5分。	2	20%	财务档案	
	6	上级指派任务完成情况	考核上级指派工作任务完成的及时性与质量	月	本项得分=实际完成件数÷月总指派任务件数×100分。	2	10%	上级评价	

续 表

岗位	序号	绩效指标(KPI/CPI)	指标说明与计算公式	衡量周期	衡量标准与评分方法	级别	权重	数据来源	备注
记账会计	1	原始凭证复核准确性	原始凭证的合规合法，单据手续齐全。	月	将不合法、不合规凭证入账，发现一笔扣5分。	2	10%	审计监察部	
	2	记账凭证编制的及时性	及时按规定要求时间内编制记账凭证。	月	未在规定时间内编制记账凭证，每次扣5分。	2	10%	记账凭证	
	3	记账凭证编制的准确性	准确编制记账凭证，无差错。	月	每出现一处错误扣5分。	2	10%	记账凭证	
	4	财务核对的准确性	核对出纳现金、银行日记账，以保证账账相符。	月	发现账账不符，并无合理原因每次扣5分。	2	10%	审计监察部	
	5	部门行政事务处理	周会议与月度例会的信息发布；做好会议记录并报送会议纪要；部门本月总结、下月计划的上报；收集部门各岗位的月度考核表上报领导考核；部门月度物资采购计划的上报；做好待批报销单据的签批准备工作。	月	未按规定时间完成每次扣5分，完成质量不合格每次扣10分，被投诉核实后每次扣10分。	2	10%	领导评价	
	6	上级指派任务完成情况	考核上级指派工作任务完成的及时性与质量。	月	本项得分=实际完成件数÷月总指派任务件数×100分。	1	5%	上级评价	

续 表

岗位	序号	绩效指标(KPI/CPI)	指标说明与计算公式	衡量周期	衡量标准与评分方法	级别	权重	数据来源	备注
成本会计	1	工程进度现场复核	根据工程项目付款审批表，到现场复核数量和真实性，并做好记录。	月	扣分项：每出现1次未到现场核实的扣5分，有核实未做记录扣5分。	4	20%	工程形象进度、核实记录	
	2	工程付款审核	考核审核的准确性。	月	扣分项：出现1次审核有误扣10分以上。	2	10%	典型事件记录	
	3	原始凭证复核准确性	原始凭证的合规合法、单据手续齐全。	月	将不合法、不合规凭证入账，发现一笔扣5分。	2	10%	审计监察部	
	4	付款明细表编制	考核及时性和准确性。及时性以上级要求的时间为准，准确性是指按工程项目进度编制付款明细。	月	扣分项：每出现1次未按时完成付款明细表编制扣5分，与工程项目进度有出入的付款扣10分。	2	10%	工程项目进度、上级评价	
	5	工程合同台账编制	考核台账编制：准确性；信息记录完整。	月	扣分项：发现1次记录有误或记录不完整扣5分。	2	10%	检查记录	
	6	上级指派任务完成情况	考核上级指派工作任务完成的及时性与质量。	月	本项得分=实际完成件数÷月总指派任务件数×100分。	1	5%	上级评价	

续 表

岗位	序号	绩效指标(KPI/CPI)	指标说明与计算公式	衡量周期	衡量标准与评分方法	级别	权重	数据来源	备注
出纳会计	1	现金收付的准确性	办理现金收支、银行结算业务，及时登记现金日记账、银行存款日记账，做到账账相符，每日现金盘点，做到日清月结，做到账款相符。	月	登记不及时每次扣5分，账款不相符每次扣10分。	4	20%	现金日记账	
	2	银行结算的及时性与准确性	办理银行结算业务，及时取得银行回单及银行对账单，及时向记账会计移交单据。	月	取回单不及时每次扣5分，单据移交不及时每次扣5分，结算出现差错每次扣10分。	2	10%	银行对账单	
	3	报表编制	根据每天款项收支情况，编制并汇总收支日报表，结出当日余额，做到日清日结，并向领导提供每日资金状况。	月	未在规定时间内编制报表，每次扣5分；报表中出现差错每处扣5分。	2	10%	收支日报表	
	4	票据审核	审核票据报销手续，对符合规定的办理结算。	月	对于不合法、不合规单据，未审核并支付款项，发现一笔扣10分。	2	10%	审计监察部	
	5	安全保管	负责库存现金、结算凭证、有价票据、印章的安全保管。	月	票据等保管不善，发生遗失每次扣10分。库存现金遗失扣20分并自行负责弥补。	2	10%	审计监察部	
	6	上级指派任务完成情况	考核上级指派工作任务完成的及时性与质量。	月	本项得分=实际完成件数÷月总指派任务件数×100分。	2	10%	上级评价	

续 表

岗位	序号	绩效指标(KPI/CPI)	指标说明与计算公式	衡量周期	衡量标准与评分方法	级别	权重	数据来源	备注
合同部经理	1	招标文件的编制与发布	1.文件内容编写的准确性、完整性、合理性、合法性；2.文字表述明确、清晰。	月、年	扣分项：每出现1次重大差错扣5分。	2	10%	典型事件记录	
	2	评标与定标	评标与定标做到有组织、有领导、按规章、按流程，做到公平、公正。	月、年	由上级按良好（100～81分）、一般（80～60分）、不合格（59～0分）三级评价要求进行打分，得分取算术平均分。	3	15%	上级评价	
	3	合同管理	及时、有效解决合同执行过程中出现的有关问题。	月、年	扣分项：每出现1次未及时或处理不当扣5分。	2	10%	典型事件记录	
	4	材料设备数据库和项目经济合同的建立与完善	1.材料设备数据库信息的全面性、及时性、准确性，数据库信息的更新速度；2.项目经济合同的完整性、及时性、按密级处理。	月、年	扣分项：每出现1次未按规范操作扣5分。	2	10%	典型事件记录	
	5	招投标流程与规范遵守情况	考核对招投标工作流程与制度的遵守情况。	月	扣分项：出现1次违规操作扣10分以上。	3	15%	招投标流程与规范、典型事件记录	
	6	下属培养	本年度下属培养的岗位和人数由集团人力资源部与总经理共同确认。	月、年	本项得分=胜任人数÷目标培养人数×100分。	2	10%	人力资源部胜任能力评估	
	7	招投标规章制度建设	从以下6个方面考核招投标规章制度建设质量：系统性、全面性、合理性、合法性、操作性、有效性。	月、年	扣分项：每未完成1项，扣20分（完成与否以是否正式发文为准）。	3	15%	已发文制度	
	8	施工方供应商合作单位评价体系建设	合同部牵头，建立施工方、供应商、合作单位（如规划设计院）数据库，要求：及时更新信息；实行分级管理。由上级对该项工作按良好（100～81分）、一般（80～60分）、不合格（59～0分）三级评价要求进行打分。	月、年	本项得分为上级评价分。	2	10%	上级评价	

续 表

岗位	序号	绩效指标(KPI/CPI)	指标说明与计算公式	衡量周期	衡量标准与评分方法	级别	权重	数据来源	备注
材料设备采购主管	1	材料设备采购及时性与准确性	考核材料采购的及时性与准确性。及时性以上级要求的时间作为节点，准确性是指材料采购数量、质量、规格符合合同要求，无差错。	月	扣分项：每延迟1个工作日扣3分，每出现1项差错扣5分以上。	4	20%	材料验收单、采购合同	
	2	材料设备采购操作规范性	规范工程项目有关材料设备采购操作流程与制度，考核对材料设备采购管理制度的遵守情况。	月	扣分项：每出现1次违反招投标操作规范的扣5分以上。	2	10%	典型事件记录、上级评价	二级表单《材料设备采购管理制度》
	3	合同执行过程中问题处理	及时、有效地解决合同执行过程中出现的有关问题，保证工程项目进度、质量、成本。	月	扣分项：在职责力所能及的范围内未能及时或有效解决合同执行中的问题，每次扣5分以上。	2	10%	典型事件记录、上级评价	
	4	材料设备数据库和项目经济合同的建立与完善	1.材料设备数据库信息的全面性、及时性、准确性，数据库信息的更新速度；2.项目经济合同的完整性、及时性、按密级处理。	月、年	扣分项：每出现1次未按规范操作扣5分。	3	15%	更新记录、上级检查	
	5	采购合同签订	考核合同签订的合法性、合理性，避免因合同条款产生的纠纷。	月	扣分项：出现因合同签订产生纠纷每次扣10分以上。	2	10%	典型事件记录	
	6	上级指派任务完成情况	考核上级指派工作任务完成的及时性与质量。	月	本项得分=实际完成件数÷月总指派任务件数×100分。	1	5%	上级评价	

续 表

岗位	序号	绩效指标(KPI/CPI)	指标说明与计算公式	衡量周期	衡量标准与评分方法	级别	权重	数据来源	备注
工程招标主管	1	招标文件的编制与发布	1.文件内容编写的准确性、完整性、合理性、合法性； 2.文字表述明确、清晰。	月	扣分项：每出现1次重大差错扣5分。	2	10%	典型事件记录	
	2	招投标操作规范性	规范工程项目招投标操作流程与制度，考核对招投标管理制度的遵守情况。	月	扣分项：每出现1次违反招投标操作规范的扣5分以上。	2	10%	典型事件记录、上级评价	二级单表《招投标管理制度》
	3	招标手续办理	考核招标手续完成的及时性和准确性。及时性以上级要求的时间作为节点，准确性指不出现差错。	月	扣分项：每延迟1个工作日扣3分，每出现1项差错扣5分以上。	2	10%	典型事件记录、上级评价	
	4	招标文件与合同保管	资料保管要求：完整性、保密、及时有序归档。	月	扣分项：每出现1次未按规范要求扣5分。	2	10%	检查记录、典型事件记录	
	5	上级指派任务完成情况	考核上级指派工作任务完成的及时性与质量。	月	本项得分=实际完成件数÷月总指派任务件数×100分。	2	10%	上级评价	

续 表

岗位	序号	绩效指标(KPI/CPI)	指标说明与计算公式	衡量周期	衡量标准与评分方法	级别	权重	数据来源	备注
工程招标专员	1	招标文件的编制与发布	1.文件内容编写的准确性、完整性、合理性、合法性； 2.文字表述明确、清晰。	月	扣分项：每出现1次重大差错扣5分。	2	10%	典型事件记录	
	2	招标手续办理	考核招标手续（如监理、桩基、土建手续）完成的及时性和准确性。及时性以上级要求的时间作为节点，准确性指不出现差错。	月	扣分项：每延迟1个工作日扣3分，每出现1项差错扣5分以上。	2	10%	典型事件记录、上级评价	
	3	工程造价统计报表编制	考核工程造价统计报表编制完成的及时性和准确性，及时性以上级要求的时间为准，准确性是指统计数据正确无误。	月	扣分项：每延迟1个工作日扣3分，每出现1项差错扣5分以上。	2	10%	统计报表、上级评价	
	4	招标文件与合同保管	资料保管要求：完整性；保密；及时有序归档。	月	扣分项：每出现1次未按规范要求扣5分。	2	10%	检查记录、典型事件记录	
	5	上级指派任务完成情况	考核上级指派工作任务完成的及时性与质量。	月	本项得分=实际完成件数÷月总指派任务件数×100分。	1	5%	上级评价	

续 表

岗位	序号	绩效指标(KPI/CPI)	指标说明与计算公式	衡量周期	衡量标准与评分方法	级别	权重	数据来源	备注
材料采购专员	1	材料采购及时性与准确性	考核材料采购的及时性与准确性。及时性以上级要求的时间作为节点，准确性是指材料采购数量、质量、规格符合合同要求，无差错。	月	扣分项：每延迟1个工作日完成扣3分，每出现1项差错扣5分以上。	4	20%	材料验收单、采购合同	
	2	材料数据库和项目经济合同的建立与完善	1.材料数据库信息的全面性、及时性、准确性，数据库信息的更新速度；2.项目经济合同的完整性、及时性、按密级处理。	月	扣分项：每出现1次未按规范操作扣5分。	3	15%	更新记录、上级检查	
	3	材料采购操作规范性	规范工程项目有关设备采购操作流程与制度，考核对设备采购管理制度的遵守情况。	月	扣分项：每出现1次违反招投标操作规范的扣5分以上。	2	10%	典型事件记录、上级评价	二级单位表《材料设备采购管理制度》
	4	采购合同起草与评审	考核已签订后的合同规范情况，无差错。	月	扣分项：每出现1项不符合合同规范或发生差错的扣5分以上。	3	15%	采购合同、典型事记录	
	5	合同执行过程中问题处理	及时、有效地解决合同执行过程中出现的有关问题，保证工程项目进度、质量、成本。	月	扣分项：在职责力所能及的范围内未能及时或有效解决合同执行中的问题，每次扣5分以上。	2	10%	典型事件记录、上级评价	
	6	上级指派任务完成情况	考核上级指派工作任务完成的及时性与质量。	月	本项得分=实际完成件数÷月总指派任务件数×100分。	2	10%	上级评价	

续 表

岗位	序号	绩效指标(KPI/CPI)	指标说明与计算公式	衡量周期	衡量标准与评分方法	级别	权重	数据来源	备注
设备采购专员	1	设备采购及时性与准确性	考核材料采购的及时性与准确性。及时性以上级要求的时间作为节点,准确性是指材料采购数量、质量、规格符合合同要求,无差错。	月	扣分项:每延迟1个工作日完成扣3分,每出现1项差错扣5分以上。	4	20%	设备验收单、采购合同	二级单位表《材料设备采购管理制度》
	2	设备数据库和项目经济合同的建立与完善	1.材料设备数据库信息的全面性、及时性、准确性,数据库信息的更新速度; 2.项目经济合同的完整性、及时性、按密级处理。	月	扣分项:每出现1次未按规范操作扣5分。	3	15%	更新记录、上级检查	
	3	设备采购操作规范性	规范工程项目有关设备采购操作流程与制度,考核对设备采购管理制度的遵守情况。	月	扣分项:每出现1次违反设备采购操作规范的扣5分以上。	2	10%	典型事件记录、上级评价	
	4	采购合同起草与评审	考核已签订后的合同规范情况,无差错。	月	扣分项:每出现1项不符合合同规范或发生差错的扣5分以上。	3	15%	采购合同、典型事记录	
	5	合同执行过程中问题处理	及时、有效地解决合同执行过程中出现的有关问题,保证工程项目进度、质量、成本。	月	扣分项:在职责力所能及的范围内未能及时或有效解决合同执行中的问题,每次扣5分以上。	2	10%	典型事件记录、上级评价	
	6	上级指派任务完成情况	考核上级指派工作任务完成的及时性与质量。	月	本项得分=实际完成件数÷月总指派任务件数×100分。	1	5%	上级评价	

销售案场KPI关键绩效指标库

岗位	序号	绩效指标(KPI/CPI)	指标说明与计算公式	衡量周期	衡量标准与评分方法	级别	权重	数据来源	备注
案场经理	1	销售金额（签约额）	1.销售金额包括主营收入及搬营费、停车费、广告费等其他业务收入；2.年度销售回款的"实现值÷目标值"的比例计算。	月、年	1.=目标值，得100分；2.比目标值每提高5%，加10分，最高120分；3.小于目标值的70%，本项不得分；4.介于100%与70%之间的，得分=实际值÷目标值×100分。	5	25%	财务部	
	2	到账回款达成率（首付款和一次性付款）	达成率=实际回款额÷目标回款额×100%，回款金额的计算以财务到账为准。	月、年	1.=目标值，得100分；2.小于目标值的70%，本项不得分；3.介于100%与70%之间的，得分=实际值÷目标值×100分。	4	20%	财务部	
	3	销售费用控制	按照财务部门与房地产公司根据2007年的历史数据测算出来后以双方认定的数值作为目标值，并剔除集团分配的特殊费用。（销售费用控制的目标值为比率，非绝对值，因销售费用随销售额的变化而相应变化）1.销售费用科目按财务统一计算口径；2.销售费用完成率=100%+节约率=100%+（目标控制率－实际控制率）÷目标控制率×100%。	月、年	年度考核：1.本项得分=完成率×100分，上不封顶；2.若完成率≤60%，本项不得分。月度考核：与月度预算比较，控制率在+5%以内为100分，超出为0分。	5	25%	财务部	
	4	销售团队建设	由上级（总经理、分管销售副总经理）按良好（100~81分）、一般（80~60分）、不合格（59~0分）三级评价要求，从销售团队的稳定性、工作协作性、团队精神等主要方面进行总体评价打分。	月、年	本项得分为上级（总经理、分管销售副总经理）的算术平均分。	2	10%	上级评价	
	5	计划培训次数	要求：拟订年度培训计划，根据培训计划组织培训工作。	月、年	1.=目标次数，得100分；2.扣分项：比目标次数每少1次扣10分；3.全年培训次数少于5次，本项得0分。	2	10%	培训记录	
	6	销售管理体系建设	协助分管销售的副总经理对与房地产销售管理体系相关的流程制度进行修订、完善。	年	扣分项：每未完成1项，扣20分（完成与否以是否正式发文为准）。	2	10%	已发文制度	

续 表

岗位	序号	绩效指标(KPI/CPI)	指标说明与计算公式	衡量周期	衡量标准与评分方法	级别	权重	数据来源	备注
案场经理	7	下属培养	本年度下属培养的岗位和人数由集团人力资源部与集团财务部共同确认。	月、年	本项得分＝胜任人数÷目标培养人数×100分。	2	10%	人力资源部胜任能力评估	
销售主管	1	销售金额（签约额）	1.销售金额包括主营收入及搬管费、停车费、广告费等其他业务收入； 2.年度销售回款的"实现值÷目标值"的比例计算。	月	1.＝目标值，得100分； 2.比目标值每提高5%，加10分，最高120分； 3.小于目标值的70%，本项不得分； 4.介于100%与70%之间的，得分＝实际值÷目标值×100分。	5	25%	财务部	
	2	到账回款达成率（首付款和一次性付款）	达成率＝实际回款额÷目标回款额×100%，回款金额的计算以财务到账为准。	月	1.＝目标值，得100分； 2.小于目标值的70%，本项不得分； 3.介于100%与70%之间的，得分＝实际值÷目标值×100分。	4	20%	财务部	
	3	销售服务支持力度	及时、有效地解决置业顾问在销售中的各项难题，提供销售服务支持。	月	扣分项：每出现1次未及时、有效地提供力所能及的销售服务支扣5分。	2	10%	同事评价、典型事件记录	
	4	工作指令督办	跟进、督办公司或上级的重要工作指令的执行情况，并反馈给上级。	月	扣分项：每出现1次未跟进，督办扣10分，未反馈上级扣5分。	2	10%	上级评价、典型事件记录	
	5	销售团队建设	由上级（总经理、分管销售副总经理）按良好（100～81分）、一般（80～60分）、不合格（59～0分）三级评价要求，从销售团队的稳定性、工作协作性、团队精神等主要方面进行总体评价打分。	月	本项得分为上级（总经理、分管销售副总经理）的算术平均分。	2	10%	上级评价	
	6	上级指派任务完成情况	考核上级指派工作任务完成的及时性与质量。	月	本项得分＝实际完成件数÷月总指派任务件数×100分。	1	5%	上级评价	

续 表

岗位	序号	绩效指标 (KPI/CPI)	指标说明与计算公式	衡量周期	衡量标准与评分方法	级别	权重	数据来源	备注
置业顾问	1	销售金额达成率（签约额）	考核公司下达的个人当月目标销售金额完成情况。达成率=实际完成签约额÷目标金额×100%。（说明：该指标在于考核销售完成情况，并不表明其薪酬与签约额直接挂钩）。	月	1.=目标值，得100分； 2.比目标值每提高5%，加10分，最高120分； 3.小于目标值的70%，本项不得分； 4.介于100%与70%之间的，得分=实际值÷目标值×100分。	5	25%	财务部	
	2	按揭资料收齐及时性	根据按揭手续办理的时间要求或上级时间要求，按时收齐按揭资料。（对置业顾问来说在销售回款工作中的主要职责是按揭资料收齐的及时性。）	月	扣分项：每未按时收齐1份扣10分。	2	10%	按揭资料记录、上级评价	
	3	业务报表编制	考核上级要求的相关业务报表编制完成的及时性和准确性。	月	扣分项：每出现1次未及时提交或出现1处数据错误扣5分。	2	10%	业务报表、上级评价	
	4	客户投诉次数	考核销售过程中客户或准客户的投诉，是经核实的有效投诉。	月	扣分项：每出现1次有效客户投诉扣10分。	2	10%	典型事件记录、上级评价	
	5	上级指派任务完成情况	考核上级指派工作任务完成的及时性与质量。	月	本项得分=实际完成件数÷月总指派任务件数×100分。	1	5%	上级评价	

续表

岗位	序号	绩效指标(KPI/CPI)	指标说明与计算公式	衡量周期	衡量标准与评分方法	级别	权重	数据来源	备注
销售内勤	1	按揭手续办理完成的及时性	在上级要求的时间内完成按揭手续的办理（与房管部门和银行对接，协助客户办理银行按揭，解决客户遇到的问题，及时督促置业顾问催缴相关资料）。	月	扣分项：未在指定的时间内完成，每延迟1天扣5分。	2	10%	按揭手续办理记录、上级评价	
	2	销售后勤事务服务	为部门各同事做好相关销售后勤保障工作（包括准确打印购房认购书、买卖合同，资料网络上传、合同鉴证等）。	月	1.扣分项：每出现1次工作失误或投诉扣5分；2.加分项：每获得1次表扬加5分，封顶120分。	2	10%	典型事件记录	
	3	文件与信息的上传下达	考核上传下达的及时性、准确性。	月	扣分项：每出现1次传达未及时或传达不准确扣5分。	2	10%	上级评价、典型事件记录	
	4	业务报表编制	考核上级要求的相关业务报表编制完成的及时性和准确性。	月	扣分项：每出现1次未及时提交或出现1处数据错误扣5分。	2	10%	业务报表、上级评价	
	5	部门例会工作指令督办	及时做好部门会议纪要（会议结束1个工作日内完成），跟进、督办会议中的重要工作指令的执行情况，并反馈给上级。	月	扣分项：每出现1次未按时完成会议纪要扣5分，未跟进、督办扣10分，未反馈上级扣5分。	2	10%	上级评价、典型事件记录	
	6	资料保管	资料保管要求：完整性；保密；及时有序归档。	月	扣分项：每出现1次未按规范要求扣5分。	2	10%	检查记录、典型事件记录	
	7	上级指派任务完成情况	考核上级指派工作任务完成的及时性与质量。	月	本项得分=实际完成件数÷月总指派任务件数×100分。	1	5%	上级评价	

项目部KPI关键绩效指标库

岗位	序号	绩效指标(KPI/CPI)	指标说明与计算公式	衡量周期	衡量标准与评分方法	级别	权重	数据来源	备注
项目部经理	1	工程建设项目监管	对工程建设项目从以下三大方面进行监管：质量；进度；成本。由上级（总经理、董事会）按良好（100~81分）、一般（80~60分）、不合格（59~0分）三级评价要求对工程建设项目监管情况进行打分。	月、年	本项得分取上级综合评价的算术平均分。	2	10%	上级评价	
	2	年开发建设面积	1. 按多项目的分标段进行考核，考核标段的完成量； 2. 需要排好年度和季度的开发项目与标段的进度表。	年	1.=目标值的90%，得100分； 2.≥目标值的95%，得110分； 3.=目标值，得120分； 4.小于目标值的70%，本项不得分。	5	25%	项目形象进度	
	3	重大安全施工方案与监理大纲审查	本指标主要考核重大安全施工方案、监理大纲的审核；及时性；正确性。	月、年	扣分项：出现1次未能及时或审查差错扣5分。	3	15%	典型事件记录（施工记录）	
	4	交房进度控制	本项指标考核住宅地产，为硬指标，未在约定的时间内交付，为0分。	年	出现未按销售合同规定的时间内交付房屋，本项得0分。	3	15%	销售合同	
	5	年竣工面积	达成率=实际竣工面积÷目标竣工面积×100%。	年	1.=目标值，得100分； 2.小于目标值的80%，本项不得分； 3.≥目标值的80%，本项评分=实际竣工面积÷目标竣工面积×100分。	5	25%	工程项目验收报告	
	6	项目工作协调	由分管项目的副总经理和下属对本岗位在项目工程中的工作协调情况进行评价，按良好（100~81分）、一般（80~60分）、不合格（59~0分）三级评价要求进行打分。（本指标反映本岗位对各项目工作支持力度）	月、年	本项得分为副总经理和下级综合评价的算术平均分。	3	15%	副总经理、下级评价	

续 表

岗位	序号	绩效指标(KPI/CPI)	指标说明与计算公式	衡量周期	衡量标准与评分方法	级别	权重	数据来源	备注
项目部经理	7	工程成本预算管理准确率	考核实际发生费用与预算的差异。	月、年	费用控制率在+5%范围以上（含）为0分。	4	20%	财务部	
	8	工程进度管理	考核每个月工作进度完成情况（不可控客观因素导致的未完成当月工程进度的视为完成）。	月	完成当月工程进度为100分，否则为0分。	4	20%	项目形象进度	
	9	工程质量管理	根据工程设计图纸标准，考核工程施工质量。	月	扣分项：每出现1项未达到质量标准扣10分以上。	4	20%	典型事件记录	
	10	重大安全事故	1.重大质量事故的认定标准以第三方的监理公司或政府监理单位出具的报告为准；2.指出现人员死亡，包括施工方人员死亡。	月、年	出现一次重大质量安全事故，本项得0分。	3	15%	监理公司、政府监理单位	
	11	工程管理流程制度执行情况	重点考核对各项工程管理流程与制度的执行情况。	年	扣分项：每出现1次违反相关规定，扣5分。	3	15%	典型事件记录	
	12	下属培养	本年度下属培养的岗位和人数由集团人力资源部共同确认。	年	本项得分＝胜任人数÷目标培养人数×100分。	2	10%	人力资源部门胜任能力评估	

续 表

岗位	序号	绩效指标(KPI/CPI)	指标说明与计算公式	衡量周期	衡量标准与评分方法	级别	权重	数据来源	备注
项目主管	1	工程项目工作指令督办	跟进、督办公司或上级的重要工作指令的执行情况，并反馈给上级。	月	扣分项：每出现1次未跟进、督办扣10分，未反馈上级扣5分。	2	10%	上级评价、典型事件记录	
	2	工程进度管理	考核每个月工作进度完成情况（不可控客观因素导致的未完成当月工程进度的视为完成）。	月	完成当月工程进度为100分，否则为0分。	4	20%	项目形象进度	
	3	工程质量管理	根据工程设计图纸标准，考核工程施工质量。	月	扣分项：每出现1项未达到质量标准扣10分以上。	2	10%	典型事件记录	
	4	工程成本预算管理准确率	考核实际发生费用与预算的差异。	月、年	费用控制率在+5%范围以上（含）为0分。	3	15%	财务部	
	5	重大安全事故	1.重大质量事故的认定标准以第三方的监理公司或政府监理单位出具的报告为准；2.指出现人员死亡，包括施工方人员死亡。	月、年	出现一次重大质量安全事故，本项得0分。	2	10%	监理公司、政府监理单位	
	6	上级指派任务完成情况	考核上级指派工作任务完成的及时性与质量。	月	本项得分=实际完成件数÷月总指派任务件数×100分。	1	5%	上级评价	

207

续 表

岗位	序号	绩效指标(KPI/CPI)	指标说明与计算公式	衡量周期	衡量标准与评分方法	级别	权重	数据来源	备注
土建工程师	1	工程现场质量、安全及进度跟踪管理	工程项目有关给排水部分的质量、安全、进度管理。	月	现场施工每出现1次质量、进度、安全方面的问题扣5分,对出现的问题解决不到位每次再扣5分。	3	10%	上级评价	
	2	工程现场工作巡查	监督、检查工程项目现场给排水相关工序的质量、进度和安全情况。考核检查次数,每个工作日巡视次数不少于1次,并做好巡视记录。	月	扣分项:每发现未进行巡视1次扣5分,记录不完整或不准确扣5分。	2	10%	巡查记录、上级评价	
	3	资金计划编制	考核资金计划编制上报的及时性和计划的准确性。及时性以上级要求时间或约定俗成的时间为准。	月	扣分项:每延迟1个工作日扣5分,资金计划数据不准确每项扣5分。	2	10%	资金计划、上级评价	
	4	现场签证	及时、准确地按照签证操作程序核定签证数量。	月	签证不及时或程序不符合要求的每份扣5分,签证数量与现场实际不符,每发现一份扣10分以上。	2	10%	现场签证、同事反馈、上级评价	
	5	部门协作	考核部门岗位间配合协作精神。	月	扣分项:因协作配合不力导致工作延误或失误每次扣5分,遭有效投诉每次扣10分。	3	15%	同事的评价或投诉、上级评价	
	6	上级指派任务完成情况	考核上级指派工作任务完成的及时性与质量。	月	本项得分=实际完成件数÷月总指派任务件数×100分。	1	5%	上级评价	

续 表

岗位	序号	绩效指标(KPI/CPI)	指标说明与计算公式	衡量周期	衡量标准与评分方法	级别	权重	数据来源	备注
暖通工程师	1	工程现场质量、安全及进度跟踪管理	工程项目有关给排水部分的质量、安全、进度管理。	月	现场施工每出现1次质量、进度、安全方面的问题扣5分,对出现的问题解决不到位每次再扣5分。	4	20%	上级评价	
	2	工程现场工作巡查	监督、检查工程项目现场给排水相关工序的质量、进度和安全情况。考核检查次数,每个工作日巡视次数不少于1次,并做好巡视记录。	月	扣分项:每发现未进行巡视1次扣5分,记录不完整或不准确扣5分。	2	10%	巡查记录、上级评价	
	3	资金计划编制	考核资金计划编制上报的及时性和计划的准确性。及时性以上级要求时间或约定俗成的时间为准。	月	扣分项:每延迟1个工作日提交扣5分,资金计划数据不准确每项扣5分。	2	10%	资金计划、上级评价	
	4	现场签证	及时、准确地按照签证操作程序核定签证数量。	月	签证不及时或程序不符合要求的每份扣5分,签证数量与现场实际不符,每发现一份扣10分以上。	2	10%	现场签证、同事反馈、上级评价	
	5	部门协作	考核部门岗位间配合协作精神。	月	扣分项:因协作配合不力导致工作延误或失误每次扣5分,遭有效投诉每次扣10分。	3	15%	同事的评价或投诉、上级评价	
	6	上级指派任务完成情况	考核上级指派工作任务完成的及时性与质量。	月	本项得分=实际完成件数÷月总指派任务件数×100分。	1	5%	上级评价	

续 表

岗位	序号	绩效指标(KPI/CPI)	指标说明与计算公式	衡量周期	衡量标准与评分方法	级别	权重	数据来源	备注
给排水工程师	1	工程现场质量、安全及进度跟踪管理	工程项目有关给排水部分的质量、安全、进度管理。	月	现场施工每出现1次质量、进度、安全方面的问题扣5分，对出现的问题解决不到位每次再扣5分。	4	20%	上级评价	
	2	工程现场工作巡查	监督、检查工程项目现场给排水相关工序的质量、进度和安全情况。考核检查次数，每个工作日巡视次数不少于1次，并做好巡视记录。	月	扣分项：每发现未进行巡视1次扣5分，记录不完整或不准确扣5分。	2	10%	巡查记录、上级评价	
	3	资金计划编制	考核资金计划编制上报的及时性和计划的准确性。及时性以上级要求时间或约定俗成的时间为准。	月	扣分项：每延迟1个工作日扣5分，资金计划数据不准确每项扣5分。	2	10%	资金计划、上级评价	
	4	现场签证	及时、准确地按照签证操作程序核定签证数量。	月	签证不及时或程序不符合要求的每份扣5分，签证数量与现场实际不符，每发现一份扣10分以上。	2	10%	现场签证、同事反馈、上级评价	
	5	部门协作	考核部门岗位间配合协作精神。	月	扣分项：因协作配合不力导致工作延误或失误每次扣5分，遭有效投诉每次扣10分。	3	15%	同事评价或投诉、上级评价	
	6	上级指派任务完成情况	考核上级指派工作任务完成的及时性与质量。	月	本项得分=实际完成件数÷月总指派任务件数×100分。	1	5%	上级评价	

续 表

岗位	序号	绩效指标（KPI/CPI）	指标说明与计算公式	衡量周期	衡量标准与评分方法	级别	权重	数据来源	备注
装饰工程师	1	工程现场质量、安全及进度跟踪管理	工程项目有关装饰工程部分的质量、安全、进度管理。	月	现场施工每出现1次质量、进度、安全方面的问题扣5分，对出现的问题解决不到位每次再扣5分。	4	20%	上级评价	
	2	工程现场工作巡查	监督、检查工程项目现场装饰工程相关工序的质量、进度和安全情况。考核检查次数，每个工作日巡视次数不少于1次，并做好巡视记录。	月	扣分项：每发现未进行巡视1次扣5分，记录不完整或不准确扣5分。	2	10%	巡查记录、上级评价	
	3	资金计划编制	考核资金计划编制上报的及时性和计划的准确性。及时性以上级要求时间或约定俗成的时间为准。	月	扣分项：每延迟1个工作日提交扣5分，资金计划数据不准确每项扣5分。	2	10%	资金计划、上级评价	
	4	现场签证	及时、准确地按照签证操作程序核定签证数量。	月	签证不及时或程序不符合要求的每份扣5分，签证数量与现场实际不符，每发现一份扣10分以上。	2	10%	现场签证、同事反馈、上级评价	
	5	部门协作	考核部门岗位间配合协作精神。	月	扣分项：因协作配合不力导致工作延误或失误每次扣5分，遭有效投诉每次扣10分。	3	15%	同事评价或投诉、上级评价	
	6	上级指派任务完成情况	考核上级指派工作任务完成的及时性与质量。	月	本项得分=实际完成件数÷月总指派任务件数×100分。	1	5%	上级评价	

续 表

岗位	序号	绩效指标(KPI/CPI)	指标说明与计算公式	衡量周期	衡量标准与评分方法	级别	权重	数据来源	备注
电气工程师	1	工程现场质量、安全及进度跟踪管理	工程项目有关强电、电视、电话与光钎等通信与智能设备的质量、安全、进度管理。	月	现场施工每出现1次质量、进度、安全方面的问题扣5分,对出现的问题解决不到位每次再扣5分。	4	20%	上级评价	
	2	工程现场工作巡查	监督、检查工程项目现场强弱电相关工序的质量、进度和安全情况。考核检查次数,每个工作日巡视次数不少于1次,并做好巡视记录。	月	扣分项:每发现未进行巡视1次扣5分,记录不完整或不准确扣5分。	2	10%	巡查记录、上级评价	
	3	资金计划编制	考核资金计划编制上报的及时性和计划的准确性。及时性以上级要求时间或约定俗成的时间为准。	月	扣分项:每延迟1个工作日提交扣5分,资金计划数据不准确每项扣5分。	2	10%	资金计划、上级评价	
	4	现场签证	及时、准确地按照签证操作程序核定签证数量。	月	签证不及时或程序不符合要求的每份扣5分,签证数量与现场实际不符,每发现一份扣10分以上。	2	10%	现场签证、同事反馈、上级评价	
	5	部门协作	考核部门岗位间配合协作精神。	月	扣分项:因协作配合不力导致工作延误或失误每次扣5分,遭有效投诉每次扣10分。	3	15%	同事的评价或投诉、上级评价	
	6	上级指派任务完成情况	考核上级指派工作任务完成的及时性与质量。	月	本项得分=实际完成件数÷月总指派任务件数×100分。	1	5%	上级评价	

续 表

岗位	序号	绩效指标(KPI/CPI)	指标说明与计算公式	衡量周期	衡量标准与评分方法	级别	权重	数据来源	备注
景观工程师	1	工程现场质量、安全及进度跟踪管理	工程项目有关园林景观的质量、安全、进度管理。	月	现场施工每出现1次质量、进度、安全方面的问题扣5分,对出现的问题解决不到位每次再扣5分。	4	20%	上级评价	
	2	工程现场工作巡查	监督、检查工程项目现场园林景观相关工序的质量、进度和安全情况。考核检查次数,每个工作日巡视次数不少于1次,并做好巡视记录。	月	扣分项:每发现未进行巡视1次扣5分,记录不完整或不准确扣5分。	2	10%	巡查记录、上级评价	
	3	资金计划编制	考核资金计划编制上报的及时性和计划的准确性。及时性以上级要求时间或约定俗成的时间为准。	月	扣分项:每延迟1个工作日扣5分,资金计划数据不准确每项扣5分。	2	10%	资金计划、上级评价	
	4	现场签证	及时、准确地按照签证操作程序核定签证数量。	月	签证不及时或程序不符合要求的每份扣5分,签证数量与现场实际不符,每发现一份扣10分以上。	2	10%	现场签证、同事反馈、上级评价	
	5	部门协作	考核部门岗位间配合协作精神。	月	扣分项:因协作配合不力导致工作延误或失误每次扣5分,遭有效投诉每次扣10分。	3	15%	同事评价或投诉、上级评价	
	6	上级指派任务完成情况	考核上级指派工作任务完成的及时性与质量。	月	本项得分=实际完成件数÷月总指派任务件数×100分。	1	5%	上级评价	

续 表

岗位	序号	绩效指标(KPI/CPI)	指标说明与计算公式	衡量周期	衡量标准与评分方法	级别	权重	数据来源	备注
市政工程师	1	工程现场质量、安全及进度跟踪管理	工程项目有关市政设施部分的质量、安全、进度管理。	月	现场施工每出现1次质量、进度、安全方面的问题扣5分，对出现的问题解决不到位每次再扣5分。	4	20%	上级评价	
	2	工程现场工作巡查	监督、检查工程项目现场市政设施相关工序的质量、进度和安全情况。考核检查次数，每个工作日巡视次数不少于1次，并做好巡视记录。	月	扣分项：每发现未进行巡视1次扣5分，记录不完整或不准确扣5分。	2	10%	巡查记录、上级评价	
	3	资金计划编制	考核资金计划编制上报的及时性和计划的准确性。及时性以上级要求时间或约定俗成的时间为准。	月	扣分项：每延迟1个工作日提交扣5分，资金计划数据不准确每项扣5分。	2	10%	资金计划、上级评价	
	4	现场签证	及时、准确地按照签证操作程序核定签证数量。	月	签证不及时或程序不符合要求的每份扣5分，签证数量与现场实际不符，每发现一份扣10分以上。	2	10%	现场签证、同事反馈、上级评价	
	5	部门协作	考核部门岗位间配合协作精神。	月	扣分项：因协作配合不力导致工作延误或失误每次扣5分，遭有效投诉每次扣10分。	3	15%	同事评价或投诉、上级评价	
	6	上级指派任务完成情况	考核上级指派工作任务完成的及时性与质量。	月	本项得分=实际完成件数÷月总指派任务件数×100分。	1	5%	上级评价	

续 表

岗位	序号	绩效指标(KPI/CPI)	指标说明与计算公式	衡量周期	衡量标准与评分方法	级别	权重	数据来源	备注
技术文员	1	工程文件流转管理	做好文件流转记录，记录及时、准确、完整。	月	扣分项：每出现1次记录不及时或记录不准确或记录不完整扣5分，出现1次工程文件丢失本项为0分。	2	10%	检查记录、典型事件记录	
	2	工程图纸资料收发及时性	考核收发及时性，不延误。	月	要求：收发资料当天处理完毕。扣分项：每延迟1个工作日扣5分。	2	10%	典型事件记录、同事反馈	
	3	行政后勤事务服务	为本部门各同事做好相关行政后勤保障工作，包括所需报表的统计归档、办公用品采购等工作。	月	1.扣分项：每出现1次工作失误或投诉扣10分；2.加分项：每获得1次表扬加5分，封顶150分。	2	10%	典型事件记录	
	4	信息的上传下达	考核上传下达的及时性、准确性。	月	扣分项：每出现1次传达未及时或传达不准确扣5分。	2	10%	典型事件记录	
	5	工程资料保管	工程合同资料保管要求：完整性；保密；及时有序归档。	月	扣分项：每出现1次未按规范要求扣5分。	2	10%	检查记录、典型事件记录	
	6	部门会议纪要	及时做好部门会议纪要（会议结束1个工作日内完成）。	月	扣分项：会议纪要每延迟1个工作日完成扣5分。	2	10%	会议纪要	
	7	上级指派任务完成情况	考核上级指派工作任务完成的及时性与质量。	月	本项得分=实际完成件数÷月总指派任务件数×100分。	1	5%	上级评价	

续 表

岗位	序号	绩效指标(KPI/CPI)	指标说明与计算公式	衡量周期	衡量标准与评分方法	级别	权重	数据来源	备注
保安	1	施工现场安全防范	做好工程施工现场安全防范工作：防火、防盗、防爆、防破坏。	月	值班期间发生偷盗、破坏事件每次扣20分，出现火灾、爆炸事件此项得0分。	2	10%	典型事件记录	
	2	施工现场秩序管理	组织做好车场巡查、24小时闭路监控工作，考核交通管理的有序性。	月	每发现1次由于安保检查监督不到位，影响现场施工秩序的每发现一次扣10分。	2	10%	上级评价、典型事件记录	
	3	场内巡查	值班期间按规定频率巡查，并做好巡查记录，及时发现问题。	月	责任区域内未按规定巡查一次扣5分，未按规定做记录一次扣5分，因疏忽导致严重后果此项得0分。	2	10%	巡查记录	
	4	突发情况处理	遇到突发情况及时处理，并采取适当的方式，职权范围之外的及时上报，减少影响。	月	遇事不管不问得0分，未按规定处理、处理方式方法不妥当并未及时上报和制止一次扣5分，造成不良影响的按《集团员工奖惩制度》处置。	3	15%	上级评价、典型事件记录	
	5	内保事故	在当班中，确保无任何内保事故，如偷盗、火灾、斗殴等造成的损失或不良影响。	月	无内保责任事故，出现1次，本项为0分。	2	10%	典型事件记录	
	6	上级指派任务完成情况	考核上级指派工作任务完成的及时性与质量。	月	本项得分=实际完成件数÷月总指派任务件数×100分。	1	5%	上级评价	

续 表

岗位	序号	绩效指标(KPI/CPI)	指标说明与计算公式	衡量周期	衡量标准与评分方法	级别	权重	数据来源	备注
水电工	1	水电设备故障排除及时性	及时对机械设备出现的有关电力故障进行维修和维护，保障公司与电力有关的各项系统的正常运转。及时性衡量标准以上级要求为准。	月	扣分项：每出现1次未及时进行维修、维护扣10分。	2	10%	维修记录、上级评价	
	2	水电安全管理	定期检查电力设备设施，采取措施预防用电安全事故发生。	月	扣分项：每出现1次用电安全事件扣20分以上。	2	10%	典型事件记录	
	3	水电设备检查保养	每周检查1次以上，即每月不少于4次，并及时做好检查保养记录。	月	扣分项：每发现未巡视检查并做记录的扣10分。	4	30%	设备检查保养记录	
	4	水电表抄送	每月在规定的时间内完成各电表数据抄写并提交财务部，考核及时性与差错率。	月	扣分项：每延迟1个工作日完成扣5分，抄表错误1处扣5分。	2	10%	电表统计	
	5	配电房规范管理	考核配电房作业规范要求遵守情况。	月	扣分项：每发现1次不符合配电房作业规范要求扣5分。	2	10%	配电房管理规范要求、检查记录	
	6	材料用量控制	对各项设施的维修与维护过程中，合理控制材料的用量，杜绝浪费。	月	用量明显超标每次扣5分，因自身原因造成材料浪费每次扣10分。	4	20%	材料耗用记录、上级评价	
	7	上级指派任务完成情况	考核上级指派工作任务完成的及时性与质量。	月	本项得分=实际完成件数÷月总指派任务件数×100分。	1	5%	上级评价	

某品牌连锁企业关键绩效指标库

公司级各部门KPI关键绩效指标库

部门	序号	绩效指标(KPI/CPI)	年度目标值	权重	衡量标准与评分方法	数据来源
销售部	1	回款目标达成率	19.5亿元	25%	1.本项得分=回款目标达成率×权重分； 2.回款目标达成率低于80%，此项分全扣，高于100%加分不封顶。	财务中心
销售部	2	新产品产销比	65%	20%	1.实际值在目标值之上每超出1%加权重分的5%，最高可加分100%； 2.实际值在目标值之下每低出1%扣分5%，若低于目标值15%，此项分全扣。	物流信息部
销售部	3	全年平均折扣率	68%	25%	1.实际值每低于目标值1%扣权重分5%，实际值低于目标值超过10%，此项分全扣； 2.实际值每高于目标值1%加权重分5%，加分不封顶。	物流信息部
销售部	4	销售费用占比控制率	3.55%	20%	1.本项得分=（2-实际占比÷目标占比）×权重分； 2.实际占比高出目标占比超过25%，此项分全扣； 3.加分最高不超过权重分的50%。	财务部
销售部	5	新增VIP客户数	4000人	20%	1.本项得分=实际值÷目标值×权重分； 2.实际值低于目标值50%，此项分全扣；实际值高于目标值，得分最高不超过150分。	物流信息部
销售部	6	订货完成比率	65%～75%	10%	实际值在75%以上，每超1%加权重分5%；实际值在65%以下，每少1%扣分5%；实际值低于50%此项分全扣。	物流信息部
销售部	7	上一年产品正价销售率	35%	10%	1.实际完成情况比目标值每高1%，加权重分的10%，加分不超过200%； 2.实际完成情况比目标值每低1%，扣权重分的10%，扣完为止。	物流信息部
销售部	8	计划有效控制率	100%	10%	1.所有计划工作项目中有未及时完成的工作项目每项扣权重分的10%，超出5项此项分全扣； 2.因工作项目未及时完成影响下一环节工作进度每次扣分30%。	管易达软件
市场拓展部	1	回款目标达成率	18亿元	25%	1.本项得分=回款目标达成率×权重分； 2.回款目标达成率低于80%，此项分全扣，高于100%加分不封顶。	财务部
市场拓展部	2	新增销售终端目标达成率	30家	25%	1.本项得分=新增终端目标达成率×权重分； 2.目标达成率低于80%，此项分全扣，高于100%加分不封顶。	销售部
市场拓展部	3	开店保有率（2009年7月至2010年6月）	93%	20%	开店保有率低于95%扣权重分20%，低于90%扣分40%，低于85%扣分60%，低于80%此项分全扣。	销售部
市场拓展部	4	市场拓展费用占比控制率	1.07%	20%	1.本项得分=（2-实际占比÷目标占比）×权重分； 2.实际占比高出目标占比超过25%，此项分全扣； 3.加分最高不超过权重分的50%。	财务部

续 表

部门	序号	绩效指标 (KPI/CPI)	年度目标值	权重	衡量标准与评分方法	数据来源
市场拓展部	5	老店提升目标达成率	100%	20%	老店提升达标率=完成提升改造的老店数÷计划提升的老店总数×100%，老店提升率在100%以下，每低5%扣权重分10%，低于70%此项分全扣。	销售部
市场拓展部	6	装修及时性与合格率	100%	20%	1.出现一次未按计划完成装修任务的每次扣权重分的20%； 2.装修交接时不符合验收标准的每家扣权重分的20%。	销售部
市场拓展部	7	计划有效控制率	100%	10%	1.所有计划工作项目中有未及时完成的工作项目每项扣权重分的10%，超出5项此项分全扣； 2.因工作项目未及时完成影响下一环节工作进度每次扣分30%。	管易达软件
市场拓展部	8	制度流程的建立完成率	100%	15%	1.本项得分=已书面化并经审核实施的制度流程数量÷需要书面化的制度和流程数量×100%×权重分； 2.实际值低于70%此项分全扣。	人事行政部
企划部	1	回款目标达成率	18亿元	25%	1.本项得分=回款目标达成率×权重分； 2.回款目标达成率低于80%，此项分全扣，高于100%加分不封顶。	财务部
企划部	2	新产品产销比	65%	15%	1.实际值在目标值之上每超出1%加权重分的5%，最高可加分100%； 2.实际值在目标值之下每低出1%扣分5%，若低于目标值15%，此项分全扣。	物流信息部
企划部	3	计划有效控制率	100%	10%	1.所有计划工作项目中有未及时完成的工作项目每项扣权重分的10%，超出5项此项分全扣； 2.因工作项目未及时完成影响下一环节工作进度每次扣分30%。	管易达软件
企划部	4	宣传推广费用占比控制率	1%	10%	1.本项得分=（2-实际占比÷目标占比）×权重分； 2.实际占比高出目标占比超过25%，此项分全扣； 3.加分最高不超过权重分的50%。	财务部
企划部	5	品牌宣传效果评估	85分以上	5%	评估结果在95分以上加权重分的20%，在95~90分之间加10%，在90分~85分之间得标准权重分，在85分以下每低2分多扣分5%，评估结果低于70分的此项分全扣。	市场拓展部、销售部
企划部	6	市场活动效果评估	85分以上	5%	评估结果在95分以上加权重分的20%，在95~90分之间加10%，在90分~85分之间得标准权重分，在85分以下每低2分多扣分5%，评估结果低于70分的此项分全扣。	销售部
企划部	7	陈列培训学员平均通过率	95%	10%	实际通过率在95%以上每超出1%加权重分的10%，每低于1%扣权重分的10%，通过率低于90%此项分全扣。	培训考核记录表
企划部	8	制度流程的建立完成率	100%	15%	1.本项得分=已书面化并经审核实施的制度流程数量÷需要书面化的制度和流程数量×100%×权重分； 2.实际值低于70%此项分全扣。	人事行政部

续 表

部门	序号	绩效指标 (KPI/CPI)	年度目标值	权重	衡量标准与评分方法	数据来源
研发部	1	回款目标达成率	18亿元	25%	1.本项得分=回款目标达成率×权重分； 2.回款目标达成率低于80%，此项分全扣，高于100%加分不封顶。	财务部
	2	设计成果采用率	60%	20%	1.实际值在目标值之上每超出5%加权重分的10%； 2.实际值在目标值之下每低于5%扣分10%，若低于目标值30%，此项分全扣。	生产技术部
	3	新产品产销比	65%	15%	1.实际值在目标值之上每超出1%加权重分的5%，最高可加分100%； 2.实际值在目标值之下每低于1%扣分5%，若低于目标值15%，此项分全扣。	物流信息部
	4	研发费用占比控制率	0.65%	20%	1.本项得分=（2-实际占比÷目标占比）×权重分； 2.实际占比高出目标占比超过25%，此项分全扣； 3.加分最高不超过权重分的50%。	财务部
	5	新品上市开发的款数	500款	20%	全年累计实际完成的款数比计划完成量每少一款扣5%，超过10款此项分全扣。	生产技术部
	6	商品企划案的满意度	100%	10%	满意度低于目标值1%扣权重分的5%，满意度低于85%此项分全扣。	总经理
	7	计划有效控制率	100%	10%	1.所有计划工作项目中有未及时完成的工作项目每项扣权重分的10%，超出5项此项分全扣； 2.因工作项目未及时完成影响下一环节工作进度每次扣分30%。	管易达软件
	8	制度流程的建立完成率	100%	15%	1.本项得分=已书面化并经审核实施的制度流程数量÷需要书面化的制度和流程数量×100%×权重分； 2.实际值低于70%此项分全扣。	人事行政部
采购部	1	回款目标达成率	18亿元	25%	1.本项得分=回款目标达成率×权重分； 2.回款目标达成率低于80%，此项分全扣，高于100%加分不封顶。	财务部
	2	采购及时性	100%	20%	实际入库时间比计划入库时间每延迟一天扣权重分的5%；如果因入库时间的延迟造成生产交期推迟或上市时间推迟，出现一次此项分全扣。	物流信息部
	3	采购合格率	100%	20%	合格率每低于目标值0.5%，扣权重分的10%，合格率低于95%此项分全扣。	物流信息部
	4	采购费用占比控制率	0.33%	25%	1.本项得分=（2-实际占比÷目标占比）×权重分； 2.实际占比高出目标占比超过25%，此项分全扣； 3.加分最高不超过权重分的50%。	财务部

续 表

部门	序号	绩效指标(KPI/CPI)	年度目标值	权重	衡量标准与评分方法	数据来源
采购部	5	面料、成衣采购价格计划控制率	100%	10%	实际采购价格不超出企划分类价格预算，每一种面料（或每一款成衣）超出预算价格，扣权重分5%，扣完为止。	企划部、财务部
	6	供应商合格率	100%	10%	通过第三方对供应商进行考核评估，不符合合格供应商标准每家扣权重分的10%。超过5家此项分全扣。	研发部、财务部、行政部等
	7	计划有效控制率	100%	10%	1.所有计划工作项目中有未及时完成的工作项目每项扣权重分的10%，超出5项此项分全扣； 2.因工作项目未及时完成影响下一环节工作进度每次扣分30%。	管易达软件
	8	制度流程的建立完成率	100%	15%	1.本项得分=已书面化并经审核实施的制度流程数量÷需要书面化的制度和流程数量×100%×权重分； 2.实际值低于70%此项分全扣。	人事行政部
生产技术部	1	回款目标达成率	18亿元	25%	1.本项得分=回款目标达成率×权重分； 2.回款目标达成率低于80%，此项分全扣，高于100%加分不封顶。	财务部
	2	生产交期的准时性	100%	15%	实际入库时间比计划入库时间每延迟一天扣权重分的5%，如果因入库时间的延迟造成上市时间的推迟，出现一次此项分全扣。	物流信息部
	3	产品质量合格率	100%	10%	合格率每低于目标0.5%，扣权重分的10%，合格率低于95%此项分全扣。	物流信息部
	4	工价成本占比控制率	3.98%	20%	1.本项得分=（2-实际占比÷目标占比）×权重分； 2.实际占比高出目标占比超过25%，此项分全扣； 3.加分最高不超过权重分的50%。	财务部
	5	技术支持及时性	100%	10%	1.样布检测24小时内完成，每延期1次扣权重分10%； 2.每周五下午五点前交接本周需要完成的基础版及样衣，如有延期每款扣分5%； 3.每周三上午提交设计版及白坯，按计划完成量如有延期每款扣分5%。	研发部
	6	技术支持准确性	100%	10%	技术资料（包括样衣、版等）出现的差错次数，每出现一次扣权重分的10%，此项分扣完为止。	研发部
	7	计划有效控制率	100%	10%	1.所有计划工作项目中有未及时完成的工作项目每项扣权重分的10%，超出5项此项分全扣； 2.因工作项目未及时完成影响下一环节工作进度每次扣分30%。	管易达软件
	8	制度流程的建立完成率	100%	15%	1.本项得分=已书面化并经审核实施的制度流程数量÷需要书面化的制度和流程数量×100%×权重分； 2.实际值低于70%此项分全扣。	人事行政部

续 表

部门	序号	绩效指标 (KPI/CPI)	年度目标值	权重	衡量标准与评分方法	数据来源
物流信息部	1	回款目标达成率	18亿元	25%	1.本项得分=回款目标达成率×权重分； 2.回款目标达成率低于80%，此项分全扣，高于100%加分不封顶。	财务部
	2	上一年产品正价销售率	35%	20%	1.实际完成情况比目标值每高1%，加权重分的10%，加分不超过200%； 2.实际完成情况比目标值每低1%，扣权重分的10%，扣完为止。	物流信息部
	3	货品配送及时性与准确性	100%	20%	由于货品配送不及时或出现差错造成销售部门投诉每次扣权重分的10%，此项分扣完为止。	销售部
	4	物流费用占比控制率	1%	10%	1.本项得分=（2-实际占比÷目标占比）×权重分； 2.实际占比高出目标占比超过25%，此项分全扣； 3.加分最高不超过权重分的50%。	财务部
	5	全年平均折扣率	68%	25%	1.实际值每低于目标值1%扣权重分5%，实际值低于目标值超过10%，此项分全扣； 2.实际值每高于目标值1%加权重分5%，加分不封顶。	物流信息部
	6	品控合格率	100%	10%	通过质保部检验入库的产品/原料发现出现质量问题的数量占总入库数量比率每低于目标值0.1%扣5分，低于目标值1.5%此项分全扣。	销售部
	7	计划有效控制率	100%	10%	1.所有计划工作项目中有未及时完成的工作项每项扣权重分的10%，超出5项此项分全扣； 2.因工作项目未及时完成影响下一环节工作进度每次扣分30%。	管易达软件
	8	制度流程的建立完成率	100%	15%	1.本项得分=已书面化并经审核实施的制度流程数量÷需要书面化的制度和流程数量×100%×权重分； 2.实际值低于70%此项分全扣。	人事行政部
人事行政部	1	回款目标达成率	18亿元	25%	1.本项得分=回款目标达成率×权重分； 2.回款目标达成率低于80%，此项分全扣，高于100%加分不封顶。	财务部
	2	绩效考核及时性与准确性	100%	10%	1.每月5日前完成上一月度的绩效考核结果统计表，延迟1天扣10%，延迟2天扣30%，延迟3天扣50%，延迟4天以上全扣； 2.每出现一处差错扣10%。	总经理
	3	回款关键岗位到岗率	关键岗位10人	10%	1.关键岗位到岗率×权重分； 2.到岗率低于60%，此项分全扣； 3.此项不可加分。	总经理
	4	人工成本占比控制率	18.02%	25%	1.本项得分=（2-实际占比÷目标占比）×权重分； 2.实际占比高出目标占比超过25%，此项分全扣； 3.加分最高不超过权重分的50%。	财务部

续 表

部门	序号	绩效指标 (KPI/CPI)	年度目标值	权重	衡量标准与评分方法	数据来源
人事行政部	5	档案的完整性与准确性	100%	10%	档案未按规定时间入档每次扣权重分的10%，档案出现差错每次扣分10%	其他各部门
	6	制度流程的建立完成率	100%	15%	1.本项得分=已书面化并经审核实施的制度和流程数量÷需要书面化的制度和流程数量×100%×权重分； 2.实际值低于70%此项分全扣。	总经理
	7	会议与培训管理的满意度	95%	10%	评估结果在95分以上加权重分的20%，在95～90之间加分10%，在90分～85之间得标准权重分，在85分以下每低2分多扣分5%，评估结果低于70分的此项分全扣。	总经理
	8	计划有效控制率	100%	10%	1.所有计划工作项目中有未及时完成的工作项目每项扣权重分的10%，超出5项此项分全扣； 2.因工作项目未及时完成影响下一环节工作进度每次扣分30%。	管易达软件
财务部	1	回款目标达成率	18亿元	25%	1.本项得分=回款目标达成率×权重分； 2.回款目标达成率低于80%，此项分全扣，高于100%加分不封顶。	财务部
	2	财务报表准确性与及时性	100%	10%	财务报表未在规定时间内提交每延迟一天扣5%，财务报表每出现一处差错扣10%。	总经理
	3	财务预算准确性	预算差异率控制在±5%	10%	差异率在±3%之内不扣分，在±3%～5%之间扣10%，在±5%～8%之间扣20%，在±8%～12%之间扣30%，在±12%～20%之间扣50%，超过±20%此项分全扣。	总经理
	4	财务费用占比控制率	9%	25%	1.本项得分=（2-实际占比÷目标占比）×权重分； 2.实际占比高出目标占比超过25%，此项分全扣； 3.加分最高不超过权重分的50%。	总经理
	5	费用报销及工资发放的及时性	100%	10%	未在规定的时间内完成费用的报销及工资发放的次数，每出现一次扣权重分的10%，超过5次以上此项分全扣。	各部门
	6	资金的安全性	100%	20%	1.资金与账目出现差错每次扣20%，金额超过5000元，此项分全扣； 2.如出现资金遗失则此项分全扣。	总经理
	7	计划有效控制率	100%	10%	1.所有计划工作项目中有未及时完成的工作项目每项扣权重分的10%，超出5项此项分全扣； 2.因工作项目未及时完成影响下一环节工作进度每次扣分30%。	管易达软件
	8	制度流程的建立完成率	100%	15%	1.本项得分=已书面化并经审核实施的制度流程数量÷需要书面化的制度和流程数量×100%×权重分； 2.实际值低于70%此项分全扣。	人事行政部

销售部KPI关键绩效指标库

岗位	序号	绩效指标(KPI/CPI)	年度目标值	指标说明与计算公式	衡量周期	衡量标准与评分方法	权重	数据来源	需要收集的数据
销售总监/销售副总监	1	销售额	回款总额18亿元	回款目标达成率=实际回款额÷目标回款额×100%。	年、月	1.本项得分=销售目标达成率×权重分; 2.销售目标达成率低于80%,此项分全扣,高于100%加分不封顶。	25%	物流信息部	实际销售额、目标销售额(分业务经理、销售总监、公司)
	2	全年平均折扣率	68%	折扣率=销售总额÷销售产品吊牌价总额×100%。	年、月	1.实际值每低于目标值1%扣权重分5%,实际值低于目标值超过10%,此项分全扣; 2.实际值每高于目标值1%加权重分5%,加分不封顶。	25%	物流信息部	销售额、已销售产品吊牌价总额、折扣率目标
	3	销售费用占比控制率	3.55%	销售费用占比=销售费用总额÷回款总额×100%。	年	1.本项得分=(2-实际占比÷目标占比)×权重分; 2.实际占比高出目标占比超过25%,此项分全扣; 3.加分最高不超过权重分的50%。	25%	财务部	年度销售费用总额、销售费用占比目标
	4	新增VIP客户数	4000人	新增加的VIP客户数量。	月	1.本项得分=实际值÷目标值×权重分; 2.实际值低于目标值50%,此项分全扣,实际值高于目标值,最高不超过150分。	20%	物流信息部	VIP客户档案、新增VIP客户目标数
	5	订货完成比率	70%	订货完成比率=(1-订货产品库存数量÷产品订货总数量)×100%。	年、季	订货完成比率目标值为65%~75%,实际值在75%以上每超1%加权重分5%;实际值在65%以下,每少1%扣分5%;实际值低于50%此项分全扣。	20%	物流信息部	订货清单、库存清单(分单店)
	6	上一年产品正价销售率	35%	上一年库存产品按正价销售的数量占上一年库存产品的总库存数量的比率。	年、月	1.实际完成情况比目标值每高1%,加权重分的10%,加分不超过200%; 2.实际完成情况比目标值每低1%,扣权重分的10%,扣完为止。	20%	物流信息部	统计报表
	7	计划有效控制率	100%	在所有计划工作中未及时完成的工作量。	年、季	1.所有计划工作项目中有未及时完成的工作项目每项扣权重分的10%,超出5项此项分全扣; 2.因工作项目未及时完成影响下一环节工作进度每次扣分30%。	10%	企划部、管易达软件	工作进度计划总表
	8	制度流程的建立完成率	100%	制度流程的建立完成率=已书面化并经审核实施的制度和流程数量÷需要书面化的制度和流程数量×100%。	月	1.本项得分=实际值×权重分; 2.实际值低于70%此项分全扣。	15%	总经理	制度流程发文记录、完善制度流程工作计划
	9	后备人才培养合格率	业务经理10人、优秀店长20人	后备人才培养合格率=经培养后合格人数÷计划培养人数×100%。	年	1.后备人才培养合格率×权重分; 2.合格率低于60%,此项分全扣; 3.此项不可加分。	10%	人事行政部	后备人才跟踪评估表、人才规划方案(计划培养人数)

续 表

岗位	序号	绩效指标(KPI/CPI)	年度目标值	指标说明与计算公式	衡量周期	衡量标准与评分方法	权重	数据来源	需要收集的数据
业务经理	1	公司下达销售目标达成率	100%	销售目标达成率=实际销售额÷公司下达销售目标×100%。	年、月	1.本项得分=销售目标达成率×权重分； 2.销售目标达成率低于80%，此项分全扣，高于100%加分不封顶。	25%	物流信息部	实际销售额、目标销售额（分业务经理、销售总监）
	2	回款目标达成率	回款总额18亿元	回款目标达成率=实际回款额÷目标回款额×100%。	年、月	1.本项得分=回款目标达成率×权重分； 2.回款目标达成率低于80%，此项分全扣，高于100%加分不封顶。	25%	财务部	实际回款额、目标回款额（分业务经理、销售总监、公司）
	3	新产品产销比	65%	新产品产销比=新产品销售总额÷新产品投产价值总额×100%。	年、季	1.实际值在目标值之上每超出1%加权重分的5%，最高可加分100%； 2.实际值在目标值之下每低出1%扣分5%，若低于目标值15%，此项分全扣。	20%	物流信息部	投产产品价值总额
	4	全年平均折扣率	68%	折扣率=销售总额÷销售产品吊牌价总额×100%。	年、月	1.实际值每低于目标值1%扣权重分5%，实际值低于目标值超过10%，此项分全扣； 2.实际值每高于目标值1%加权重分5%，加分不封顶。	25%	物流信息部	销售额、已销售产品吊牌价总额、折扣率目标
	5	销售费用预算控制	161.8万元	销售费用预算控制率=（实际产生费用÷预算费用−1）×100%。	月	实际产生费用比预算值每高1%，扣权重分的5%，超过目标值的15%此项分全扣，实际产生费用低于预算值不加分。	25%	财务部	年度销售费用预算表、实际销售费用明细表
	6	新增VIP客户数	4000人	新增的VIP客户数量。	月	1.本项得分=实际值÷目标值×权重分； 2.实际值低于目标值50%，此项分全扣，实际值高于目标值，得分最高不超过150分。	20%	物流信息部	VIP客户档案、新增VIP客户目标数
	7	订货完成比率	65%	订货完成比率=（1−订货产品库存数量÷产品订货总数量）×100%。	年、季	订货完成比率目标值为65%~75%，实际值在75%以上每超1%加权重分5%；实际值在65%以下，每少1%扣分5%；实际值低于50%此项分全扣。	20%	物流信息部	订货清单、库存清单
	8	上一年产品正价销售率	35%	上一年库存产品按正价销售的数量占上一年库存产品的总库存数量的比率。	年、月	1.实际完成情况比目标值每高1%，加权重分的10%，加分不超过200%； 2.实际完成情况比目标值每低1%，扣权重分的10%，扣完为止。	25%	财物流信息	统计报表
	9	计划有效控制率	100%	在所有计划工作中未及时完成的工作量。	年、季	1.所有计划工作项目中有未及时完成的工作项目每项权重分的10%，超出5项此项分全扣； 2.因工作项目未及时完成影响下一环节工作进度每次扣分30%。	10%	企划部、管易达软件	工作进度计划总表

续 表

岗位	序号	绩效指标(KPI/CPI)	年度目标值	指标说明与计算公式	衡量周期	衡量标准与评分方法	权重	数据来源	需要收集的数据
训练督导部经理	1	回款目标达成率	回款总额18亿元	回款目标达成率=实际回款额÷目标回款额×100%。	年、月	1.本项得分=回款目标达成率×权重分; 2.回款目标达成率低于80%,此项分全扣,高于100%加分不封顶。	25%	财务部	实际回款额、目标回款额（分业务经理、销售总监、公司）
	2	后备人才培养合格率	业务经理10人、优秀店长20人	后备人才培养合格率=经培养后合格人数÷计划培养人数×100%。	年	1.后备人才培养合格率×权重分; 2.合格率低于60%,此项分全扣; 3.此项不可加分。	10%	训练督导部	后备人才跟踪评估表、人才规划方案（计划培养人数）
	3	学员满意度	85%	学员满意度调查评估结果。	月	满意度在95分以上加权重分的20%,在95~90分之间加分10%,在90分~85分之间得标准权重分,在85分以下每低2分多扣分5%,满意度低于70分的此项分全扣。	10%	训练督导部	学员满意度调查问卷
	4	学员训后评估达标率	85%	培训达标率=评估通过人数÷参加评估人数×100%。	季、年	1.实际完成情况比目标值每高1%,加权重分的10%,加分不封顶; 2.实际完成情况比目标值每低1%,扣权重分的10%,低于80%此项分全扣。	10%	训练督导部	训后学员跟踪评估表
	5	培训费用预算控制	100%	培训费用预算控制率=（实际产生费用÷预算费用－1）×100%。	年、月	实际产生费用比预算值每高1%,扣权重分的5%,超过目标值的15%此项分全扣,实际产生费用低于预算值不加分。	25%	财务部	培训费用预算表、实际产生费用表
	6	培训覆盖率	100%	培训覆盖率=实际参加培训人员÷总人数×100%。	年、季	1.本项得分=培训覆盖率×权重分; 2.培训覆盖率低于70%,此项分全扣。	10%	训练督导部	导购花名册、参加培训人员名单
	7	计划有效控制率	100%	在所有计划工作中未及时完成的工作量。	年、季	1.所有计划工作项目中有未及时完成的工作项目每项扣权重分的10%,超出5项此项分全扣; 2.因工作项目未及时完成影响下一环节工作进度每次扣分30%。	10%	企划部、管易达软件	工作进度计划总表
	8	制度流程的建立完成率	100%	制度流程的建立完成率=已书面化并经审核实施的制度和流程数量÷需要书面化的制度和流程数量×100%。	月	1.本项得分=实际值×权重分; 2.实际值低于70%此项分全扣。	15%	总经理	制度流程发文记录、完善制度流程工作计划

续 表

岗位	序号	绩效指标(KPI/CPI)	年度目标值	指标说明与计算公式	衡量周期	衡量标准与评分方法	权重	数据来源	需要收集的数据
训导专员	1	学员满意度	85%	学员满意度调查评估结果。	月	满意度在95分以上加权重分的20%，在95~90分之间加分10%，在90分~85分之间得标准权重分，在85分以下每低2分多扣分5%，满意度低于70分的此项分全扣。	10%	训练督导部	学员满意度调查问卷
	2	培训费用预算控制	100%	培训费用预算控制率=（实际产生费用÷预算费用-1）×100%。	年、月	实际产生费用比预算值每高1%，扣权重分的5%，超过目标值的15%此项分全扣，实际产生费用低于预算值不加分。	25%	财务部	培训费用预算表、实际产生费用表
	3	训后跟踪达成率	80%	训后跟踪达成率=训后跟踪人数÷参加培训总人数×100%。	年、月	1.实际完成情况比目标值每高1%，加权重分的10%，加分不封顶；2.实际完成情况比目标值每低1%，扣权重分的10%，低于80%此项分全扣。	10%	训练督导部	训后跟踪记录表
	4	培训档案准确率与完整性	100%	各项档案未按时入档的次数及出现差错的次数。	月	档案未按规定时间入档每次扣权重分的10%，档案出现差错每次扣分10%。	10%	训练督导部	培训档案抽查记录表
	5	计划有效控制率	100%	在所有计划工作中未及时完成的工作量。	年、季	1.所有计划工作项目中有未及时完成的工作项目每项扣权重分的10%，超出5项此项分全扣；2.因工作项目未及时完成影响下一环节工作进度每次扣分30%。	10%	企划部、管易达软件	工作进度计划总表

续 表

岗位	序号	绩效指标 （KPI/CPI）	年度目标值	指标说明与计算公式	衡量周期	衡量标准与评分方法	权重	数据来源	需要收集的数据
客户服务部经理	1	客户信息录入准确率与完整性	100%	各项客户信息未按时录入的次数及出现差错的次数。	月	客户信息未按规定时间录入每次扣权重分的10%，出现差错每次扣分10%。	10%	客服部	客服工作记录表
	2	客户服务费用占比控制率	100%	客户服务表与销售收入占比符合预算。	月	本项得分=完成值÷目标值×100%。	25%	财务部	部门预算表
	3	客户意见反馈及时率	100%	客户意见反馈及时率=在标准时间内反馈客户意见的次数÷总共需要反馈的次数×100%。	月	抽查发现每一例未及时回复倒扣10%权重分。	10%	客服部	客服工作记录表
	4	客户服务信息传递及时率	100%	客户服务信息传递及时率=标准时间内传递信息次数÷需要向相关部门传递信息总次数×100%。	月	抽查发现每一例未及时回复倒扣10%权重分。	10%	客服部	客服工作记录表
	5	客户回访率	100%	客户回访率=实际回访客户数÷计划回访客户数×100%。	月	抽查发现每一例未及时回复倒扣10%权重分。	10%	客服部	客服工作记录表
客户服务专员	1	客户信息录入准确率与完整性	100%	各项客户信息未按时录入的次数及出现差错的次数。	月	客户信息未按规定时间录入每次扣权重分的10%，出现差错每次扣分10%。	10%	客服部	客服工作记录表
	2	客户服务费用占比控制率	100%	客户服务类与销售收入占比符合预算。	月	本项得分=完成值÷目标值×100%。	25%	客服部	客服工作记录表
	3	领导交办任务达成率	100%	领导交办任务完成状况。	月	本项得分=完成值÷目标值×100%。	5%	工作计划	领导交办任务记录表

续 表

岗位	序号	绩效指标(KPI/CPI)	年度目标值	指标说明与计算公式	衡量周期	衡量标准与评分方法	权重	数据来源	需要收集的数据
内勤专员	1	销售信息统计及时性	100%	各项销售信息未按时录入的次数。	月	销售信息未按规定时间录入每次扣权重分的10%。	10%	财务软件	工作记录表
	2	销售信息统计准确性	100%	各项销售信息出现差错的次数。	月	销售信息出现差错每次扣分10%。	10%	财务软件	工作记录表
	3	小喇叭及时性与准确性	100%	各种小喇叭未按时发送的次数及出现差错的次数。	月	小喇叭未按规定时间发送每次扣权重分的10%，出现差错每次扣分10%。	10%	销售部	工作记录表
	4	终端支持及时性与准确性	100%	终端请求未及时回应的次数及出现差错的次数。	月	终端请求未及时回应每次扣权重分的10%，出现差错每次扣分10%。	10%	销售部	工作记录表
	5	店铺档案准确率与完整性	100%	各项档案未按时入档的次数及出现差错的次数。	月	档案未按规定时间入档每次扣权重分的10%，档案出现差错每次扣分10%。	10%	市场部	店铺管理手册
店长	1	公司下达销售目标达成率	100%	销售目标达成率=实际销售额÷公司下达销售目标×100%。	年、月	1.本项得分=销售目标达成率×权重分；2.销售目标达成率低于80%，此项分全扣，高于100%加分不封顶。	25%	物流信息部	实际销售额、目标销售额（分业务经理、销售总监）
	2	平均折扣率	68%	折扣率=销售总额÷销售产品吊牌价总额×100%。	年、月	1.实际值每低于目标值1%扣权重分5%，实际值低于目标值超过10%，此项分全扣；2.实际值每高于目标值1%加权重分5%，加分不封顶。	25%	物流信息部	销售额、已销售产品吊牌价总额、折扣率目标
	3	新增VIP客户数	4000户	新增加的VIP客户数量。	月	1.本项得分=实际值÷目标值×权重分；2.实际值低于目标值50%，此项分全扣，实际值高于目标值，最高不超过150分。	20%	物流信息部	统计报表
	4	订货完成比率	65%	订货完成比率=（1－订货产品库存数量÷产品订货总数量）×100%。	年、季	订货完成比率目标值为65%~75%，实际值在75%以上每超1%加权重分5%；实际值在65%以下，每少1%扣分5%；实际值低于50%此项分全扣。	20%	物流信息部	订货清单、库存清单
	5	销售费用预算控制	161.8万元	销售费用预算控制率=（实际产生费用÷预算费用－1）×100%。	月	实际产生费用比预算值每高1%，扣权重分的5%，超过目标值的15%此项分全扣，实际产生费用低于预算值不加分。	25%	财务部	年度销售费用预算表、实际销售费用明细表
	6	退货率	10%	退货率=当月退货件数÷当月实际销售件数×100%。	月、年	实际值每高于目标值1%扣权重分5%，实际值高于目标值超过3%，此项分全扣。	25%	物流信息部	统计报表

市场拓展部KPI关键绩效指标库

岗位	序号	绩效指标（KPI/CPI）	年度目标值	指标说明与计算公式	衡量周期	衡量标准与评分方法	权重	数据来源	需要收集的数据
市场拓展总监	1	回款目标达成率、销售额	18亿元	回款目标达成率=实际回款额÷目标回款额×100%。	年、月	1.本项得分=回款目标达成率×权重分；2.回款目标达成率低于80%，此项分全扣，高于100%加分不封顶。	25%	财务部	实际回款额、目标回款额（分业务经理、销售总监、公司）
	2	新增销售终端目标达成率	30家	新增销售终端目标达成率=实际新增店面数÷目标新增店面数×100%。	年、月	1.本项得分=新增终端目标达成率×权重分；2.目标达成率低于80%，此项分全扣，高于100%加分不封顶。	25%	销售部	实际新增店面数、目标新增店面目标数
	3	开店保有率（2009年7月至2010年6月）	93%	开店保有率=符合要求的新店数÷当年新开店总数×100%。	年	开店保有率低于95%扣权重分20%，低于90%扣分40%，低于85%扣分60%，低于80%此项分全扣。	25%	销售部	新店评估表
	4	市场拓展费用占比控制率	1.07%	市场拓展费用占比=市场拓展费用总额÷回款总额×100%。	年	1.本项得分=（2-实际占比÷目标占比）×权重分；2.实际占比高出目标占比超过25%，此项分全扣；3.加分最高不超过权重分的50%。	25%	财务部	年度市场拓展费用总额、市场拓展费用占比目标
	5	老店面积提升目标达成率	100%	老店提升达标率=完成提升改造的老店数÷计划提升的老店总数×100%。	年、月	老店提升率在100%以下，每低5%扣权重分10%，低于70%此项分全扣。	20%	销售部	实际提升店面数、目标提升店面目标数
	6	装修及时性与合格率	100%	出现未按计划完成装修的交接次数及装修交接时出现质量问题的次数。	年、月	1.出现一次未按计划完成装修任务的每次扣权重分的20%；2.装修交接时每出现质量问题一处扣权重分的10%。	20%	销售部	店铺装修交接验收单
	7	计划有效控制率	100%	在所有计划工作中未及时完成的工作量。	年、季	1.所有计划工作项目中有未及时完成的工作项目每项扣权重分的10%，超出5项此项分全扣；2.因工作项目未及时完成影响下一环节工作进度每次扣分30%。	10%	管易达软件	工作进度计划总表
	8	制度流程的建立完成率	100%	制度流程的建立完成率=已书面化并经审核实施的制度和流程数量÷需要书面化的制度和流程数量×100%。	月	1.本项得分=实际值×权重分；2.实际值低于70%此项分全扣。	15%	总经理	制度流程发文记录、完善制度流程工作计划

续表

岗位	序号	绩效指标(KPI/CPI)	年度目标值	指标说明与计算公式	衡量周期	衡量标准与评分方法	权重	数据来源	需要收集的数据
市场拓展副总监	1	回款目标达成率、销售额	18亿元	回款目标达成率=实际回款额÷目标回款额×100%。	年、月	1.本项得分=回款目标达成率×权重分； 2.回款目标达成率低于80%，此项分全扣，高于100%加分不封顶。	25%	财务部	实际回款额、目标回款额（分业务经理、销售总监、公司）
	2	新增销售终端目标达成率	30家	新增销售终端目标达成率=实际新增店面数÷目标新增店面数×100%。	年、月	1.本项得分=新增终端目标达成率×权重分； 2.目标达成率低于80%，此项分全扣，高于100%加分不封顶。	25%	销售部	实际新增店面数、新增店面目标数
	3	新店首月销售目标达成率	100%	销售目标达成率=实际销售额÷目标销售额×100%。	月	1.本项得分=销售目标达成率×权重分； 2.销售目标达成率低于80%，此项分全扣，高于100%加分不封顶。	25%	物流信息部	新店实际销售额、新店目标销售额
	4	新店人员留职率	80%	新店人员留职率=月底人员留职数÷录用总人数×100%。	月	实际值每低于额定值5%扣权重分的10%，留职率低于50%此项分全扣。	10%	人事行政部	入职总名单、月底在职人员名单
	5	老店面积提升目标达成率	100%	老店提升达标率=完成提升改造的老店数÷计划提升的老店总数×100%。	年、月	老店提升率在100%以下，每低5%扣权重分10%，低于70%此项分全扣。	20%	销售部	实际提升店面数、提升店面目标数
	6	计划有效控制率	100%	在所有计划工作中未及时完成的工作量。	年、季	1.所有计划工作项目中有未及时完成的工作项目每项扣权重分的10%，超出5项此项分全扣； 2.因工作项目未及时完成影响下一环节工作进度每次扣分30%。	15%	管易达软件	工作进度计划总表
	7	制度流程的建立完成率	100%	制度流程的建立完成率=已书面化并经审核实施的制度和流程数量÷需要书面化的制度和流程数量×100%。	月	1.本项得分=实际值×权重分； 2.实际值低于70%此项分全扣。	15%	总经理	制度流程发文记录、完善制度流程工作计划

续 表

岗位	序号	绩效指标（KPI/CPI）	年度目标值	指标说明与计算公式	衡量周期	衡量标准与评分方法	权重	数据来源	需要收集的数据
拓展经理	1	新增销售终端目标达成率	30家	新增销售终端目标达成率=实际新增店面数÷目标新增店面数×100%。	年、月	1.本项得分=新增终端目标达成率×权重分；2.目标达成率低于80%，此项分全扣，高于100%加分不封顶。	25%	销售部	实际新增店面数、新增店面目标数
	2	开店保有率	93%	开店保有率=符合要求的新店数÷当年新开店总数×100%。	年	开店保有率低于95%扣权重分20%，低于90%扣分40%，低于85%扣分60%，低于80%此项分全扣。	20%	销售部	新店评估表
	3	战略合作伙伴数量	2家	战略合作伙伴的数量。	年	制定战略合作伙伴标准，设定合作伙伴数量目标，实际签约数量比目标每少1家扣50%。	10%	总经理	战略合作伙伴名录
	4	商场资源数量	200户	统计具有潜在合作机会的商场数量。	年、月	制定潜在合作商场要求标准，设定新增商场资源数量目标，实际新增商场资源数量比目标每少一家扣10%。	10%	销售部	商场资源评估表、潜在入驻商场信息档案
	5	新店开业的及时性	100%	新店开业时间与计划时间的差异天数。	月	实际开业时间比计划开业时间每延误一天扣10%，超过七天此项分全扣。	10%	物流信息部	新店开业计划
	6	老店面积提升目标达成率	100%	老店提升达标率=完成提升改造的老店数÷计划提升的老店总数×100%。	年、月	老店提升率在100%以下，每低5%扣权重分10%，低于70%此项分全扣。	20%	销售部	实际提升店面数、提升店面目标数
	7	计划有效控制率	100%	在所有计划工作中未及时完成的工作量。	年、季	1.所有计划工作项目中有未及时完成的工作项目每项扣权重分的10%，超出5项此项分全扣；2.因工作项目未及时完成影响下一环节工作进度每次扣分30%。	10%	管易达软件	工作进度计划总表

续 表

岗位	序号	绩效指标(KPI/CPI)	年度目标值	指标说明与计算公式	衡量周期	衡量标准与评分方法	权重	数据来源	需要收集的数据
工程部经理	1	装修及时性与合格率	100%	出现未按计划完成装修的交接次数及装修交接时出现质量问题的次数。	年、月	1.出现一次未按计划完成装修任务的每次扣权重分的20%； 2.装修交接时每出现质量问题一处扣权重分的10%。	20%	销售部	店铺装修交接验收单
	2	工程装修费用占比控制率	4.56%	工程装修费用占比=工程装修费用总额÷回款总额×100%。	年	1.本项得分=（2-实际占比÷目标占比）×权重分； 2.实际占比高出目标占比超过25%，此项分全扣； 3.加分最高不超过权重分的50%。	25%	财务部	年度工程装修费用总额、工程装修费用占比目标
	3	合格工程装修公司数量	15家	合格工程装修公司数量。	年	设定合格工程装修公司数量最低标准，实际合格工程装修公司数量比最低标准每少一家扣20%。	10%	物流信息部	工程装修公司评鉴表、合格工程装修公司档案
	4	老店面积提升目标达成率	100%	老店提升达标率=完成提升改造的老店数÷计划提升的老店总数×100%。	年、月	老店提升率在100%以下，每低5%扣权重分10%，低于70%此项分全扣。	20%	销售部	实际提升店面数、提升店面目标数
	5	新店开业的及时性	100%	新店开业时间与计划时间的差异天数。	月	实际开业时间比计划开业时间每延迟一天扣10%，超过七天此项分全扣。	20%	物流信息部	新店开业计划
	6	计划有效控制率	100%	在所有计划工作中未及时完成的工作量。	年、季	1.所有计划工作项目中有未及时完成的工作项目每项扣权重分的10%，超出5项此项分全扣； 2.因工作项目未及时完成影响下一环节工作进度每次扣分30%。	10%	管易达软件	工作进度计划总表
	7	制度流程的建立完成率	100%	制度流程的建立完成率=已书面化并经审核实施的制度和流程数量÷需要书面化的制度和流程数量×100%。	月	1.本项得分=实际值×权重分； 2.实际值低于70%此项分全扣。	15%	总经理	制度流程发文记录、完善制度流程工作计划

续 表

岗位	序号	绩效指标(KPI/CPI)	年度目标值	指标说明与计算公式	衡量周期	衡量标准与评分方法	权重	数据来源	需要收集的数据
工程监理	1	装修及时性	100%	出现未按计划完成装修的交接次数。	年、月	出现一次未按计划完成装修任务的每次扣权重分的20%。	20%	销售部	店铺装修交接验收单
工程监理	2	装修合格率	100%	装修交接时出现质量问题的次数	年、月	装修交接时每出现质量问题一处扣权重分的10%。	20%	销售部	店铺装修交接验收单
工程监理	3	计划有效控制率	100%	在所有计划工作中未及时完成的工作量。	年、季	1.所有计划工作项目中有未及时完成的工作项目每项扣权重分的10%，超出5项此项分全扣；2.因工作项目未及时完成影响下一环节工作进度每次扣分30%。	10%	管易达软件	工作进度计划总表
工程监理	4	工程装修费用占比控制率	4.56%	工程装修费用占比=工程装修费用总额÷回款总额×100%。	年	1.本项得分=（2-实际占比÷目标占比）×权重分；2.实际占比高出目标占比超过25%，此项分全扣；3.加分最高不超过权重分的50%。	25%	财务部	年度工程装修费用总额、工程装修费用占比目标
工程监理	5	施工安全控制与消防工作合格率	100%	抽检合格项/抽检项。	月	本项得分=完成值÷目标值×100%×权重分。	10%	市场部	装修工程巡检记录表
店面设计师	1	设计图稿的及时性	100%	出现未按计划完成交稿的次数。	月	出现一次未按计划完成设计图稿的每次扣权重分的20%。	10%	销售部	内部工作联系单
店面设计师	2	设计图差错次数	0次	检查设计稿在制作成品后发现差错的次数。	年、月	每出现一处差错扣权重分的10%，同一份设计稿累计出现的差错超过5处，此项分全扣。	10%	销售部	内部工作联系单
店面设计师	3	图纸变更响应率	100%	对于工程变更设计要求的回应率	月	本项得分=完成值÷目标值×100%×权重分。	10%	销售部	内部工作联系单

续表

岗位	序号	绩效指标(KPI/CPI)	年度目标值	指标说明与计算公式	衡量周期	衡量标准与评分方法	权重	数据来源	需要收集的数据
新店启动专员	1	物料准备的准确率与及时性	100%	未按要求时间内配送的次数及出现差错的次数。	月	由于物料配发不及时或出现差错造成销售部门投诉每次扣权重分的10%，此项分扣完为止。	10%	市场部	新店启动手册
	2	货品准备的准确率与及时性	100%	未按要求时间内配送的次数及出现差错的次数	月	由于货品配送不及时或出现差错造成销售部门投诉每次扣权重分的10%，此项分扣完为止。	20%	物流信息部	发货单
	3	ERP培训的合格率	100%	ERP培训的合格率=经培养后合格人数÷计划培养人数×100%。	年	1.本项得分=ERP培训的合格率×权重分； 2.合格率低于60%，此项分全扣； 3.此项不可加分。	20%	物流信息部	培训记录
	4	新店首月销售目标达成率	100%	销售目标达成率=实际销售额÷目标销售额×100%。	月	1.本项得分=销售目标达成率×权重分； 2.销售目标达成率低于80%，此项分全扣，高于100%加分不封顶。	25%	物流信息部	新店实际销售额、新店目标销售额
	5	计划有效控制率	100%	在所有计划工作中未及时完成的工作量。	年、季	1.所有计划工作项目中有未及时完成的工作项目每项扣权重分的10%，超出5项此项分全扣； 2.因工作项目未及时完成影响下一环节工作进度每次扣分30%。	10%	管易达软件	工作进度计划总表

企划部KPI关键绩效指标库

岗位	序号	绩效指标(KPI/CPI)	年度目标值	指标说明与计算公式	衡量周期	衡量标准与评分方法	权重	数据来源	需要收集的数据
企划总监	1	回款额、销售额	18亿元	回款目标达成率=实际回款额÷目标回款额×100%。	年、月	1.本项得分=回款目标达成率×权重分；2.回款目标达成率低于80%，此项分全扣，高于100%加分不封顶。	25%	财务部	实际回款额、目标回款额（分业务经理、区域经理、销售总监、公司）
	2	新产品产销比	65%	新产品产销比=新产品销售总额÷新产品投产价值总额×100%。	年、季	1.实际值在目标值之上每超出1%加权重分的5%，最高可加分100%；2.实际值在目标值之下每低出1%扣分5%，若低于目标值15%，此项分全扣。	20%	物流信息部	投产产品价值总额
	3	计划有效控制率	100%	在所有计划工作中未及时完成的工作量。	年、月	1.所有计划工作项目中有未及时完成的工作项目每项扣权重分的10%，超出5项此项分全扣；2.因工作项目未及时完成影响下一环节工作进度每次扣分30%。	10%	企划部、管易达软件	工作进度计划总表
	4	宣传推广费用占比控制率	1%	宣传推广费用占比=宣传推广费用总额÷回款总额×100%。	年、月	1.本项得分=（2-实际占比÷目标占比）×权重分；2.实际占比高出目标占比超过25%，此项分全扣；3.加分最高不超过权重分的50%。	25%	财务部	宣传推广费用总额、宣传推广费用占比目标
	5	品牌宣传效果评估	85分以上	品牌宣传效果评估表结果。	月	评估结果在95分以上加权重分的20%，在95分~90分之间加分10%，在90分~85分之间得标准权重分，85分以下每低2分多扣分5%，评估结果低于70分的此项分全扣。	10%	市场拓展部	品牌宣传效果评估表
	6	市场活动效果评估	85分以上	市场活动效果评估表结果。	月	评估结果在95分以上加权重分的20%，在95分~90分之间加分10%，在90分~85分之间得标准权重分，在85分以下每低2分多扣分5%，评估结果低于70分的此项分全扣。	10%	销售部	市场活动效果评估表
	7	陈列培训学员平均通过率	95%	陈列培训学员平均通过率=培训达标学员数÷参加培训人员总数×100%。	月	实际通过率在95以上每超出1%加权重分的10%，每低于1%扣权重分的10%，通过率低于90%此项分全扣。	10%	销售部	参训学员跟踪考核表
	8	制度流程的建立完成率	100%	制度流程的建立完成率=已书面化并经审核实施的制度和流程数量÷需要书面化的制度和流程数量×100%。	月	1.本项得分=实际值×权重分；2.实际值低于70%此项分全扣。	15%	总经理	制度流程发文记录、完善制度流程工作计划
	9	商品运营企划方案的满意度	100%	由销售部组织店长及店员填写问卷。	年、季	本项得分=满意人数÷调查人数×100%×权重分。	10%	销售部	企划方案满意度调查问卷

续 表

岗位	序号	绩效指标 (KPI/CPI)	年度目标值	指标说明与计算公式	衡量周期	衡量标准与评分方法	权重	数据来源	需要收集的数据
形象管理部经理	1	回款额	18亿元	回款目标达成率=实际回款额÷目标回款额×100%。	年、月	1.本项得分=回款目标达成率×权重分; 2.回款目标达成率低于80%,此项分全扣,高于100%加分不封顶。	25%	财务部	实际回款额、目标回款额(分业务经理、区域经理、销售总监、公司)
	2	陈列实施效果评估	85分以上	陈列实施效果评估表结果。	月	评估结果在95分以上加权重分的20%,在95～90分之间加分10%,在90分～85分之间得标准权重分,在85分以下每低2分多扣分5%,评估结果低于70分的此项分全扣。	10%	销售部	陈列实施效果评估表
	3	陈列培训学员平均通过率	95%	陈列培训学员平均通过率=培训达标学员数÷参加培训人员总数×100%。	月	实际通过率在95以上每超出1%加权重分的10%,每低于1%扣权重分的10%,通过率低于90%此项分全扣。	10%	销售部	参训学员跟踪考核表
	4	陈列指导终端满意度评估	85分以上	陈列指导终端满意度评估表结果。	月	评估结果在95分以上加权重分的20%,在95～90分之间加分10%,在90分～85分之间得标准权重分,在85分以下每低2分多扣分5%,评估结果低于70分的此项分全扣。	10%	销售部	陈列指导终端满意度评估表
	5	陈列费用预算控制率	9万元	陈列费用预算控制率=(实际产生费用÷预算费用-1)×100%。	月	实际产生费用比预算值每高1%,扣权重分的5%,超目标值的15%此项分全扣,实际产生费用低于预算值不加分。	25%	财务部	月度陈列费用预算、月度实际产生陈列费用
	6	画册宣传效果评估	85分以上	画册宣传效果评估表结果。	月	评估结果在95分以上加权重分的20%,在95～90分之间加分10%,在90分～85分之间得标准权重分,在85分以下每低2分多扣分5%,评估结果低于70分的此项分全扣。	10%	销售部	画册宣传效果评估表
	7	计划有效控制率	100%	在所有计划工作中未及时完成的工作量。	年、月	1.所有计划工作项目中有未及时完成的工作项目每项扣权重分的10%,超出5项此项分全扣; 2.因工作项目未及时完成影响下一环节工作进度每次扣分30%。	10%	企划部、管易达软件	工作进度计划总表
	8	制度流程的建立完成率	100%	制度流程的建立完成率=已书面化并经审核实施的制度和流程数量÷需要书面化的制度和流程数量×100%。	月	1.本项得分=实际值×权重分; 2.实际值低于70%此项分全扣。	15%	总经理	制度流程发文记录、完善制度流程工作计划

续 表

岗位	序号	绩效指标(KPI/CPI)	年度目标值	指标说明与计算公式	衡量周期	衡量标准与评分方法	权重	数据来源	需要收集的数据
陈列师	1	陈列实施效果评估	85分以上	陈列实施效果评估表结果。	月	评估结果在95分以上加权重分的20%，在95～90分之间加分10%，在90分~85分之间得标准权重分，在85分以下每低2分多扣分5%，评估结果低于70分的此项分全扣。	10%	销售部	陈列实施效果评估表
	2	陈列指导终端满意度评估	85分以上	陈列指导终端满意度评估表结果。	月	评估结果在95分以上加权重分的20%，在95～90分之间加分10%，在90分~85分之间得标准权重分，在85分以下每低2分多扣分5%，评估结果低于70分的此项分全扣。	10%	销售部	陈列指导终端满意度评估表
	3	陈列培训学员平均通过率	95%	陈列培训学员平均通过率＝培训达标学员数÷参加培训人员总数×100%。	月	实际通过率在95以上每超出1%加权重分的10%，每低于1%扣权重分的10%，通过率低于90%此项分全扣。	10%	销售部	参训学员跟踪考核表
	4	画册宣传效果评估	85分以上	画册宣传效果评估表结果。	月	评估结果在95分以上加权重分的20%，在95～90分之间加分10%，在90分~85分之间得标准权重分，在85分以下每低2分多扣分5%，评估结果低于70分的此项分全扣。	10%	销售部	画册宣传效果评估表
	5	工作记录档案的完整性	100%	未按公司规定做工作记录的次数。	月	未按公司规定时间做工作记录，或记录不完整，每次扣权重分的10%。	10%	销售部	陈列记录汇总
	6	陈列道具管理规范性	100%	销售部对陈列道具检查，统计分析得出对规范使用的表现。	月	本项得分=合格项÷检查项×100%×权重分。	10%	销售部	道具陈列检核表
	7	计划有效控制率	100%	在所有计划工作中未及时完成的工作量。	月	1.所有计划工作项目中有未及时完成的工作项目每项扣权重分的10%，超出5项此项分全扣；2.因工作项目未及时完成影响下一环节工作进度每次扣分30%。	10%	企划部、管易达软件	工作进度计划总表

续 表

岗位	序号	绩效指标(KPI/CPI)	年度目标值	指标说明与计算公式	衡量周期	衡量标准与评分方法	权重	数据来源	需要收集的数据
商品运营部经理	1	回款额	18亿元	回款目标达成率=实际回款额÷目标回款额×100%。	年、月	1.本项得分=回款目标达成率×权重分; 2.回款目标达成率低于80%,此项分全扣,高于100%加分不封顶。	25%	财务部	实际回款额、目标回款额(分业务经理、区域经理、销售总监、公司)
	2	新产品产销比	65%	新产品产销比=新产品销售总额÷新产品投产价值总额×100%。	年、季	1.实际值在目标值之上每超出1%加权重分的5%,最高可加分100%; 2.实际值在目标值之下每低出1%扣分5%,若低于目标值15%,此项分全扣。	20%	物流信息部	投产产品价值总额
	3	商品运营企划方案的满意度	100%	由销售部组织店长及店员填写问卷。	年、季	本项得分=满意人数÷调查人数×100%×权重分。	10%	销售部	企划方案满意度调查问卷
	4	订货计划达成率	100%	订货计划达成率=按时完成计划任务数÷订货任务计划完成总数×100%。	年、季	1.本项得分=订货计划达成率×权重分; 2.达成率低于95%扣权重分20%,低于90%扣分40%,低于85%此项分全扣。	10%	财务部	销售报表
	5	异常问题处理的及时性	100%	未在规定时间内处理的次数。	年、季	出现未在规定时间内处理的每次扣权重分的20%。	10%	总经理	工作记录表
	6	制度流程的建立完成率	100%	制度流程的建立完成率=已书面化并经审核实施的制度和流程数量÷需要书面化的制度和流程数量×100%。	月	1.本项得分=实际值×权重分; 2.实际值低于70%此项分全扣。	15%	总经理	制度流程发文记录、完善制度流程工作计划
	7	计划有效控制率	100%	在所有计划工作中未及时完成的工作量。	年、月	1.所有计划工作项目中未及时完成的工作项目每项扣权重分的10%,超出5项此项分全扣; 2.因工作项目未及时完成影响下一环节工作进度每次扣分30%。	15%	企划部、管易达软件	工作进度计划总表
	8	商品档案的完整性与准确性	100%	按商品档案信息项目检查完整性,并核对信息的准确性。	年、月	未按规定时间完成入档每次扣权重分的10%,档案出现差错或有遗漏每次扣分10%。	15%	财务部	商品档案

续表

岗位	序号	绩效指标(KPI/CPI)	年度目标值	指标说明与计算公式	衡量周期	衡量标准与评分方法	权重	数据来源	需要收集的数据
运营专员	1	订货会重要节点完成的准时性	100%	未在规定时间内完成的次数。	月	出现未在规定时间内处理的每次扣权重分的20%。	10%	企划部	订货会工作检核手册
	2	进度跟踪检查的准确性	100%	按节点执行跟踪检查出现差错的次数。	月	出现未按节点执行跟踪检查的每次扣权重分的20%。	10%	OA平台	工作进度检查记录
	3	数据统计的及时性与准确性	100%	未按规定的时间提供数据分析报表及数据出现差错的次数。	年、月	1.未在规定时间内完成数据统计分析报表，每延迟1天扣权重分的10%；2.出现差错或有遗漏每次扣权重分的10%。	10%	财务部	销售统计报表
	4	计划有效控制率	100%	在所有计划工作中未及时完成的工作量。	年、月	1.所有计划工作项目中有未及时完成的工作项目每项扣权重分的10%，超出5项此项全扣；2.因工作项目未及时完成影响下一环节工作进度每次扣分30%。	10%	企划部、管易达软件	工作进度计划总表
	5	商品档案的完整性与准确性	100%	按商品档案信息项目检查完整性，并核对信息的准确性。	年、月	出现差错或有遗漏每次扣分10%。	10%	财务部	商品档案
品牌策划部经理	1	回款额	18亿元	回款目标达成率＝实际回款额÷目标回款额×100%。	年、月	1.本项得分＝回款目标达成率×权重分；2.回款目标达成率低于80%，此项分全扣，高于100%加分不封顶。	25%	财务部	实际回款额、目标回款额（分业务经理、区域经理、销售总监、公司）
	2	新品上市一个月内折扣率	88%	新品上市一个月内折扣率＝新品上市一个月内实际平均销售单价÷新品吊牌价。	月	1.实际完成情况比目标值每高1%，加权重分的10%，加分不封顶；2.实际完成情况比目标值每低1%，扣权重分的10%，低于80%此项分全扣。	25%	财务部	销售统计报表
	3	VI体系的规范性	100%	未按VI手册规定出现差错的次数。	月	出现差错或有遗漏每次扣分10%，出现3次差错，此项分全扣。	10%	企划部	VI手册使用检查记录表
	4	宣传推广费用占比控制率	0.8%	宣传推广费用占比＝宣传推广费用总额÷回款总额×100%。	年、月	1.本项得分＝（2-实际占比÷目标占比）×权重；2.实际占比高出目标占比超过25%，此项分全扣；3.加分最高不超过权重分的50%。	25%	财务部	宣传推广费用总额、宣传推广费用占比目标

续 表

岗位	序号	绩效指标(KPI/CPI)	年度目标值	指标说明与计算公式	衡量周期	衡量标准与评分方法	权重	数据来源	需要收集的数据
品牌策划部经理	5	品牌宣传效果评估	85分以上	品牌宣传效果评估表结果。	月	评估结果在95分以上加权重分的20%，在95~90分之间加分10%，在90分~85分之间得标准权重分，在85分以下每低2分多扣分5%，评估结果低于70分的此项分全扣。	10%	市场拓展部	品牌宣传效果评估表
	6	市场活动效果评估	85分以上	市场活动效果评估表结果。	月	评估结果在95分以上加权重分的20%，在95~90分之间加分10%，在90分~85分之间得标准权重分，在85分以下每低2分多扣分5%，评估结果低于70分的此项分全扣。	10%	销售部	市场活动效果评估表
	7	制度流程的建立完成率	100%	制度流程的建立完成率=已书面化并经审核实施的制度和流程数量÷需要书面化的制度和流程数量×100%。	月	1.本项得分=实际值×权重分；2.实际值低于70%此项分全扣。	15%	总经理	制度流程发文记录、完善制度流程工作计划
	8	计划有效控制率	100%	在所有计划工作中未及时完成的工作量。	年、月	1.所有计划工作项目中有未及时完成的工作项目每项扣权重分的10%，超出5项此项分全扣；2.因工作项目未及时完成影响下一环节工作进度每次扣分30%。	10%	企划部、管易达软件	工作进度计划总表
活动专员	1	市场活动效果评估	85分以上	市场活动效果评估表结果。	月	评估结果在95分以上加权重分的20%，在95~90分之间加分10%，在90分~85分之间得标准权重分，在85分以下每低2分多扣分5%，评估结果低于70分的此项分全扣。	10%	销售部	市场活动效果评估表
	2	活动实施的失误次数	0次	活动实施过程中出现失误的次数。	年、月	每出现一处失误扣权重分的10%，同一次活动累计出现的失误超过3处，此项分全扣。	10%	销售部	市场活动记录表
	3	促销品管理的差错次数	0次	促销品管理过程中出现失误的次数。	年、月	每出现一处失误扣权重分的10%，每月累计出现的失误超过4处，此项分全扣。	10%	销售部	促销管理手册
	4	活动档案完整性与准确性	100%	按活动档案信息项目检查完整性，并核对信息的准确性。	年、月	未按规定时间完成入档每次扣权重分的10%，档案出现差错或有遗漏每次扣分10%。	10%	销售部	活动档案
	5	计划有效控制率	100%	在所有计划工作中未及时完成的工作量。	年、月	1.所有计划工作项目中有未及时完成的工作项目每项扣权重分的10%，超出5项此项分全扣；2.因工作项目未及时完成影响下一环节工作进度每次扣分30%。	10%	企划部、管易达软件	工作进度计划总表

续 表

岗位	序号	绩效指标(KPI/CPI)	年度目标值	指标说明与计算公式	衡量周期	衡量标准与评分方法	权重	数据来源	需要收集的数据
推广专员	1	品牌宣传效果评估	85分以上	品牌宣传效果评估表结果。	月	评估结果在95分以上加权重分的20%，在95~90分之间加分10%，在90分~85分之间得标准权重分，在85分以下每低2分多扣分5%，评估结果低于70分的此项分全扣。	10%	市场拓展部	品牌宣传效果评估表
	2	宣传资料的差错次数	0次	宣传资料出现差错的次数。	月	每出现一次差错此项分全扣。	10%	市场拓展部	品牌宣传效果评估表
	3	推广渠道有效利用率	100%	推广渠道有效利用率=实际利用推广渠道数量÷符合要求的推广渠道渠道资源数量	月	1.本项得分=实际值×权重分；2.实际值低于70%此项分全扣。	10%	市场拓展部	品牌宣传效果评估表
	4	宣传档案完整性与准确性	100%	按宣传档案信息项目检查完整性，并核对信息的准确性。	年、月	未按规定时间完成入档每次扣权重分的10%，档案出现差错或有遗漏每次扣分10%。	10%	销售部	活动档案
	5	计划有效控制率	100%	在所有计划工作中未及时完成的工作量。	年、月	1.所有计划工作项目中有未及时完成的工作项目每项扣权重分的10%，超出5项此项分全扣；2.因工作项目未及时完成影响下一环节工作进度每次扣分30%。	10%	企划部、管易达软件	工作进度计划总表
平面设计专员	1	VI体系的规范性	100%	未按VI手册规定出现差错的次数。	月	出现差错或有遗漏每次扣分10%，出现3次差错，此项分全扣。	10%	企划部	VI手册规范检查记录表
	2	品牌宣传效果评估	85分以上	品牌宣传效果评估表结果。	月	评估结果在95分以上加权重分的20%，在95~90分之间加分10%，在90分~85分之间得标准权重分，在85分以下每低2分多扣分5%，评估结果低于70分的此项分全扣。	10%	市场拓展部	品牌宣传效果评估表
	3	设计稿差错次数	0次	检查设计稿在制作成品后发现差错的次数。	月	每出现一处差错扣权重分的10%，同一份设计稿累计出现的差错超过5处，此项分全扣。	10%	市场拓展部	品牌宣传效果评估表
	4	计划有效控制率	100%	在所有计划工作中未及时完成的工作量。	年、月	1.所有计划工作项目中有未及时完成的工作项目每项扣权重分的10%，超出5项此项分全扣；2.因工作项目未及时完成影响下一环节工作进度每次扣分30%。	10%	企划部、管易达软件	工作进度计划总表

研发部年KPI关键绩效指标库库

岗位	序号	绩效指标(KPI/CPI)	年度目标值	指标说明与计算公式	衡量周期	衡量标准与评分方法	权重	数据来源	需要收集的数据
研发总监	1	回款额	18亿元	回款目标达成率=实际回款额÷目标回款额×100%。	15%	1.本项得分=回款目标达成率×权重分; 2.回款目标达成率低于80%,此项分全扣,高于100%加分不封顶。	25%	财务部	销售报表
	2	设计成果采用率	60%	设计成果采用率=审版通过数量(能参加订货会的款数)÷提交审版款数×100%。	年、月	1.实际值在目标值之上每超出5%加权重分的10%; 2.实际值在目标值之下每低于5%扣分10%,若低于目标值30%,此项分全扣。	20%	生产技术部	样衣登记表
	3	新产品产销比	65%	新产品产销比=新产品销售总额÷新产品投产价值总额×100%。	年、季	1.实际值在目标值之上每超出1%加权重分的5%,最高可加100%; 2.实际值在目标值之下每低于1%扣分5%,若低于目标值15%,此项分全扣。	20%	物流信息部	销售报表
	4	研发费用占比控制率	0.65%	研发费用占比=研发费用总额÷回款总额×100%。	年	1.本项得分=(2-实际占比÷目标占比)×权重分; 2.实际占比高出目标占比超过25%,此项分全扣; 3.加分最高不超过权重分的50%。	25%	财务部	部门费用预算表
	5	新品上市开发的款数	500款	每季下单生产的产品款数。	年、季	每季实际完成的款数比计划完成量每少一款扣5%,超过10款此项分全扣。	20%	市场拓展部	新品目录
	6	商品企划案的满意度	100%	由销售部组织店长及店员填写问卷。	年、季	本项得分=满意人数÷调查人数×100%×权重分。	10%	销售部	企划方案满意度调查问卷
	7	计划有效控制率	100%	在所有计划工作中未及时完成的工作量。	年、季	1.所有计划工作项目中有未及时完成的工作项目每项扣权重分的10%,超出5项此项分全扣; 2.因工作项目未及时完成影响下一环节工作进度每次扣分30%。	10%	企划部、管易达软件	部门及岗位计划完成评估表
	8	制度流程的建立完成率	100%	制度流程的建立完成率=已书面化并经审核实施的制度和流程数量÷需要书面化的制度和流程数量×100%。	月	1.本项得分=实际值×权重分; 2.实际值低于70%此项分全扣。	15%	总经理	制度与流程登记簿

续表

岗位	序号	绩效指标（KPI/CPI）	年度目标值	指标说明与计算公式	衡量周期	衡量标准与评分方法	权重	数据来源	需要收集的数据
设计师	1	设计成果采用率	60%	设计成果采用率=下单的款数÷提交审版的款数×100%。	年、月	1.实际值在目标值之上每超出5%加权重分的10%；2.实际值在目标值之下每低于5%扣分10%，若低于目标值30%，此项分全扣。	20%	生产技术部	样衣登记表
设计师	2	新品上市开发的款数	380款	每季下单生产的产品款数。	年、季	每季实际完成的款数比计划完成量每少一款扣5%，超过10款此项分全扣。	20%	生产技术部	样衣登记表
设计师	3	新产品开发订货率	75%	新产品开发订货率=实际订货量÷标准要求订货量×100%。	年、月	1.实际订货超出100%，每超出5%加权重分的5%，最高可加权重分的50%；2.实际订货率低于100%，每低出5%扣权重分的10%，订货率低于60%，此项分全扣。	25%	销售企划部	订货会报表
设计师	4	新产品产销比	65%	新产品产销比=新产品销售总额÷新产品投产价值总额×100%。	年、季	1.实际值在目标值之上每超出1%加权重分的5%，最高可加分100%；2.实际值在目标值之下每低出1%扣分5%，若低于目标值15%，此项分全扣。	20%	物流信息部	销售报表
设计师	5	计划有效控制率	100%	在所有计划工作中未及时完成的工作量。	年、季	1.所有计划工作项目中有未及时完成的工作项目每项扣权重分的10%，超出5项此项分全扣；2.因工作项目未及时完成影响下一环节工作进度每次扣分30%。	10%	企划部、管易达软件	部门及岗位计划完成评估表
设计助理	1	面辅料选样的及时性	100%	未在规定时间内提交确定料的次数。	月	出现未在规定时间内提交确定样料的每次扣权重分的20%。	10%	导购部	导购单
设计助理	2	设计单下单与跟进的及时性与准确性	100%	设计单下单与跟进出现延误的次数及出现差错的次数。	月	文案未按规定时间入档每次扣权重分的10%，档案出现差错每次扣分10%。	10%	生产部	生产单
设计助理	3	绘图的及时性	100%	未在规定时间内出图的次数。	月	出现未在规定时间内出图的每次扣权重分的20%。	10%	设计部	工作进度安排表

续表

岗位	序号	绩效指标(KPI/CPI)	年度目标值	指标说明与计算公式	衡量周期	衡量标准与评分方法	权重	数据来源	需要收集的数据
设计助理	4	数据采集的及时性与准确性	100%	未按规定的时间提交数据分析结果及数据出现差错的次数。	月	1.未在规定时间内提交数据采集分析,每延迟1天扣权重分的10%; 2.出现差错或有遗漏每次扣权重分的10%。	10%	设计部	设计任务书
设计助理	5	计划有效控制率	100%	在所有计划工作中未及时完成的工作量。	年、季	1.所有计划工作项目中有未及时完成的工作项目每项扣权重分的10%,超出5项此项分全扣; 2.因工作项目未及时完成影响下一环节工作进度每次扣分30%。	10%	企划部、管易达软件	部门及岗位计划完成评估表
行政助理	1	部门间协调的及时性	100%	未在规定时间内做协调的次数。	月	出现未在规定时间内进行协调的每次扣权重分的20%。	10%	总经办	内部工作联系表
行政助理	2	文案整理的及时性与准确性	100%	各项文案未按时入档的次数及出现差错的次数。	月	文案未按规定时间入档每次扣权重分的10%,档案出现差错每次扣分10%。	10%	总经办	文件管理记录表
行政助理	3	档案的完整性与准确性	100%	各项档案未按时入档的次数及出现差错的次数。	月	档案未按规定时间入档每次扣权重分的10%,档案出现差错每次扣分10%。	10%	总经办	文件管理记录表
行政助理	4	看板制作的及时性与准确性	100%	看板未及时更新的次数及出现差错的次数。	月	看板未在第一时间更新每次扣权重分的10%,出现差错每次扣分10%。	10%	总经办	看板管理登记表
行政助理	5	计划有效控制率	100%	在所有计划工作中未及时完成的工作量。	年、季	1.所有计划工作项目中有未及时完成的工作项目每项扣权重分的10%,超出5项此项分全扣; 2.因工作项目未及时完成影响下一环节工作进度每次扣分30%。	10%	企划部、管易达软件	部门及岗位计划完成评估表

生产技术部KPI关键绩效指标库

岗位	序号	绩效指标(KPI/CPI)	年度目标值	指标说明与计算公式	衡量周期	衡量标准与评分方法	权重	数据来源	需要收集的数据
生产技术总监	1	回款额	18亿元	回款目标达成率=实际回款额÷目标回款额×100%。	年	1.本项得分=回款目标达成率×权重分; 2.回款目标达成率低于80%,此项分全扣,高于100%加分不封顶。	25%	财务部	销售报表
	2	生产交期的准时性	100%	产品实际入库时间与计划入库时间对比。	年、月	实际入库时间比计划入库时间每延迟一天扣权重分的5%,如果因入库时间的延迟造成上市时间的推迟,出现一次此项分全扣。	20%	物流信息部	生产报表
	3	产品质量合格率	100%	产品质量合格率=合格入库产品数量÷生产产品数量总额×100%。	年、月	合格率在98%~99%之间加权重分的10%,合格率在99%~100%之间加分20%,合格率在98%以下每降低1%扣10%,合格率低于92%此项分全扣。	20%	物流信息部	生产报表
	4	工价成本占比控制率	3.98%	制造成本占比=制造总成本÷回款总额×100%。	年	1.本项得分=(2-实际占比÷目标占比)×权重分; 2.实际占比高出目标占比超过25%,此项分全扣; 3.加分最高不超过权重分的50%。	25%	财务部	财务报表
	5	技术支持及时性	100%	技术资料提交的签收记录的及时性。	月	1.样布检测24小时内完成,每延期1次扣权重分10%; 2.每周五下午五点前交接本周需要完成的基础版及样衣,如有延期每款扣分5%; 3.每周三上午提交设计版及白坯,按计划完成量如有延期每款扣分5%。	10%	研发部	内部工作联系单
	6	技术支持准确性	100%	技术资料出现的差错次数。	月	1.样布检测24小时内完成,每延期1次扣权重分10%; 2.每周五下午五点前交接本周需要完成的基础版及样衣,如有延期每款扣分5%; 3.每周三上午提交设计版及白坯,按计划完成量如有延期每款扣分5%。	10%	研发部	内部工作联系单
	7	计划有效控制率	100%	在所有计划工作中未及时完成的工作量。	年、季	1.所有计划工作项目中有未及时完成的工作项目每项扣权重分的10%,超出5项此项分全扣; 2.因工作项目未及时完成影响下一环节工作进度每次扣分30%。	10%	企划部、管易达软件	部门及岗位计划完成评估表
	8	制度流程的建立完成率	100%	制度流程的建立完成率=已书面化并经审核实施的制度和流程数量÷需要书面化的制度和流程数量×100%。	月	1.本项得分=实际值×权重分; 2.实际值低于70%此项分全扣。	15%	总经理	制度与流程登记簿

续 表

岗位	序号	绩效指标(KPI/CPI)	年度目标值	指标说明与计算公式	衡量周期	衡量标准与评分方法	权重	数据来源	需要收集的数据
技术部经理	1	回款额	18亿元	回款目标达成率＝实际回款额÷目标回款额×100%。	月	1.本项得分＝回款目标达成率×权重分； 2.回款目标达成率低于80%，此项分全扣，高于100%加分不封顶。	25%	财务部	销售报表
技术部经理	2	技术支持及时性	100%	技术资料提交的签收记录的及时性。	月	1.样布检测24小时内完成，每延期1次扣权重分10%； 2.每周五下午五点前交接本周需要完成的基础版及样衣，如有延期每款扣分5%； 3.每周三上午提交设计版及白坯，按计划完成量如有延期每款扣分5%。	10%	研发部	内部工作联系单
技术部经理	3	技术支持准确性	100%	技术资料出现的差错次数。	月	1.样布检测24小时内完成，每延期1次扣权重分10%； 2.每周五下午五点前交接本周需要完成的基础版及样衣，如有延期每款扣分5%； 3.每周三上午提交设计版及白坯，按计划完成量如有延期每款扣分5%。	10%	研发部	内部工作联系单
技术部经理	4	加班费用控制率	100%	根据工作量预算总加班工时与人数	月	本项得分＝实际值÷目标值×100%×权重分。	25%	财务部	加班统计表
技术部经理	5	技术异常改进及时性	100%	出现技术异常时未在第一时间改进的次数。	月	每出现一次延误改进扣权重分的20%；因未及时改进而给公司造成损失的此项分全扣。	10%	生产部	设计变更通知单
技术部经理	6	计划有效控制率	100%	在所有计划工作中未及时完成的工作量。	年、季	1.所有计划工作项目中有未及时完成的工作项目每项扣权重分的10%，超出5项此项分全扣； 2.因工作项目未及时完成影响下一环节工作进度每次扣分30%。	10%	企划部、管易达软件	部门及岗位计划完成评估表
技术部经理	7	制度流程的建立完成率	100%	制度流程的建立完成率＝已书面化并经审核实施的制度和流程数量÷需要书面化的制度和流程数量×100%。	月	1.本项得分＝实际值×权重分； 2.实际值低于70%此项分全扣。	15%	总经理	制度与流程登记簿

续表

岗位	序号	绩效指标（KPI/CPI）	年度目标值	指标说明与计算公式	衡量周期	衡量标准与评分方法	权重	数据来源	需要收集的数据
版师	1	打版及时性	100%	未按规定时间提交纸样的次数。	月	每出现一次延误扣权重分的20%。	10%	设计部	设计工作进度推进表
	2	打版准确性	100%	纸样出现差错的次数。	月	每出现一次差错扣权重分的20%。	10%	设计部	设计工作进度推进表
	3	技术异常改进及时性	100%	出现技术异常时未在第一时间改进的次数。	月	每出现一次延误改进扣权重分的20%；因未及时改进而给公司造成损失的此项分全扣。	10%	设计部	设计工作进度推进表
	4	打版投产率	80%	打版投产率=累计投产数÷总计打版的款数×100%。	年、季	1.实际值在目标值之上每超出5%加权重分的10%；2.实际值在目标值之下每低于5%扣分10%，若低于目标值30%，此项分全扣。	10%	设计部	设计工作进度推进表
	5	计划有效控制率	100%	在所有计划工作中未及时完成的工作量。	年、季	1.所有计划工作项目中有未及时完成的工作项目每项扣权重分的10%，超出5项此项分全扣；2.因工作项目未及时完成影响下一环节工作进度每次扣分30%。	10%	总经办	部门及岗位计划完成评估表
推版师	1	推版及时性	100%	未按规定时间完成推版的次数。	月	每出现一次延误扣权重分的20%，因未及时完成而给公司造成损失的此项分全扣。	10%	设计部	设计工作进度推进表
	2	推版准确性	100%	版样出现差错的次数。	月	每出现一次差错扣权重分的20%，因差错给公司造成损失的此项分全扣。	10%	设计部	设计工作进度推进表
	3	技术异常改进及时性	100%	及时回应其他部门对技术差错的投诉。	月	本项得分=及时改进项÷投诉项×100%×权重分。	10%	设计部	设计工作进度推进表
	4	料率计算的准确性	100%	料率计算出现误差的次数。	月	每出现一次误差扣权重分的20%，该误差给公司造成严重损失的此项分全扣。	10%	财务部	生产成本分析表

续 表

岗位	序号	绩效指标(KPI/CPI)	年度目标值	指标说明与计算公式	衡量周期	衡量标准与评分方法	权重	数据来源	需要收集的数据
推版师	5	工艺说明的及时性与准确性	100%	未及时提交工艺说明的次数及出现差错的次数。	月	1.未在规定时间内提交工艺说明,每延迟1天扣权重分的10%; 2.出现差错或有遗漏每次扣权重分的10%。	10%	总经办	流程与制度登记簿
推版师	6	计划有效控制率	100%	在所有计划工作中未及时完成的工作量。	年、季	1.所有计划工作项目中有未及时完成的工作项目每项扣权重分的10%,超出5项此项分全扣; 2.因工作项目未及时完成影响下一环节工作进度每次扣分30%。	10%	企划部、管易达软件	部门与岗位计划完成评估表
样衣工	1	样衣制作的及时性	100%	按进度要求。	月	本项得分=及时项÷工作项×100%×权重分。	10%	设计部	样衣设计进度推进表
样衣工	2	样衣制作的准确性	100%	按工艺单要求。	月	本项得分=准确项÷工作项×100%×权重分。	10%	设计部	样衣检验报告
样衣工	3	以样衣工打分表排名为依据考核	100%	根据数量、进度和质量的评估而排名次。	月	强制百分比量化考核法。	10%	设计部	样衣工排名表
生产计划部经理	1	回款额	18亿元	回款目标达成率=实际回款额÷目标回款额×100%。	15%	1.本项得分=回款目标达成率×权重分; 2.回款目标达成率低于80%,此项分全扣,高于100%加分不封顶。	25%	财务部	销售报表
生产计划部经理	2	生产交期的准时性	100%	产品实际入库时间与计划入库时间对比。	年、月	实际入库时间比计划入库时间每延迟一天扣权重分的5%,如果因入库时间的延迟造成上市时间的推迟,出现一次此项分全扣。	20%	物流信息部	生产报表
生产计划部经理	3	产品质量合格率	100%	产品质量合格率=合格入库产品数量÷生产产品数量总额×100%。	年、月	合格率在98%~99%之间加权重分的10%,合格率在99%~100%之间加分20%,合格率在98%以下每降低1%扣10%,合格率低于92%此项分全扣。	20%	物流信息部	生产报表

续 表

岗位	序号	绩效指标(KPI/CPI)	年度目标值	指标说明与计算公式	衡量周期	衡量标准与评分方法	权重	数据来源	需要收集的数据
生产计划部经理	4	下单前物料准备完整性	100%	出现物料遗漏的次数。	月	出现差错或有遗漏每次扣权重分的10%，如因差错延误生产此项分全扣。	10%	仓储部	领料单
	5	生产单制单的准确性	100%	生产通知单出现差错的次数。	月	出现差错或有遗漏每次扣权重分的10%，如因差错延误生产此项分全扣。	10%	生产部	生产通知单
	6	生产异常改进及时性	100%	出现生产异常时未在第一时间改进的次数。	月	每出现一次延误改进扣权重分的20%；因未及时改进而给公司造成损失的此项分全扣。	10%	生产部	内部工作联系单
	7	计划有效控制率	100%	在所有计划工作中未及时完成的工作量。	年、季	1.所有计划工作项目中有未及时完成的工作项目每项扣权重分的10%，超出5项此项分全扣；2.因工作项目未及时完成影响下一环节工作进度每次扣分30%。	10%	企划部、管易达软件	部门及岗位计划完成评估表
	8	制度流程的建立完成率	100%	制度流程的建立完成率=已书面化并经审核实施的制度和流程数量÷需要书面化的制度和流程数量×100%。	月	1.本项得分=实际值×权重分；2.实际值低于70%此项分全扣。	15%	总经办	制度与流程登记簿
生产计划专员	1	生产交期的准时性	100%	产品实际入库时间与计划入库时间对比。	年、月	实际入库时间比计划入库时间每延迟一天扣权重分的5%，如果因入库时间的延迟造成上市时间的推迟，出现一次此项分全扣。	10%	物流信息部	出仓单
	2	下单前物料准备完整性	100%	出现物料遗漏的次数。	月	出现差错或有遗漏每次扣权重分的10%，如因差错延误生产此项分全扣。	10%	仓储部	领料单
	3	生产单制单的准确性	100%	生产通知单出现差错的次数。	月	出现差错或有遗漏每次扣权重分的10%，如因差错延误生产此项分全扣。	10%	生产部	生产通知单

续表

岗位	序号	绩效指标(KPI/CPI)	年度目标值	指标说明与计算公式	衡量周期	衡量标准与评分方法	权重	数据来源	需要收集的数据
生产计划专员	4	生产过程信息收集及时性	100%	未及时跟进生产过程反馈的次数。	月	每出现一次未及时收集反馈信息扣权重分的20%；因未及时收集反馈信息而给公司造成损失的此项分全扣。	10%	生产部	生产记录表
生产计划专员	5	计划有效控制率	100%	在所有计划工作中未及时完成的工作量。	年、季	1.所有计划工作项目中有未及时完成的工作项目每项扣权重分的10%，超出5项此项分全扣；2.因工作项目未及时完成影响下一环节工作进度每次扣分30%。	10%	企划部、管易达软件	部门及岗位计划完成评估表
跟单员	1	生产交期的准时性	100%	产品实际入库时间与计划入库时间对比。	年、月	实际入库时间比计划入库时间每延迟一天扣权重分的5%，如果因入库时间的延迟造成上市时间的推迟，出现一次此项分全扣。	20%	物流信息部	出仓单
跟单员	2	产品质量合格率	100%	产品质量合格率=合格入库产品数量÷生产产品数量总额×100%。	年、月	合格率在98%~99%之间加权重分的10%，合格率在99%~100%之间加分20%，合格率在98%以下每降低1%扣10%，合格率低于92%此项分全扣。	20%	物流信息部	质检报告
跟单员	3	生产异常改进及时性	100%	出现生产异常时未在第一时间改进的次数。	月	每出现一次延误改进扣权重分的20%；因未及时改进而给公司造成损失的此项分全扣。	10%	生产部	内部工作联系单
跟单员	4	生产总结及余料回收的及时性	100%	清单后未及时提交生产总结的次数及出现有余料未及时收回的次数。	月	1.每出现一次未提交生产总结，扣权重分的10%；2.每出现一次清单后有余料未及时收回，扣权重分的20%；3.如二者同时出现，此项分全扣。	20%	生产部	生产记录表
跟单员	5	计划有效控制率	100%	在所有计划工作中未及时完成的工作量。	年、季	1.所有计划工作项目中有未及时完成的工作项目每项扣权重分的10%，超出5项此项分全扣；2.因工作项目未及时完成影响下一环节工作进度每次扣分30%。	10%	企划部、管易达软件	部门及岗位计划完成评估表

物流信息部KPI关键绩效指标库

岗位	序号	绩效指标(KPI/CPI)	年度目标值	指标说明与计算公式	衡量周期	衡量标准与评分方法	权重	数据来源	需要收集的数据
物流信息总监	1	回款额、销售额	18亿元	回款目标达成率=实际回款额÷目标回款额×100%。	年、月	1.本项得分=回款目标达成率×权重分； 2.回款目标达成率低于80%，此项分全扣，高于100%加分不封顶。	25%	财务部	实际回款额、目标回款额（分业务经理、区域经理、销售总监、公司）
	2	上一年产品正价销售率	35%	上一年库存产品按正价销售的数量占上一年库存产品的总库存数量的比率。	年、月	1.实际完成情况比目标值每高1%，加权重分的10%，加分不超过200%； 2.实际完成情况比目标值每低1%，扣权重分的10%，扣完为止。	25%	物流信息部	销售报表
	3	货品配送及时性与准确性	100%	未按要求时间内配送的次数及出现差错的次数。	月	1.收到专柜订货单后两小时内回复是否有货及预计到货时间，未回复每次扣5%，未在规定时间内回复每次扣2%； 2.中午11点前配完当天所有外埠要货，下午4点前配完当天所有市内要货，未按时间配货每次扣2%，货品与出货单出现差异每次扣10%； 3.市内要货在第二天之内送到专柜，外埠要货在配好货当天下午到货运公司，未在规定时间内送货每次扣5%； 4.本指标扣分总额不超过权重分的150%。	10%	销售部、市场部	货品配送交接记录
	4	物流费用占比控制率	1%	物流费用占比=物流费用总额÷回款总额×100%。	年	1.本项得分=（2-实际占比÷目标占比）×权重分； 2.实际占比高出目标占比超过25%，此项分全扣； 3.加分最高不超过权重分的50%。	25%	财务部	财务报表
	5	全年平均折扣率	68%	折扣率=销售总额÷销售产品吊牌价总额×100%。	年、月	1.实际值每低于目标值1%扣权重分5%，实际值低于目标值超过10%，此项分全扣； 2.实际值每高于目标值1%加权重分5%，加分不封顶。	25%	物流信息部	销售额、已销售产品吊牌价总额、折扣率目标
	6	品控合格率	100%	通过质保部检验入库的产品、原料发现出现质量问题的数量占总入库数量比率。	月	每低于目标值0.1%扣5分，低于目标值1.5%此项分全扣。	20%	销售部	店铺装修交接验收单

续 表

岗位	序号	绩效指标(KPI/CPI)	年度目标值	指标说明与计算公式	衡量周期	衡量标准与评分方法	权重	数据来源	需要收集的数据
物流信息总监	7	计划有效控制率	100%	在所有计划工作中未及时完成的工作量。	年、季	1.所有计划工作项目中有未及时完成的工作项目每项扣权重分的10%，超出5项此项分全扣； 2.因工作项目未及时完成影响下一环节工作进度每次扣分30%。	10%	企划部、管易达软件	工作进度计划总表
	8	制度流程的建立完成率	100%	制度流程的建立完成率=已书面化并经审核实施的制度和流程数量÷需要书面化的制度和流程数量×100%。	月	1.本项得分=实际值×权重分； 2.实际值低于70%此项分全扣。	15%	总经理	制度流程发文记录 完善制度流程工作计划
库房主管	1	货品配送及时性与准确性	100%	未按要求时间内配送的次数及出现差错的次数。	月	1.收到专柜订货单后两小时内回复是否有货及预计到货时间，未回复每次扣5%，未在规定时间内回复每次扣2%； 2.中午11点前配完当天所有外埠要货，下午4点前配完当天所有市内要货，未按时间配货每次扣2%，货品与出货单出现差异每次扣10%； 3.市内要货在第二天之内送到专柜，外埠要货在配好货当天下午发到货运公司，未在规定时间内送货每次扣5%； 4.本指标扣分总额不超过权重分的150%。	20%	销售部、市场部	货品配送交接记录
	2	物流费用占比控制率	1%	物流费用占比=物流费用总额÷回款总额×100%。	年	1.本项得分=（2-实际占比÷目标占比）×权重分； 2.实际占比高出目标占比超过25%，此项分全扣； 3.加分最高不超过权重分的50%。	25%	财务部	财务报表
	3	仓储信息的准确性	100%	货品库存出现差异的款数。	月	每出现一款有差异扣权重分的10%；出现5款以上，此项分全扣。	10%	财务部	盘点报告
	4	仓储安全	100%	财务部盘点结果中物料与账目出现不一致的次数。	月	1.实物与账目出现不一致，每次每处扣权重分的5%，超过十项此项分全扣； 2.出现仓储货品安全问题（遗失或损坏），此项分全扣。	10%	财务部	盘点报告

续 表

岗位	序号	绩效指标 (KPI/CPI)	年度目标值	指标说明与计算公式	衡量周期	衡量标准与评分方法	权重	数据来源	需要收集的数据
库房主管	5	台账记录的及时性与准确性	100%	未及时登记台账的次数及出现差错的次数。	月	1.未在规定时间做登记，每延迟1天扣权重分的10%； 2.出现差错或有遗漏每次扣权重分的10%。	10%	仓储部	台账
库房主管	6	计划有效控制率	100%	在所有计划工作中未及时完成的工作量。	年、季	1.所有计划工作项目中有未及时完成的工作项目每项扣权重分的10%，超出5项此项分全扣； 2.因工作项目未及时完成影响下一环节工作进度每次扣分30%。	10%	总经办	部门或岗位计划完成评估表
仓库管理员	1	仓储信息的准确性	100%	货品库存出现差异的款数。	月	每出现一款有差异扣权重分的10%；出现5款以上，此项分全扣。	10%	财务部	盘点报告
仓库管理员	2	配货的及时性	100%	延迟配货的次数。	月	每出现延误一次扣权重分的10%，一月内累计出现3次延误，此项分全扣。	20%	销售部	配货表
仓库管理员	3	配货的准确性	100%	所配货品与配货单据出现差异的次数。	月	每出现一次差异扣权重分的10%，一月内累计出现3次差异，此项分全扣。	20%	销售部	配货表
仓库管理员	4	仓储安全	100%	财务部盘点结果中物料与账目出现不一致的次数。	月	1.实物与账目出现不一致，每次每处扣权重分的5%，超过十项此项分全扣； 2.出现仓储货品安全问题（遗失或损坏），此项分全扣。	20%	财务部	库存计划
仓库管理员	5	调货周转的及时性与准确性	100%	按需求单位及时准确调拨货品。	月	本项得分=完成值÷目标值×100%×权重分。	20%	门店	货品调拨单
仓库管理员	6	物品交接的及时性与准确性	100%	需要转交的物品延迟转交的次数及差错数。	月	1.每出现延误一次扣权重分的10%，一月内累计出现3次延误，此项分全扣； 2.每出现一次差错此项分全扣。	20%	销售部	出仓单、送货单

续 表

岗位	序号	绩效指标(KPI/CPI)	年度目标值	指标说明与计算公式	衡量周期	衡量标准与评分方法	权重	数据来源	需要收集的数据
制单员	1	制单的准确性	100%	单据出现差异的次数。	月	每出现一次差异扣权重分的10%，一月内累计出现3次差异，此项分全扣。	10%	销售部	配货单
	2	制单的及时性	100%	单据出现延误的次数。	月	每出现延误一次扣权重分的10%，一月内累计出现3次延误，此项分全扣。	10%	销售部	配货单
	3	物品发放的准确性	100%	物品发放出现差异及遗漏的次数。	月	每出现一次差异或遗漏扣权重分的10%，一月内累计出现3次，此项分全扣。	10%	销售部	配货单
	4	货品交接的及时性与准确性	100%	需要交接货品延迟转交的次数及差错数。	月	1.每出现延误一次扣权重分的10%，一月内累计出现3次延误，此项分全扣；2.每出现一次差错此项分全扣。	10%	销售部	配货单
	5	饰品仓信息的准确性	100%	饰品库存出现差异的款数。	月	每出现一款有差异扣权重分的10%；出现5款以上，此项分全扣。	10%	财务部	盘点报告
	6	饰品配货的及时性与准确性	100%	延迟配货的次数及所配货品与配货单据出现差异的次数。	月	每出现延误一次扣权重分的10%，一月内累计出现3次延误，此项分全扣；每出现一次差异扣权重分的10%，一月内累计出现3次差异，此项分全扣。	10%	销售部	配货单
司机	1	货品配送及时性	100%	未按要求时间内配送的次数。	月	1.收到专柜订货单后两小时内回复是否有货及预计到货时间，未回复每次扣5%，未在规定时间内回复每次扣2%；2.中午11点前配完当天所有外埠要货，下午4点前配完当天所有市内要货，未按时间配货每次扣2%，货品与出货单出现差异每次扣10%；3.市内要货在第二天之内送到专柜，外埠要货在配好货当天下午发到货运公司，未在规定时间内送货每次扣5%；4.本指标扣分总额不超过权重分的150%。	10%	销售部、市场部	出仓单、送货单

续 表

岗位	序号	绩效指标(KPI/CPI)	年度目标值	指标说明与计算公式	衡量周期	衡量标准与评分方法	权重	数据来源	需要收集的数据
司机	2	货品配送准确性	100%	出现差错的次数。	月	1.收到专柜订货单后两小时内回复是否有货及预计到货时间，未回复每次扣5%，未在规定时间内回复每次扣2%；2.中午11点前配完当天所有外埠要货，下午4点前配完当天所有市内要货，未按时间配货每次扣2%，货品与出货单出现差异每次扣10%；3.市内要货在第二天之内送到专柜，外埠要货在配好货当天下午发到货运公司，未在规定时间内送货每次扣5%；4.本指标扣分总额不超过权重分的150%。	20%	销售部、市场部	送货单
	3	货品安全	100%	出现货品安全问题（遗失或损坏）的次数。	月	每出现一次扣权重分的20%，累计出现3次，此项分全扣。	10%	物流信息部	送货单
	4	出车安全	100%	出现违章及事故的次数。	月	每出现一次扣权重分的50%，累计出现2次，此项分全扣。	10%	行政部	出车记录表
	5	车辆保养与维修的及时性	100%	超过规定时间维护的次数。	月	每出现一次此项分全扣。	20%	行政部	车辆维护记录表
	6	车辆费用控制	100%	按照公里消耗定额执行。	月	本项得分=（1-实际费用÷定额）×100%×权重分。	25%	财务部	报销单

续 表

岗位	序号	绩效指标(KPI/CPI)	年度目标值	指标说明与计算公式	衡量周期	衡量标准与评分方法	权重	数据来源	需要收集的数据
货品专员	1	回款额销售额	18亿元	回款目标达成率=实际回款额÷目标回款额×100%。	年、月	1.本项得分=回款目标达成率×权重分; 2.回款目标达成率低于80%,此项分全扣,高于100%加分不封顶。	25%	财务部	实际回款额、目标回款额(分业务经理、区域经理、销售总监、公司)
	2	货品配备及时性	100%	延迟配货的次数。	月	每出现延误一次扣权重分的10%,一月内累计出现3次延误,此项分全扣。	10%	销售部	配货单
	3	货品配备准确性	100%	所配货品与配货单据出现差异的次数。	月	每出现一次差异扣权重分的10%,一月内累计出现3次差异,此项分全扣。	10%	销售部	配货单
	4	全年平均折扣率	68%	折扣率=销售总额÷销售产品吊牌价总额×100%。	年、月	1.实际值每低于目标值1%扣权重分5%,实际值低于目标值超过10%,此项分全扣; 2.实际值每高于目标值1%加权重分5%,加分不封顶。	25%	物流信息部	销售报表
	5	调货费用控制	100%	按调货费用定额预算执行。	月	本项得分=实际费用÷预算费用×100%×权重分。	25%	财务部	销售报表
	6	上一年产品正价销售率	35%	上一年库存产品按正价销售的数量占上一年库存产品的总库存数量的比率。	年、月	1.实际完成情况比目标值每高1%,加权重分的10%,加分不超过200%; 2.实际完成情况比目标值每低1%,扣权重分的10%,扣完为止。	25%	物流信息部	销售报表

续 表

岗位	序号	绩效指标 (KPI/CPI)	年度目标值	指标说明与计算公式	衡量周期	衡量标准与评分方法	权重	数据来源	需要收集的数据
账目专员	1	账目的准确性	100%	账目出现差错的次数。	月	每出现一次扣权重分的20%，超过3次以上此项分全扣。	10%	物流信息部	审账记录表
	2	账目记录的及时性	100%	未及时登记账目的次数。	月	每出现一次扣权重分的20%，超过2次以上此项分全扣。	10%	物流信息部	审账记录表
	3	信息统计的及时性与准确性	100%	未出时统计信息的次数及出现差错的次数。	月	1.每出现一次未及时统计扣权重分的20%，超过2次以上此项分全扣； 2.每出现一次差错扣权重分的20%，超过2次以上此项分全扣。	10%	物流信息部	工作检查记录表
	4	盘点的及时性与准确性	100%	未及时按计划盘点的次数及盘点数据出现差错的次数。	月	1.每出现一次未及时统计扣权重分的20%，超过2次以上此项分全扣； 2.每出现一次差错扣权重分的20%，超过2次以上此项分全扣。	10%	物流信息部	工作检查记录表
	5	盘点报告的及时性与准确性	100%	盘点后未在规定时间提交盘点报告的次数及出现差错的次数。	月	1.每出现一次未及时提交扣权重分的20%，超过2次以上此项分全扣； 2.每出现一次差错扣权重分的20%，超过2次以上此项分全扣。	10%	物流信息部	工作检查记录表
质保部经理	1	品控合格率	100%	通过质保部检验入库的产品、原料发现出现质量问题的数量占总入库数量比率。	月	每低于目标值0.1%扣5分，低于目标值1.5%此项分全扣。	10%	物流信息部	质检报告
	2	客修及时性	100%	收到修活后未在承诺时间返回店内的次数。	月	每出现一次扣权重分的10%，超过5次以上此项分全扣。	10%	物流信息部	客户返修商品记录表

质保部KPI关键绩效指标库

岗位	序号	绩效指标(KPI/CPI)	年度目标值	指标说明与计算公式	衡量周期	衡量标准与评分方法	权重	数据来源	需要收集的数据
质保部经理	3	客修后客户满意度	90%	设二级问卷调查。	月	85分为满意客户。	10%	销售部	商品返修满意度调查表
质保部经理	4	质检及时性	100%	未在第一时间进行质量检查的次数。	月	每出现一次扣权重分的20%，超过3次以上此项分全扣。	10%	质保部	质检报告
质保部经理	5	检验结果报告的及时性与准确性	100%	质量检验后未在规定时间提交检验结果报告的次数及出现差错的次数。	月	1.每出现一次未及时提交扣权重分的20%，超过2次以上此项分全扣；2.每出现一次差错扣权重分的20%，超过2次以上此项分全扣。	10%	质保部	质检报告
质保部经理	6	计划有效控制率	100%	在所有计划工作中未及时完成的工作量。	年、季	1.所有计划工作项目中有未及时完成的工作项目每项扣权重分的10%，超出5项此项分全扣；2.因工作项目未及时完成影响下一环节工作进度每次扣分30%。	10%	总经办	部门或岗位计划完成评估表
理货专员	1	理货及时性	100%	收到返货后未及时整理检验的次数。	月	每出现一次扣权重分的20%，超过3次以上此项分全扣。	10%	质保部	理货记录表
理货专员	2	品控合格率	100%	通过质保部检验入库的产品、原料发现出现质量问题的数量占总入库数量比率。	月	每低于目标值0.1%扣5分，低于目标值1.5%此项分全扣。	10%	质保部	质检报告
理货专员	3	检验结果报告的及时性与准确性	100%	质量检验后未在规定时间提交检验结果报告的次数及出现差错的次数。	月	1.每出现一次未及时提交扣权重分的20%，超过2次以上此项分全扣；2.每出现一次差错扣权重分的20%，超过2次以上此项分全扣。	10%	质保部	质检报告
理货专员	4	货品交接的及时性与准确性	100%	需要交接货品延迟转交的次数及差错数。	月	1.每出现延误一次扣权重分的10%，一月内累计出现3次延误，此项分全扣；2.每出现一次差错此项分全扣。	10%	物流信息部	配货表

续 表

岗位	序号	绩效指标(KPI/CPI)	年度目标值	指标说明与计算公式	衡量周期	衡量标准与评分方法	权重	数据来源	需要收集的数据
质保专员	1	品控合格率	100%	通过质保部检验入库的产品、原料发现出现质量问题的数量占总入库数量比率。	月	每低于目标值0.1%扣5分，低于目标值1.5%此项分全扣。	10%	质保部	质检报告
质保专员	2	质检及时性	100%	未在第一时间进行质量检查的次数。	月	每出现一次扣权重分的20%，超过3次以上此项分全扣。	10%	质保部	质检报告
质保专员	3	吊牌制作的准确性	100%	吊牌制作出现差错的次数。	月	1.每出现一次扣权重分的20%，超过3次以上此项分全扣。2.因吊牌出错造成货品大范围返工或给公司造成负面影响的，此项分全扣。	10%	质保部	工作记录表
质保专员	4	检验结果报告的及时性与准确性	100%	质量检验后未在规定时间提交检验结果报告的次数及出现差错的次数。	月	1.每出现一次未及时提交扣权重分的20%，超过2次以上此项分全扣。2.每出现一次差错扣权重分的20%，超过2次以上此项分全扣。	10%	质保部	工作记录表
客修专员	1	维修及时性	100%	收到修活后未在承诺时间返回店内的次数。	月	每出现一次扣权重分的10%，超过5次以上此项分全扣。	10%	质保部	工作记录表
客修专员	2	客修后客户满意度	90%	设二级问卷调查。	月	85分为满意客户。	10%	销售部	商品返修满意调查问卷
客修专员	3	客修报表的准确性	100%	客修统计表出现差错的次数。	月	每出现一次扣权重分的20%，超过3次以上此项分全扣。	10%	质保部	客户返修货品登记表
客修专员	4	货品交接的及时性与准确性	100%	需要交接货品延迟转交的次数及差错数。	月	1.每出现延误一次扣权重分的10%，一月内累计出现3次延误，此项分全扣；2.每出现一次差错此项分全扣。	10%	物流信息部	配货表

采购部KPI关键绩效指标库

岗位	序号	绩效指标(KPI/CPI)	年度目标值	指标说明与计算公式	衡量周期	衡量标准与评分方法	权重	数据来源	需要收集的数据
原料采购部经理	1	回款额、销售额	18亿元	回款目标达成率=实际回款额÷目标回款额×100%。	年、月	1.本项得分=回款目标达成率×权重分；2.回款目标达成率低于80%，此项分全扣，高于100%加分不封顶。	25%	财务部	实际回款额、目标回款额（分业务经理、区域经理、销售总监、公司）
	2	采购及时性	100%	采购入库的时间。	月	实际入库时间比计划入库时间每延迟一天扣权重分的5%，如果因入库时间的延迟造成生产交期推迟或上市时间推迟，出现一次此项分全扣。	20%	物流信息部	请购单
	3	采购合格率	100%	采购入库时的质量检验合格率。	月	合格率在98%~99%之间加权重分的10%，合格率在99%~100%之间加分20%，合格率在98%以下每降低1%扣10%，合格率低于92%此项分全扣。	20%	物流信息部	请购单
	4	采购费用占比控制率	0.33%	采购费用占比控制率=研发费用总额÷回款总额×100%。	年	1.本项得分=（2-实际占比÷目标占比）×权重分；2.实际占比高出目标占比超过25%，此项分全扣；3.加分最高不超过权重分的50%。	25%	财务部	财务报表
	5	面料、配饰采购价格计划控制率	100%	采购价格控制率=实际采购价格÷企划分类预算价格×100%。	年、季	实际采购价格不超出企划分类价格预算，每一种面料（或每一款成衣）超出预算价格，扣权重分5%，扣完为止。	25%	财务部	财务报表
	6	供应商合格率	100%	供应商合格率=合格供应商数量÷在册供应商数量。	年、季	通过第三方对供应商进行考核评估，不符合合格供应商标准每家扣权重分的10%。超过5家此项分全扣。	10%	质保部	供应商评估报告
	7	计划有效控制率	100%	在所有计划工作中未及时完成的工作量。	年、季	1.所有计划工作项目中有未及时完成的工作项目每项扣权重分的10%，超出5项此项分全扣；2.因工作项目未及时完成影响下一环节工作进度每次扣分30%。	10%	企划部、管易达软件	部门或岗位计划完成评估表
	8	制度流程的建立完成率	100%	制度流程的建立完成率=已书面化并经审核实施的制度和流程数量÷需要书面化的制度和流程数量×100%。	月	1.本项得分=实际值×权重分；2.实际值低于70%此项分全扣。	15%	总经理	制度和流程登记表

续表

岗位	序号	绩效指标（KPI/CPI）	年度目标值	指标说明与计算公式	衡量周期	衡量标准与评分方法	权重	数据来源	需要收集的数据
成衣采购部经理	1	回款额销售额	18亿元	回款目标达成率=实际回款额÷目标回款额×100%。	年、月	1.本项得分=回款目标达成率×权重分；2.回款目标达成率低于80%，此项分全扣，高于100%加分不封顶。	25%	财务部	实际回款额、目标回款额（分业务经理、区域经理、销售总监、公司）
	2	采购及时性	100%	采购入库的时间。	月	实际入库时间比计划入库时间每延迟一天扣权重分的5%，如果因入库时间的延迟造成生产交期推迟或上市时间推迟，出现一次此项分全扣。	20%	物流信息部	请购单
	3	采购合格率	100%	采购入库时的质量检验合格率。	月	合格率在98%~99%之间加权重分的10%，合格率在99%~100%之间加分20%，合格率在98%以下每降低1%扣10%，合格率低于92%此项分全扣。	20%	物流信息部	请购单
	4	采购费用占比控制率	0.33%	采购费用占比控制率=研发费用总额÷回款总额×100%。	年	1.本项得分=（2-实际占比÷目标占比）×权重分；2.实际占比高出目标占比超过25%，此项分全扣；3.加分最高不超过权重分的50%。	25%	财务部	财务报表
	5	成衣采购价格计划控制率	100%	采购价格控制率=实际采购价格÷企划分类预算价格×100%。	年、季	实际采购价格不超出企划分类价格预算，每一种面料（或每一款成衣）超出预算价格，扣权重分5%，扣完为止。	25%	财务部	财务报表
	6	供应商合格率	100%	供应商合格率=合格供应商数量÷在册供应商数量。	年、季	通过第三方对供应商进行考核评估，不符合合格供应商标准每家扣权重分的10%。超过5家此项分全扣。	10%	质保部	财务报表
	7	计划有效控制率	100%	在所有计划工作中未及时完成的工作量。	年、季	1.所有计划工作项目中有未及时完成的工作项目每项扣权重分的10%，超出5项此项分全扣；2.因工作项目未及时完成影响下一环节工作进度每次扣分30%。	10%	总经办	部门或岗位计划完成评估表
	8	制度流程的建立完成率	100%	制度流程的建立完成率=已书面化并经审核实施的制度和流程数量÷需要书面化的制度和流程数量×100%。	月	1.本项得分=实际值×权重分；2.实际值低于70%此项分全扣。	15%	总经理	制度和流程登记表

续表

岗位	序号	绩效指标（KPI/CPI）	年度目标值	指标说明与计算公式	衡量周期	衡量标准与评分方法	权重	数据来源	需要收集的数据
原料采购专员	1	采购及时性	100%	采购入库的时间。	月	实际入库时间比计划入库时间每延迟一天扣权重分的5%，如果因入库时间的延迟造成生产交期推迟或上市时间推迟，出现一次此项分全扣。	20%	采购部	请购单
	2	采购合格率	100%	采购入库时的质量检验合格率。	月	合格率在98%~99%之间加权重分的10%，合格率在99%~100%之间加分20%，合格率在98%以下每降低1%扣10%，合格率低于92%此项分全扣。	20%	采购部	请购单
	3	面料采购价格计划控制率	100%	采购价格控制率=实际采购价格÷企划分类预算价格×100%。	年、季	实际采购价格不超出企划分类价格预算，每一种面料（或每一款成衣）超出预算价格，扣权重分5%，扣完为止。	25%	财务部	财务报表
	4	采购档案管理完整性	100%	各项档案出现差错的次数。	月	档案出现差错每次扣分10%。	10%	采购部	工作记录表
	5	计划有效控制率	100%	在所有计划工作中未及时完成的工作量。	年、季	1.所有计划工作项目中有未及时完成的工作项目每项扣权重分的10%，超出5项此项分全扣；2.因工作项目未及时完成影响下一环节工作进度每次扣分30%。	10%	总经办	部门或岗位计划完成评估表

续 表

岗位	序号	绩效指标(KPI/CPI)	年度目标值	指标说明与计算公式	衡量周期	衡量标准与评分方法	权重	数据来源	需要收集的数据
成衣采购专员	1	采购及时性	100%	采购入库的时间。	月	实际入库时间比计划入库时间每延迟一天扣权重分的5%，如果因入库时间的延迟造成生产交期推迟或上市时间推迟，出现一次此项分全扣。	20%	采购部	请购单
	2	采购合格率	100%	采购入库时的质量检验合格率。	月	合格率在98%～99%之间加权重分的10%，合格率在99%～100%之间加分20%，合格率在98%以下每降低1%扣10%，合格率低于92%此项分全扣。	20%	采购部	请购单
	3	成衣采购价格计划控制率	100%	采购价格控制率=实际采购价格÷企划分类预算价格×100%。	年、季	实际采购价格不超出企划分类价格预算，每一种面料（或每一款成衣）超出预算价格，扣权重分5%，扣完为止。	25%	财务部	财务报表
	4	采购档案管理完整性	100%	各项档案出现差错的次数。	月	档案出现差错每次扣分10%。	10%	采购部	工作记录表
	5	计划有效控制率	100%	在所有计划工作中未及时完成的工作量。	年、季	1.所有计划工作项目中有未及时完成的工作项目每项扣权重分的10%，超出5项此项分全扣； 2.因工作项目未及时完成影响下一环节工作进度每次扣分30%。	10%	总经办	部门或岗位计划完成评估表

人事行政部KPI关键绩效指标库

岗位	序号	绩效指标(KPI/CPI)	年度目标值	指标说明与计算公式	衡量周期	衡量标准与评分方法	权重	数据来源	需要收集的数据
人事行政总监	1	回款额	18亿元	回款目标达成率=实际回款额÷目标回款额×100%	年、月	1.本项得分=回款目标达成率×权重分；2.回款目标达成率低于80%，此项分全扣，高于100%加分不封顶。	25%	财务部	实际回款额、目标回款额（分业务经理、区域经理、销售总监、公司）
	2	绩效薪酬及时性与准确性	100%	未按要求时间内提交表格的次数及出现差错的次数。	年、月	1.每月5日前完成上一月度的绩效考核结果统计表，延迟1天扣10%，延迟2天扣30%，延迟3天扣50%，延迟4天以上全扣；2.每出现一处差错扣10%。	10%	总经理	绩效考核评价表、工资表
	3	关键岗位到岗率	关键岗位10人	关键岗位到岗率=关键岗位人员实际到岗数÷关键岗位人员需求总数×100%。	年、月	1.关键岗位到岗率×权重分；2.到岗率低于60%，此项分全扣；3.此项不可加分。	10%	总经理	员工花名册、人才规划方案（关键岗位人员需求总数）
	4	人工成本占比控制率	18.02%	人工成本占比=人工总成本÷回款总额×100%。	年	1.本项得分=（2-实际占比÷目标占比）×权重分；2.实际占比高出目标占比超过25%，此项分全扣；3.加分最高不超过权重分的50%。	25%	财务部	单位年度人工成本总额、人工成本占比目标
	5	档案的完整性与准确性	100%	各项档案未按时入档的次数及出现差错的次数。	月	档案未按规定时间入档每次扣权重分的10%，档案出现差错每次扣分10%。	10%	其他各部门	人事档案、行政档案
	6	制度流程的建立完成率	100%	制度流程的建立完成率=已书面化并经审核实施的制度和流程数量÷需要书面化的制度和流程数量×100%。	月	1.本项得分=实际值×权重分；2.实际值低于70%此项分全扣。	15%	总经理	制度流程发文记录、完善制度流程工作计划
	7	会议与培训管理的满意度	95%	满意度调查评估表。	月	评估结果在95分以上加权重分的20%，在95~90分之间加分10%，在90分~85分之间得标准权重分，在85分以下每低2分多扣5%，评估结果低于70分的此项分全扣。	10%	总经理	行政人事工作满意度调查表
	8	计划有效控制率	100%	在所有计划工作中未及时完成的工作量。	年、季	1.所有计划工作项目中有未及时完成的工作项目每项扣权重分的10%，超出5项此项分全扣；2.因工作项目未及时完成影响下一环节工作进度每次扣分30%。	10%	企划部、管易达软件	工作进度计划总表

续表

岗位	序号	绩效指标(KPI/CPI)	年度目标值	指标说明与计算公式	衡量周期	衡量标准与评分方法	权重	数据来源	需要收集的数据
人力资源部经理	1	绩效薪酬及时性与准确性	100%	未按要求时间内提交表格的次数及出现差错的次数。	年、月	1.每月5日前完成上一月度的绩效考核结果统计表，延迟1天扣10%，延迟2天扣30%，延迟3天扣50%，延迟4天以上全扣； 2.每出现一处差错扣10%。	25%	总经理	绩效考核评价表、工资表
	2	关键岗位到岗率	关键岗位10人	关键岗位到岗率=关键岗位人员实际到岗数÷关键岗位人员需求总数×100%。	年、月	1.本项得分=关键岗位到岗率×权重分； 2.到岗率低于60%，此项分全扣； 3.此项不可加分。	10%	总经理	入职通知书
	3	人工成本占比控制率	18.02%	人工成本占比=人工总成本÷回款总额×100%。	年	1.本项得分=（2-实际占比÷目标占比）÷权重分； 2.实际占比高出目标占比超过25%，此项分全扣； 3.加分最高不超过权重分的50%。	25%	财务部	财务报表
	4	档案的完整性与准确性	100%	各项档案未按时入档的次数及出现差错的次数。	月	档案未按规定时间入档每次扣权重分的10%，档案出现差错每次扣分10%。	10%	其他各部门	工作检查记录表
	5	制度流程的建立完成率	100%	制度流程的建立完成率=已书面化并经审核实施的制度和流程数量÷需要书面化的制度和流程数量×100%。	月	1.本项得分=实际值×权重分； 2.实际值低于70%此项分全扣。	15%	总经理	制度流程发文记录、完善制度流程工作计划
	6	培训管理的满意度	95%	满意度调查评估结果。	月	评估结果在95分以上加权重分的20%，在95～90分之间加分10%，在90分～85分之间得标准权重分，在85分以下每低2分多扣分5%，评估结果低于70分的此项分全扣。	10%	总经理	调查评估表
	7	劳资纠纷次数	0次	出现劳资纠纷的次数。	季	每出现一次扣权重分的20%，由此给公司造成损失的，此项分全扣。	10%	总经办	劳资纠纷报告
	8	计划有效控制率	100%	在所有计划工作中未及时完成的工作量。	年、季	1.所有计划工作项目中有未及时完成的工作项目每项扣权重分的10%，超出5项此项分全扣； 2.因工作项目未及时完成影响下一环节工作进度每次扣分30%。	10%	企划部、管易达软件	工作进度计划总表

续 表

岗位	序号	绩效指标(KPI/CPI)	年度目标值	指标说明与计算公式	衡量周期	衡量标准与评分方法	权重	数据来源	需要收集的数据
薪酬绩效专员	1	绩效薪酬及时性与准确性	100%	未按要求时间内提交表格的次数及出现差错的次数。	年、月	1.每月5日前完成上一月度的绩效考核结果统计表，延迟1天扣10%，延迟2天扣30%，延迟3天扣50%，延迟4天以上全扣； 2.每出现一处差错扣10%。	10%	总经理	绩效考核评价表、工资表
	2	人工成本占比控制率	18.02%	人工成本占比=人工总成本÷回款总额×100%。	年	1.本项得分=（2-实际占比÷目标占比）×权重分； 2.实际占比高出目标占比超过25%，此项分全扣； 3.加分最高不超过权重分的50%。	25%	财务部	单位年度人工成本总额、人工成本占比目标
	3	绩效薪酬档案的完整性与准确性	100%	各项档案未按时入档的次数及出现差错的次数。	月	档案未按规定时间入档每次扣权重分的10%，档案出现差错每次扣分10%。	10%	其他各部门	人事档案、行政档案
	4	制度流程的建立完成率	100%	制度流程的建立完成率=已书面化并经审核实施的制度和流程数量÷需要书面化的制度和流程数量×100%。	月	1.本项得分=实际值×权重分； 2.实际值低于70%此项分全扣。	15%	总经理	制度与流程登记簿
	5	劳资纠纷次数	0次	出现劳资纠纷的次数。	季	每出现一次扣权重分的20%，由此给公司造成损失的，此项分全扣。	10%	总经办	劳资纠纷报告
	6	计划有效控制率	100%	在所有计划工作中未及时完成的工作量。	年、季	1.所有计划工作项目中有未及时完成的工作项目每项扣权重分的10%，超出5项此项分全扣； 2.因工作项目未及时完成影响下一环节工作进度每次扣分30%。	10%	总经办	工作进度计划总表

续 表

岗位	序号	绩效指标(KPI/CPI)	年度目标值	指标说明与计算公式	衡量周期	衡量标准与评分方法	权重	数据来源	需要收集的数据
招聘培训专员	1	招聘实施的及时性与有效性	100%	未按规定的时间提供合适人员的次数。	月	1.未在规定时间内完成人员招聘工作，每人次扣权重分的5%；2.新进人员不符合岗位要求在试用期内被辞退，每人次扣分5%。	10%	其他各部门	招聘需求申请表、新进人员评估表
	2	招聘计划完成率	100%	招聘计划完成率=实际招聘到岗的人数÷计划需求人数×100%。	月	1.本项得分=实际值×权重分；2.实际值低于90%扣权重分的10%，实际值低于80%扣权重分的20%，低于70%此项分全扣。	10%	行政人事部	人才招聘需求表
	3	关键岗位到岗率	关键岗位10人	关键岗位到岗率=关键岗位人员实际到岗数÷关键岗位人员需求总数×100%。	年、月	1.本项得分=关键岗位到岗率×权重分；2.到岗率低于60%，此项分全扣；3.此项不可加分。	10%	总经理	入职通知书
	4	培训计划完成率	90%	培训计划完成率=实际完成的培训项目（次数）÷计划培训的项目（次数）×100%。	月	1.本项得分=实际值×权重分；2.实际值低于90%扣权重分的10%，实际值低于80%扣权重分的20%，低于70%此项分全扣。	10%	行政人事部	培训结训报告
	5	培训实施的满意度	95%	满意度调查评估表。	月	评估结果在95分以上加权重分的20%，在95～90分之间加分10%，在90分～85分之间得标准权重分，在85分以下每低2分多扣分5%，评估结果低于70分的此项分全扣。	10%	总经理	培训结训报告
	6	档案的完整性与准确性	100%	各项档案未按时入档的次数及出现差错的次数。	月	档案未按规定时间入档每次扣权重分的10%，档案出现差错每次扣分10%。	10%	其他各部门	工作检查记录表
	7	制度流程的建立完成率	100%	制度流程的建立完成率=已书面化并经审核实施的制度和流程数量÷需要书面化的制度和流程数量×100%。	月	1.本项得分=实际值×权重分；2.实际值低于70%此项分全扣。	15%	总经理	制度流程发文记录、完善制度流程工作计划
	8	计划有效控制率	100%	在所有计划工作中未及时完成的工作量。	年、季	1.所有计划工作项目中有未及时完成的工作项目每项扣权重分的10%，超出5项此项分全扣；2.因工作项目未及时完成影响下一环节工作进度每次扣分30%。	10%	总经办	工作进度计划总表

续 表

岗位	序号	绩效指标(KPI/CPI)	年度目标值	指标说明与计算公式	衡量周期	衡量标准与评分方法	权重	数据来源	需要收集的数据
行政部经理	1	企业文化活动的满意度	95%	满意度调查评估表。	年	评估结果在95分以上加权重分的20%,在95分~90分之间加分10%,在90分~85分之间得标准权重分,在85分以下每低2分多扣分5%,评估结果低于70分的此项分全扣。	10%	总经理	企业文化活动、员工满意度调查问卷
	2	办公用品费用占比控制率	0.14%	办公费用占比=办公费用总额÷回款总额×100%。	年	1.本项得分=（2-实际占比÷目标占比）×权重分；2.实际占比高出目标占比超过25%,此项分全扣；3.加分最高不超过权重分的50%。	25%	财务部	年度管理费用总额、管理费用占比目标
	3	办公设备维修的及时性	100%	收到报修未及时安排维修的次数。	月	未及时安排维修每次扣权重分的10%,累计出现3次此项分全扣。	20%	行政部	设备维修记录表
	4	信息平台维护满意度	100%	满意度调查评估表。	月	评估结果在在95~90之间得标准权重分,在85分以下每低2分多扣分5%,评估结果低于70分的此项分全扣。	15%	总经理	信息平台维护、员工满意度调查表
	5	档案的完整性与准确性	100%	各项档案未按时入档的次数及出现差错的次数。	月	档案未按规定时间入档每次扣权重分的10%,档案出现差错每次扣分10%。	10%	其他各部门	工作检查记录表
	6	制度流程的建立完成率	100%	制度流程的建立完成率=已书面化并经审核实施的制度和流程数量÷需要书面化的制度和流程数量×100%。	月	1.本项得分=实际值×权重分；2.实际值低于70%此项分全扣。	15%	总经理	制度流程发文记录、完善制度流程工作计划
	7	会议管理的满意度	95%	满意度调查评估表。	月	评估结果在95分以上加权重分的20%,在95~90分之间加分10%,在90分~85分之间得标准权重分,在85分以下每低2分多扣分5%,评估结果低于70分的此项分全扣。	10%	总经理	行政人事工作、满意度调查问卷
	8	计划有效控制率	100%	在所有计划工作中未及时完成的工作量。	年、季	1.所有计划工作项目中有未及时完成的工作项目每项扣权重分的10%,超出5项此项分全扣；2.因工作项目未及时完成影响下一环节工作进度每次扣分30%。	10%	总经办	工作进度计划总表

续表

岗位	序号	绩效指标(KPI/CPI)	年度目标值	指标说明与计算公式	衡量周期	衡量标准与评分方法	权重	数据来源	需要收集的数据
行政专员	1	会议组织的及时性与准确性	100%	未按要求时间内组织会议的次数及出现失误的次数。	月	1.每出现一次未按规定时间召集扣权重分的10%，累计出现2次此项全扣；2.每出现一处失误扣10%。	10%	总经办	会议记录
行政专员	2	文案整理的及时性与有效性	100%	及时有效地整理文案。	月	本项得分＝合格项文案÷任务数×100%。	10%	总经办	工作检查记录表
行政专员	3	企业文化活动的满意度	95%	满意度调查评估表。	月	评估结果在95分以上加权重分的20%，在95~90分之间加分10%，在90分~85分之间得标准权重分，在85分以下每低2分多扣分5%，评估结果低于70分的此项分全扣。	10%	总经理	企业文化活动、员工满意度调查问卷
行政专员	4	档案的完整性与准确性	100%	各项档案未按时入档的次数及出现差错的次数。	月	档案未按规定时间入档每次扣权重分的10%，档案出现差错每次扣分10%。	10%	其他各部门	工作检查记录表
行政专员	5	办公设备维修的及时性	100%	收到报修未及时安排维修的次数。	月	未及时安排维修每次扣权重分的10%，累计出现3次此项分全扣。	10%	人事行政部	设备维修单
前台	1	办公用品管理的准确性	0次	每次盘点出现差异的品类数。	月	每出现一次差异，扣权重分的10%，出现3种以上差异，此项全扣。	10%	人事行政部	办公用品登记表
前台	2	客户投诉次数	0次	客户投诉记录。	年、月	经客户投诉处理认定结果为本部门（岗位）责任的，每次扣权重分的20%，超过三次投诉此项分全扣。	10%	人事行政部	工作检查记录表
前台	3	工作的及时性	100%	未按工作一览表时间进行每项工作的次数。	月	每出现一项延误扣权重分的10%，累计出现5次，此项分全扣。	10%	人事行政部	工作检查记录表
前台	4	工作的准确性	100%	工作出现失误的次数。	月	每出现一次失误，扣权重分的10%，因失误延误其他部门工作或给公司造成损失的，此项全扣。	10%	人事行政部	工作检查记录表
前台	5	接待的规范执行	100%	未按接待标准流程执行的次数。	月	每出现一次违反接待流程的，扣权重分的10%，累计出现3次此项分全扣，因违反流程严重影响公司形象的，此项分全扣。	10%	人事行政部	工作检查记录表

财务部KPI关键绩效指标库

岗位	序号	绩效指标(KPI/CPI)	年度目标值	指标说明与计算公式	衡量周期	衡量标准与评分方法	权重	数据来源	需要收集的数据
财务部经理	1	回款额销售额	18亿元	回款目标达成率=实际回款额÷目标回款额×100%。	年、月	1.本项得分=回款目标达成率×权重分; 2.回款目标达成率低于80%,此项分全扣,高于100%加分不封顶。	25%	财务部	实际回款额、目标回款额（分业务经理、区域经理、销售总监、公司）
	2	财务报表准确性与及时性	100%	未在规定时间内提交报表的次数及报表信息出现差错的次数。	月	财务报表未在规定时间内提交每延迟一天扣5%,财务报表每出现一处差错扣10%。	10%	总经理、其他各部门	工作检查记录表
	3	财务预算准确性	预算差异率控制在±5%	财务预算差异率=（实际发生额÷预算额-1）×100%。	年、月	1.差异率在±3%之内不扣分,在±3%～5%之间扣10%,在±5%～8%之间扣20%,在±8%～12%之间扣30%,在±12%～20%之间扣50%,超过±20%此项分全扣; 2.未在规定时间内完成每超出一天扣10%。	10%	财务部	工作检查记录表
	4	财务费用占比控制率	9%	财务费用占比=财务费用总额÷回款总额×100%。	年	1.本项得分=（2-实际占比÷目标占比）×权重分; 2.实际占比高出目标占比超过25%,此项分全扣; 3.加分最高不超过权重分的50%。	25%	财务部	财务报表
	5	费用报销及工资发放的及时性	100%	未在规定的时间内完成费用的报销及工资发放的次数。	月	每出现一次延误扣权重分的10%,超过5次以上此项分全扣。	10%	总经办	工作检查记录表
	6	资金往来的准确性	100%	资金往来过程中出现差错的次数。	月	每出现一次差错扣权重分的10%,由此给公司带来损失的此项分全扣。	20%	财务部	资金使用分析表
	7	账目核对的准确性	100%	账目核对时出现差错的次数。	月	每出现一次差错扣权重分的10%,超过3次以上此项分全扣。	10%	总经办	工作检查记录表
	8	资金的安全性	100%	资金与账目出现差错的次数与金额。	月	1.资金与账目出现差错每次扣20%,金额超过5000元,此项分全扣; 2.如出现资金遗失则此项分全扣。	10%	总经理	工作检查记录表

续表

岗位	序号	绩效指标 (KPI/CPI)	年度目标值	指标说明与计算公式	衡量周期	衡量标准与评分方法	权重	数据来源	需要收集的数据
财务部经理	9	制度流程的建立完成率	100%	制度流程的建立完成率=已书面化并经审核实施的制度和流程数量÷需要书面化的制度和流程数量×100%。	月	1.本项得分=实际值×权重分；2.实际值低于70%此项分全扣。	15%	总经理	制度与流程登记簿
财务部经理	10	计划有效控制率	100%	在所有计划工作中未及时完成的工作量。	年、季	1.所有计划工作项目中有未及时完成的工作项目每项扣权重分的10%，超出5项此项分全扣；2.因工作项目未及时完成影响下一环节工作进度每次扣分30%。	10%	总经办	部门或岗位计划完成评估表
主管会计	1	财务报表准确性与及时性	100%	未在规定时间内提交报表的次数及报表信息出现差错的次数。	月	财务报表未在规定时间内提交每延迟一天扣5%，财务报表每出现一处差错扣10%。	10%	总经理、其他各部门	工作检查记录表
主管会计	2	财务预算准确性	预算差异率控制在±5%	财务预算差异率=（实际发生额÷预算额－1）×100%。	年、月	1.差异率在±3%之内不扣分，在±3%~5%之间扣10%，在±5%~8%之间扣20%，在±8%~12%之间扣30%，在±12%~20%之间扣50%，超过±20%此项分全扣；2.未在规定时间内完成每超出一天扣10%。	10%	财务部	财务分析报告
主管会计	3	资金往来的准确性	100%	资金往来过程中出现差错的次数。	月	每出现一次扣权重分的10%，由此给公司带来损失的此项分全扣。	10%	总经办	工作检查记录表
主管会计	4	账目核对的准确性	100%	账目核对时出现差错的次数。	月	每出现一次扣权重分的10%，超过3次以上此项分全扣。	10%	总经办	工作检查记录表
主管会计	5	制度流程的建立完成率	100%	制度流程的建立完成率=已书面化并经审核实施的制度和流程数量÷需要书面化的制度和流程数量×100%。	月	1.本项得分=实际值×权重分；2.实际值低于70%此项分全扣。	15%	总经理	制度与流程登记簿
主管会计	6	计划有效控制率	100%	在所有计划工作中未及时完成的工作量。	年、季	1.所有计划工作项目中有未及时完成的工作项目每项扣权重分的10%，超出5项此项分全扣；2.因工作项目未及时完成影响下一环节工作进度每次扣分30%。	10%	总经办	部门或岗位计划完成评估表

续 表

岗位	序号	绩效指标(KPI/CPI)	年度目标值	指标说明与计算公式	衡量周期	衡量标准与评分方法	权重	数据来源	需要收集的数据
出纳	1	资金往来的准确性	100%	资金往来过程中出现差错的次数。	月	每出现一次扣权重分的10%，由此给公司带来损失的此项分全扣。	10%	总经理	工作检查记录表
	2	资金的安全性	100%	资金与账目出现差错的次数与金额。	月	1.资金与账目出现差错每次扣20%，金额超过5000元，此项分全扣；2.如出现资金遗失则此项分全扣。	10%	总经理	工作检查记录表
	3	费用报销及工资发放的及时性	100%	未在规定的时间内完成费用的报销及工资发放的次数。	月	每出现一次扣权重分的10%，超过5次以上此项分全扣。	10%	总经办	工作检查记录表
	4	财务报表准确性与及时性	100%	未在规定时间内提交报表的次数及报表信息出现差错的次数。	月	财务报表未在规定时间内提交每延迟一天扣5%，财务报表每出现一处差错扣10%。	10%	总经理、其他各部门	工作检查记录表
	5	账目的准确性	100%	账目出现差错的次数。	月	每出现一次扣权重分的20%，超过3次以上此项分全扣。	10%	总经办	工作检查记录表
	6	制度流程的建立完成率	100%	制度流程的建立完成率=已书面化并经审核实施的制度和流程数量÷需要书面化的制度和流程数量×100%。	月	1.本项得分=实际值÷权重分；2.实际值低于70%此项分全扣。	15%	总经理	制度与流程登记簿
	7	计划有效控制率	100%	在所有计划工作中未及时完成的工作量。	年、季	1.所有计划工作项目中有未及时完成的工作项目每项扣权重分的10%，超出5项此项分全扣；2.因工作项目未及时完成影响下一环节工作进度每次扣分30%。	10%	总经办	部门或岗位计划完成评估表

续 表

岗位	序号	绩效指标(KPI/CPI)	年度目标值	指标说明与计算公式	衡量周期	衡量标准与评分方法	权重	数据来源	需要收集的数据
财务统计专员	1	统计报表准确性与及时性	100%	未在规定时间内提交报表的次数及报表信息出现差错的次数。	月	财务报表未在规定时间内提交每延迟一天扣5%，财务报表每出现一处差错扣10%。	10%	总经理、其他各部门	工作检查记录表
	2	资金往来的准确性	100%	资金往来过程中出现差错的次数。	月	每出现一次扣权重分的10%，由此给公司带来损失的此项分全扣。	10%	财务部	资产管理报表
	3	账目核对的准确性	100%	账目核对时出现差错的次数。	月	每出现一次扣权重分的10%，超过3次以上此项分全扣。	10%	财务部	工作检查记录表
	4	进项票据催收的及时性	100%	未将应收回进项票据在每月28日前收回的次数。	月	每出现一次扣权重分的20%，超过2次此项分全扣。	10%	财务部	工作检查记录表
	5	仓库盘点的次数	每月4次	每月底前去库房抽盘4次。	月	实际完成比目标每少一次，扣权重分的20%，超过2次以上此项分全扣。	10%	仓储部	仓库盘点记录表
	6	计划有效控制率	100%	在所有计划工作中未及时完成的工作量。	年、季	1.所有计划工作项目中有未及时完成的工作项目每项扣权重分的10%，超出5项此项分全扣；2.因工作项目未及时完成影响下一环节工作进度每次扣分30%。	10%	总经办	部门或岗位计划完成评估表